U0144531

方祖燊全集（十）

第二十一卷・散文理論叢集

第一輯　中國散文的歷史與類型

第二輯　散文結構

第三輯　散文的創作鑑賞與批評

國家圖書館出版品預行編目資料

方祖燊全集 / 方祖燊著. -- 初版. -- 臺北市：文史哲, 民 85-88
冊： 公分
ISBN 957-549-044-4 (一套：平裝). -- ISBN 957-549-221-8 (第五冊：平裝). -- ISBN 957-549-222-6 (第六冊：平裝). -- ISBN 957-549-223-4 (第七冊：平裝). -- ISBN 957-549-224-2 (第八冊：平裝). -- ISBN 957-549-225-0 (第九冊：平裝). -- ISBN 957-549-226-9 (第十冊：平裝). -- ISBN 957-549-227-7 (第十一冊：平裝). -- ISBN 957-549-228-5 (第十二冊：平裝). -- ISBN 957-549-229-3(第十三冊：平裝)

089.86　　85013624

方祖燊全集・十

散文理論叢集

著　者：方　祖　燊
出版者：文史哲出版社
登記證字號：行政院新聞局版臺業字五三三七號
發行人：彭　正　雄
發行所：文史哲出版社
印刷者：文史哲出版社
臺北市羅斯福路一段七十二巷四號
郵政劃撥帳號：一六一八〇一七五
電話 886-2-23511028・傳眞 886-2-23965656

實價新臺幣四〇〇元

中華民國八十八年七月初版

ISBN 957-549-226-9

散文理論叢集自序

一九五一年（民國四十年），我在臺灣省立師範學院讀書時候，和陳慧、林良（子敏）、皮述民、馬森、邱燮友、鍾露昇等二十幾人，組織了「細流詩歌研究社」，常常聚會，討論寫作新詩的方法。這應該是臺灣大學間最早成立的一個文學社團。現在回想起來，卻不免自覺可笑，像詩的韻律、語言等等一些很簡單的問題，我們常常要討論好半天。主要是當日文學理論的專著不多，大家都是在暗夜裡摸索道路。誰若摸索有了「一得」，就好像在沙中揀到了一粒金子，而貢獻了出來。這種摸索著去走創作的蹊徑，當然是費力多而收穫少，白走了許多冤枉路。

我那時除了創作新詩，也喜歡寫寫散文和童話，賺一些稿費來補助生活的匱乏。很可惜不到半年，我就畢業離開師院，到國語日報擔任《古今文選》的編輯，整天鑽在經史子集，飽飫古典的芬芳，少年時寫作的美夢就此暫告結束。不久，這些好友也紛紛離開師大。

後來，陳慧出版了一本《青春夢曲》，師大國文研究所畢業之後，他遠去南洋教書，後來轉往美國，終而跳樓自殺，客死異鄉。陳慧在這些朋友中，詩寫得最好，卻始終爲情所苦，再加在美國生活不如意，而走上這一條絕路。他文雅的容貌，清狂的性格，猶展現眼前。皮述民兄改寫小說，出了《大姐與五金》、《熱與力的年代》幾本集子，就遠去新加坡南洋大學講學了，寫了一本《短篇小說構成論例》（南洋大學創作社出版）；現在又回到臺北，在文化大學任教。子敏成了散文作家、兒童文學的名作家，作有《小太陽》等一百多種作品，擔任過國語日報社長，現任董事長。馬森遠去花都巴黎學戲劇，後來在墨西哥大學教漢學，現在成功大學任教。鍾露昇和我一起到國語日報編《古今文選》，後來去美國西雅圖華盛頓大學專攻語言學，得到博士學位；從一九七四年開始，他一個人在西雅圖開辦一所「中國文化研究中心」，專收成年的外國學生與學者，講授中國的語言、文學與哲學，以小班制傳播中國的文化。二十二年以來從不間斷。這種毅力也實在令人欽佩。邱燮友師大研究所畢業後，就留在師大，擔任教職；他著有《童山詩集》、《天山明月集》等；我和他曾經一起編纂復興書局出版的《成語典》、三民書局出版的《大辭典》等工作。他曾擔任過師大國文系所主任。燮友為人溫和，不像我落落不羈。

一九六五年（民國五十四年），我繼謝冰瑩教授之後，在師範大學國文系擔任「新文藝」的課程。第二年，燮友也分擔了新文藝的課程；於是我們開始分開編寫理論，作為講義；燮友主寫新詩的部分；我著手寫散文、小說、戲劇的部分。經過幾年的努力，終於在一九七〇年（民國五十九年），我們二人合作完成了《散文結構》一書，由蘭臺書局出版。《散文結構》共收了十三篇的專論，其中「文學的內涵」、「抒情小品」、「敘事散文」、「鑑賞與批評」四篇，是燮友所寫的；其餘「現代文學的分類」等九篇是我寫的。這應該是當時一部頗爲實用的散文理論，也是臺灣最早的一部有體系性的文學理論。

以後，我又繼續撰寫散文的理論。一九八三年（民國七十二年）六月，我個人完成一本小書《散文的創作鑑賞與批評》（臺北中央文物供應社出版），可補充《散文結構》的不足。一九九六年（民國八十五年）三月，我創辦《中國現代文學理論》季刊（由中國語文學會發行），以後在這個季刊及其他刊物上，我又發表一些有關散文的歷史與理論的長篇論文，如〈中國散文小史——兼論古今作家的散文觀〉、〈現代作家的散文觀〉、〈現代中國雜文的歷史、特質與類型〉、〈論「報告文學」〉等。至此，有關散文理論，可以說稍趨完備。在我個人可以告一段落了。

現在，我將個人研究散文的成果，編爲《方祖燊全集》中的一集，另外給起個書名，叫做《散文理論叢集》：第一是《中國散文的歷史與類型》。第二是《散文結構》。第三是《散文的創作鑑賞與批評》。

方祖燊 序於一九九九年六月 花園新城桃林樓

散文理論叢集總目錄

中國散文的歷史與類型

中國婦女的歷史與展望

中國散文小史

——兼論古今作家的散文觀

一、過去散文的觀念

散文，這一名稱最早出現於宋代羅大經的《鶴林玉露》中。他引用周益公的話：「四六特拘對耳；其立意措詞，貴渾融有味，與散文同。」四六就是駢文，講「對偶文辭，四六句法，平仄相間」的一種文體。

散文跟駢文不同，不受「聲律」、「句法」、「對偶」形式的拘束，特別注重「自然」，對字句的長短，聲調的抑揚頓挫，及文辭的對偶排比，都沒有一定的格律規定，但求自然變化。❶

散文也跟韻文不同。我國的韻文，如詩歌、詞曲、辭賦、頌贊，講人爲的句調、平仄、押韻。散文仍是注重「自然」兩個字，不講聲調韻律，所以散文是沒有「韻」的；當然一篇散文之中，偶而也會很自然的出現些韻律，在抒情、寫景的散文中含有作者所表現的優美的情調韻味，我們也仍然稱之「散文」，不叫做「韻文」。

「散文」這個名稱雖然起的很晚，但這種文體卻早已存在。曾國藩認爲三代兩漢的古文就是散文的高曾祖。郁達夫也說：「六經之中，除《詩經》之外，全係散文；《易經》、《書經》與《春秋》，其間雖則也有韻語，但都係偶然的流露。」又說：「中國古來的文章，一向是以散文爲主要的文體。」❷

二、中國散文發展的簡史

我國文學觀念的認知和發展，與學術思想的轉變和潮流有非常密切的關係。散文的發展與演變也受其限制。

㈠**夏商周秦時代的散文**：我國散文的產生是由於實用，偏重敘事、說理；像《尙書》、《春秋》，是歷史家筆下的散文，用以記言敘事；像「諸子」，是思想家筆下的散文，用以說理論事。這時，成功的作品，記事精鍊生動的如《左傳》，鋪張揚厲的如《戰國策》，說理簡約的如《論語》、如《老子》，明白嚴密的如《墨子》，文氣雄暢的如《孟子》，荒誕怪奇的如《莊子》，質樸簡潔的如《荀子》，深入明辯的如《韓非子》，都已經非常精深傑出。這時的散文記事、載道的成分多，學術性濃厚。可以說散文和學術思想鎔鑄一起，散文和歷史記事結合一起。

這時對散文寫作的觀念是「言之有物」❸，「言之有序」❹。有物就是說理內涵有思想；有序就是記事縝密有順序。先秦時代所謂「顯學」，有儒家、道家和墨家三大重要的學派。這三家的文學觀念是不一樣的。儒家像孔子主張文采與內容並重，他說：「質勝文則野，文勝質則史，文質彬彬，然後君子。❺」野指粗人，史指史官。這原是說君子的涵養。由此，可以看出古代歷史性的散文，則比較注重文彩。「文質彬彬」形成「內容與文彩並重的文學觀」。孟子說：「我善養吾浩然之氣。❻」形成散文要講求「氣勢」的理論。墨家有「買櫝還珠」，說時人都著重辯說辭彩，人讀他們的文章而忘記它用處。墨子怕人喜歡他的文章，而忽略他的內容，所以不著重辭彩修飾❼。道家像老子更反對美的觀念。他說，「美言不信，信言不美。❽」只有莊子寫文章，以荒唐悠謬的寓言，恣縱不羈的手法來寫作散文，形成他妙造自然、得心應手的文字。至於法家的韓非更是反對文學，說，「儒以文亂法。」「夫貴文學以疑法，索國之富強，不可得也。」「濫於文麗而不顧其功者，可亡也。❾」在這樣的大環境之下，這種種偏重內容與實用的文學觀之下，影響所及，當然造成學術性散文的盛行與歷史性散文的開展，至於純文學的散文當然不可能有發達的機緣。不過，到了戰國後期，縱橫家爲了遊說國君發揮他的議論，於是那些鋪張、恢奇、藻飾的雄辯性的散文，也就逐漸流行了起來。這類文字散見於《戰國策》中。

㈡**漢朝時的散文**：兩漢時期，經學非常興盛，可是儒家的學術思想與文學觀念，還不足以支配當日的文學作家；辭賦家像司馬相如、揚雄、張衡都沾有道家味，歷史家像司馬遷對道家思想的體認尤其深切。因此，他們作的文章也各異其趣。「受命於詩人，而拓宇於楚辭」的辭賦，講究詞藻文彩，鋪張描繪，成爲當日「文學文」的代表。像司馬相如、揚雄用辭賦抒情寫景，鋪敘事情，特重辭藻排偶，好像錦繡，形成後來的「駢文」。和當日另一種文體「散文」有它的區別。

兩漢散文仍然不出於歷史和哲理的範圍，以記事、說理居多。司馬遷的《史記》，班固的《漢書》，他們描寫人物，記敘事情，既眞實簡鍊，又精采生動，比前人進步，同是兼具史學與文學雙重價值的不朽作品。論議倜儻排宕的，有賈誼的〈過秦論〉，劉安的《淮南子》；傑出不群的有劉向的《說苑》、《新序》，王充的《論衡》；應用的文字，奏、疏、論、議、書、序，如晁錯的〈論貴粟疏〉、劉向的〈戰國策目錄序〉、賈讓的〈治河議〉、劉歆的〈移太常博士書〉，都很典雅整飾，淳實淵美。這些作品仍以實用爲主體。

東漢末，散文漸趨辭藻之美，追求形式之美，蔡邕與建安諸子崇尚駢風；不過曹操、曹丕、曹植、諸葛亮還寫有一些好的散文，不止用於論議，也用於抒發深情雋思了，使散文萌生了美的嫩芽。

㈢**魏晉南北朝的散文**：魏晉南北朝時，爲道家釋氏的思想所籠罩，當時人縱情放誕，崇尚清談，多從傳統衛道觀念中跳脫出來，在人生方面是最堅持個人主義的一個時代，在文學方面是最講究駢儷辭彩的一個時代。因此，這時所謂文學作品有駢文化、韻律化的傾向。劉勰說「今之常言，有文有筆：以爲無韻者筆也，有韻者文也。」⓾。劉勰所說的「筆」就是沒韻的散文；「文」是有韻的辭賦駢文。梁元帝也說：

不便作詩如閻纂，善爲章奏如伯松，若此之流，汎謂之「筆」；吟詠風謠流連哀思者，謂之「文」。

文須綺縠紛披，宮徵靡曼，……情靈搖蕩。⓫

這種種說法都是在宋、齊「聲律論」興起之後才有的新說。可見「筆」偏於論理和敘事，「文」偏於情感和美感。據梁元帝說，「筆」類今雜文，「文」類今純散文。

在這駢文盛行時代裡，也有不少散文作品。有名作家如潘岳、陸機、王羲之、陶淵明所作多爲辭賦，卻也有一些散文。詞藻華麗的，如潘岳的〈閒居賦序〉、陸機的〈弔魏武帝文序〉、王羲之的〈蘭亭集序〉；文字自然的，如陶淵明的〈五柳先生傳〉、〈桃花源記〉、〈與子儼等疏〉；論辯精到的如范縝的〈神滅論〉、沈約的〈難神滅論〉都是散文。因爲描寫景物的詩賦日工，所以最放異彩的是描寫景物的散文，如酈道元的《水經注》、楊衒之的《洛陽伽藍記》，寫景寫物，文字都十分美。此外，專記鬼怪靈異、名流清談之類的短短散文，有志怪小說，如祖臺之的《志怪》、干寶的《搜神記》等；軼事瑣言，如劉義慶的《世說新語》、沈約的《俗說》等，也都盛行一時。

㈣隋唐兩宋時代的散文

齊、梁以後，駢儷特盛，形式雖極靡麗，內容卻空洞無物，時人引以爲憂。到了北周，蘇綽遂主張復古，想以古聖昔賢的著作與思想來充實文章的內容。隋文帝時，又有李諤上書說：

> 江左齊梁，唯務吟詠，遂復……競一韻之奇，爭一字之巧，連篇累牘，不出月露之形；積案盈箱，唯是風雲之狀。⓬

當時作家所寫都是寫景、抒情之類的美文。因爲多描寫風花雪月搖蕩情性之類的駢文，就是奏事說理，也駢儷風行。駢文受人爲的對偶、四六、平仄、典故各種規格的限制束縛，文字雖然美麗，但用以論事說理，作有益世人的文字，難以暢達透徹。隋代王通又傳孔子的遺緒，儒家的學術思想又再發揚光大。入唐之後，儒、道、釋三教，爲朝野所並重，思想的傳布需要散文，不是駢文所能夠做到的。王通就說「言文而不及理，是天下無文也。王道從何而興乎？」⑬。唐人柳冕也說：「文章(應)本於教化，形於治亂。」「君子之文，必有其道。」⑭。他開始提倡「復古」，但因創作力不夠，辭乏文彩，因此不能發生影響。直到了中唐，大作家韓愈、柳宗元出來主張復古。韓愈提倡寫作要學習先秦、盛漢的散文，要質樸自然⑮，要發揚儒學聖道⑯。柳宗元也提出「文以明道」大方向⑰。他們不但從內容和形式求改變；在用詞用語方面，韓愈也針對時弊提出「唯陳言之務去。」就是要創新；同時講文章的氣勢，說：

> 氣，水也；言，浮物也；水大而物之浮者大小畢浮。氣之與言猶是也；氣盛，則言之短長與聲之高下者皆宜。⑱

文章的氣勢與言論的關係也是這樣：氣勢盛，那言論不論長短，聲音不論高低，都會很恰當表現出來。認爲許多作品的產生是由於內心的鬱鬱不平，他說：「物不得其平則鳴。」就像水跳躍是因受激動，水奔流是因受梗阻，水沸騰是因受燃燒，認爲文章也是這樣的，長歌是因有所思，痛哭是因有所懷⑲。韓愈的文章多數是雄奇奔放的議論文；柳宗元將他遠貶的悲憤的感情，寄託於山水，寫下了《永州八記》之類的散文，精緻雋永。這就是韓、柳的「古文運動」，而改變了六朝以來的文章專求詞句駢儷，聲調和協，內容空泛的弊習。李漢說韓愈作古文時候，時人始而驚訝，中而譏笑排斥，終而翕然相隨⑳，使散文重新走上振興的路子。但也因為「復古」更造成文章的「言文脫節」，這種現象越到後代也越加嚴重。當時樊宗師、皇甫湜的散文就非常艱澀。

自從韓、柳盛倡古文，李翺、孫樵繼續鼓吹創作，產生很大的影響。但到晚唐，李商隱、段成式倡作四六駢文，而且李商隱好用僻典，影響到宋初文壇，楊億模倣他，為文又窮妍極麗。直到歐陽修出來繼承韓愈改革的理想，主持貢舉貶黜那些文字怪誕，典故僻澀的「太學體」，改變了風氣，再加王安石、曾鞏、蘇洵、蘇軾、蘇轍努力創作，散文才大大盛行起來，與駢文形成兩條不同的路子。駢文也因此逐漸衰落。這些作家對寫作散文各有一些看法。

歐陽修認為一個作家要「內有憂思感憤之鬱積」才能寫出「人情之難言」㉑。蘇洵認為「無意乎相求，不期而相遇」所產生文章㉒，自然是最好的文章。蘇軾指出文學的最高境界是「自然」，所以寫文章要「如行雲流水，行於所當行，止於不可不止。文理自然，姿態橫生。」自然是好文章。「求(寫)物之妙，如捕風繫影」，假使你能「使是物了然於心」，再表現於言語與文章，就是「詞達」；只要你詞能達意，要想寫任何文章就都不成問題。他又批評「揚雄好為艱深之辭，文飾淺易之說。」這就是所謂「雕蟲篆刻」㉓。蘇轍認為文章不是「學」就能寫得好的，但是文章的「氣勢」卻是可以培養的。他說：

孟子說：「吾善養吾浩然之氣。」今觀其文章，寬厚宏博，充乎天地之間，稱其氣之小大。太史公行天下，周覽四海，名山大川，與燕趙間，豪俊交遊，故其文疏蕩，頗有奇氣。……氣充乎其中，而溢乎其貌，動乎其言，而見乎其文，而不自知也！㉔

像司馬遷遊覽天下，增廣見聞，交游豪俊，擴大心胸，自然養成他恢宏的氣魄，表現於文章自然有一股奇氣。王安石上人書說：

所謂文者，務爲有補於世而已矣；所謂辭者，猶器之有刻鏤繪畫也。要之以實用爲本，以刻鏤繪畫爲之容而已。

他認爲文章內容要「有補於世」，同時也要注重辭彩修飾。

當時寫文章的人，流行「遠宗韓愈，近法歐、蘇」的口號。蘇軾的文章，縱橫豪邁，議論宏發，更是一般人學習的楷模。他們的影響力持續到了後代。明朝人茅坤選韓愈、柳宗元、歐陽修、三蘇、曾鞏和王安石的散文，編印《唐、宋八大家文鈔》一百六十四卷，加以圈點批評，給學習散文的人作範文，盛行一時，從此奠立了唐宋八大家在文學史上不朽的地位。

文學史家劉大杰說：歐、蘇、王、曾在散文的創作上，都有很高的成就。他們的長處雖各自不同，但有一共同特點，就是文字通達流暢，簡潔準確，議論透闢，敘事生動，寫景自然，抒情眞實，是在韓、柳的基礎上發展起來的。㉕

北宋理學家周敦頤、程顥、程頤和歐陽修、蘇洵、曾鞏、蘇軾、蘇轍、王安石是同時期的人；朱熹是南宋理學家，時代則稍後。周敦頤在《通書文辭》一節中提出「文以載道」。不過，他認爲「道」

還需要美辭來裝飾，這樣才會流傳，所以他說：「文辭藝也，道德實也；篤其實而藝者書之，美則愛，愛則傳焉。故曰：『言之無文，行之不遠。』」可是到了二程，極力排斥文學的價值；他們說：「書曰：『翫物喪志』，為文亦翫物也。」「今為文者專務章句，悅人耳目；既務悅人，非俳優而何。」㉖。他們把文學家看做俳優，把創作文學作品看做翫物喪志的無聊事。朱熹認為文章只是「道」的產物，聖賢之道充塞其內，發之於外自然光輝發越，而不可掩蓋；認為後人不求知道養德以充其內，而汲汲乎徒以文章為事業，這是背本趨末非常錯誤的；並猛烈抨擊韓愈、歐陽修的作品㉗，影響極大。因此到南宋理宗淳祐甲辰（一二四四）以後，時人所讀都是《四書》、《五經》以及理學家書：張載〈東、西銘〉，周敦頤《通書》、朱子《語錄》之類；所寫的都是性理之說。這時，散文就完全淪為載道的工具了。程、朱的散文也寫得不錯。朱熹尤得曾鞏的法則。

其實，道學家思維的路子是「陽儒陰釋」，陽儒本於儒家的性理之學，陰釋近於禪宗的不立語言，所以他們的文學觀念自然是極端「尚質」，注重實用。他們講學時候弟子就直錄其語，叫做「語錄」。程頤、朱熹都有「語錄」傳世。這類「語錄體」的散文，自然是淺俚質樸的，不講文彩修辭的功夫。

㈤**明朝的散文**：遼、金、元以異族統治中國，輕視文士，散文沒有什麼特色。金雖有趙秉文、王若虛、元好問；元雖有王惲、趙孟頫、姚燧、虞集等人都不足以稱說。到了明朝才有些成就。

明初，散文家首推宋濂，下筆不能自休，多作碑記刻石之辭，醇深典雅，不免冗蕪；其次，劉基博通古今，文章精潔，雄邁有奇氣；方孝儒為文縱橫奔放，直抒其懷。明成祖之後，楊士奇、楊榮、楊溥歷爲仁宗、宣宗、英宗三朝的宰相，天下承平，臺閣雍容，制誥碑板，紆徐平正，稱做「臺閣體」。孝宗、武宗時，繼起的有宰相李東陽，文字典雅流麗，朝廷大著作多出其手。

明孝宗弘治時，李夢陽等人厭惡「臺閣體」的冗沓萎弱，倡導擬古，喊出「文必秦漢」，和何景明、徐禎卿、邊貢、康海、王九思、王廷相，稱「前七子」。他們作文欲超越唐宋八大家之上。李夢陽主張摹擬秦漢，說：「今人（寫字）摹臨古帖，詩文何獨不然？」[28]，故作聱牙古奧，以艱深文飾淺易，天下從風；但句擬字摹，食古不化，也往往有之[29]，成爲古人的影子[30]。在這時候，儒家學者王守仁以「致良知」學說著名，所作文章，直抒胸臆，明白透徹，娓娓動人。楊愼則博奧奇麗，文字並不僻澀。世宗嘉靖時，又有李攀龍、王世貞和謝榛、宗臣、梁有譽、徐中行、吳國倫，稱「後七子」。王世貞說：「文必西漢，詩必盛唐，大曆後書勿讀。」李攀龍的才思學識，遠不如李夢陽，「擬古」字摹句擬，十分生硬，讀來好像周鼎商彝。王世貞的名聲極盛，超過何景明，所作詞氣鏗鏘，彷彿《史記》、《漢書》，所以李攀龍死後，王世貞獨主文壇二十年，直到神宗萬曆十八年才離世[31]。

在嘉靖擬古風氣極盛的時代裡，有王愼中、唐順之出來提倡恢復宋代的文風，認爲文章要直抒胸臆，反映社會。茅坤、歸有光先後響應。唐順之認爲「但直攄胸臆，信手寫出，如寫家書，雖或疏鹵，然絕無煙火酸餡習氣，便是絕好文章。」[32]；歸有光批評李、王「自謂欲追秦、漢，其實不過剽竊齊、梁之餘」[33]；才把明代散文帶入了自由創作的新生境界。

晚明時，李卓吾不但反對文學的擬古，也反對思想的崇古；他強調寫作與思想應有自我本色。他說：「天生一人自有一人之用，不待取給於孔子而後足也。」又說：思想是非之爭，像晝夜更迭不相一樣，昨日是而今日非，今日非而後日又是矣㉞。公安派三袁（宗道、宏道、中道）都是李卓吾的弟子，繼承他的逕路，以「掃擬古之陋習」自許，提倡作清新輕俊的小品文。袁宏道認爲「時有古今，語言亦有古今。今人所謂奇字奧句，安知非古之街談巷語耶？」㉟。這意謂今人寫作要用「今人之詞」，這樣「辭」才能達意；所以他反對「句比字擬，務爲牽合，棄目前之景，摭腐爛之辭」，勦襲模擬古語的「復古」；襲用古人的語言，就像嚴冬而穿夏葛。後代文學所以不斷更新，是爲要矯正前代文學的過失，像盛唐諸人以闊大，矯正六朝駢儷的輕纖就是㊱。他使我們認識「文學進化的觀念」。從他讚美他三弟袁中道（小修）的詩文：

> 大都抒性靈，非從自己胸臆流出，不肯下筆。有時情與境會，頃刻千言，令人奪魂。……即疵處，亦多本色獨造語。㊲

他又說，「文章新奇，無定格式，只要發人所不能發，句法、字法、調法，一一從你自己胸中流出，就是眞新奇也。」㊳。袁宏道的散文以清新流麗著稱於世。李卓吾和袁宏道重視小說和戲曲。「獨抒性靈，不拘格套」，就成爲時人寫作散文的準則，盛行一時，形成了「公安體」。這時，竟陵派鍾惺和譚元春，贊同這些改革的理論，卻因見到公安派有一些作品太過浮淺，想用怪字險韻，顚倒字序去糾正這些毛病，因此形成譚元春幽深孤峭的風格。

明末，張岱融合了兩派的優點，爲明代散文帶來了一些優美可誦的小品。

㈥**清朝的散文**：清初金聖歎、李漁、袁枚繼承了公安派的文學的理論。金聖歎重視小說戲曲，推尊《水滸》、《西廂》的價值。李漁雖寫小說、戲曲，但所作《閒情偶記》是極流麗尖新的小品文。袁枚也主張「專寫性靈」㊴。

漢儒研究經學，特重注疏考據。明末文人學者，像顧炎武、黃宗羲、王夫之等，入清以後不肯出仕，專心學問，從事著述，蔚成清初風氣。康熙中期，清人更加獎勵漢人從事考據之學，詞章之事，一面大興文字獄來壓制漢人的言論；學者文士爲了遠禍，大多潛心作注疏考據的學問，繁徵博引，考證一個字，常數千言不能自休，名曰「漢學」。這些人深斥宋明的「義理」之說，以爲不值得存在。因此康熙、雍正、乾隆三朝，是漢學研究最盛的時代，也是文網控制最嚴密的時代。而反傳統，講自由的公安派的文學思想，自然受到鎮壓，像金聖歎遭到殺害，袁中郎集遭到燒毀。文學思想又走回了復古的老路子。

清初散文，以侯方域、魏禧、汪琬爲代表，稱做「清初三大家」，大都學韓、歐一派的古文，沒什麼成就。眞能夠代表清代散文成就的，是乾隆時的方苞、劉大櫆、姚鼐的「桐城派」。他們都是安徽桐城人。

世傳孔子「春秋筆法」在「約辭去煩」，「褒善貶惡」。方苞大概受他影響，而提出「古文義法」，說：「《春秋》之制『義法』，自太史公法之。」「『義』即《易》之所謂『言有物』也，『法』即《易》之所謂『言有序』也。」㊵。方苞主張文道合一，以六《經》、《左傳》、《史記》、

「唐宋八大家」，到明朝歸有光，作學習的對象，要言有物，有條理，有次序，文字要雅潔平正，以闡翼聖道人倫教化爲主，才能達到文章的最高境界；要是在散文裡摻雜了宋人講學的口語、魏晉六朝藻麗的俳語、漢賦板重的字法、詩歌的雋語、南北史的佻巧語，佛氏之語；那都會造成「言不雅馴」的疵病。41

其次，劉大櫆在〈論文偶記〉中，對寫作散文也發表許多卓越的看法。他認爲義理經濟是寫文章的材料，神氣音節是寫文章的能事。文章最要的是「氣盛」，字句的長短，音節的抑揚高下，不要有一定規律，卻要有一定妙處，這只能意會，不可以言傳。熟讀古人的文章，古人的神氣音節，自然鏗鏘散發出來。他認爲文章要注重神氣意思之奇，窮理見識之高，道理氣脈之大，含蓄不盡之遠，意眞辭切之簡，氣縱神逸之疏，還有篇段句字、神氣音節之變，筆屈盡意之瘦，不著粉飾而精彩濃麗之華，排比偶齊的參差，務去陳言，詞必己出，以雄逸之品最好。他的文章最講究音節，也有寫得不錯的作品42。

乾隆末，姚鼐編選一部《古文辭類纂》，作爲學作散文的範本。他更進一步發揚他的老師劉大櫆的理論。他在〈古文辭類纂序目錄〉後說：文章的體類有十三種，而寫作文章的方法有八項，就是「神、理、氣、味、格、律、聲、色」。這些觀念主要是從劉大櫆的〈論文偶記〉來的，相當的抽象；但根據劉文也可以給它解釋：神是精神，理是義理，氣是氣勢（語氣），味是韻味（意味），格是風格（由篇章字句形成），律是規律（文法、修辭規律），聲是音節（聲調），色是辭彩。姚鼐身處清代考據之學極盛，而又極端排斥宋明義理之說的時代，他卻獨排衆議，提出「義理、辭章、考據」三者不能缺一，必要義理爲質（內容），然後文章才有所附，考據才有所歸。他在〈復魯絜非先生書〉中，提出散文境界之美，有「陽剛之美」和「陰柔之美」兩種。他說：

得陽剛之美的文章，如雷電，長風的出谷，如崇山峻崖，如決大川……。得陰柔之美的文章，如剛出的太陽，如清風，如雲霞，如煙，如幽林曲澗，……如珠玉之輝。……宋朝歐陽修、曾鞏的文章，偏於陰柔之美。

陽剛之美與陰柔之美，成爲後代人常用來探論文藝境界的理論。桐城派專講「義法」，所作散文整潔暢通。自此之後，桐城派對文壇之影響，則超過一百年，直到了清末。

道光時，姚鼐教出的弟子梅曾亮、曾國藩、管同、方東樹、姚瑩等十幾人，在各地傳佈他寫作文章的方法與理論。再傳弟子則遍及全國。咸豐三年，曾國藩率領鄉勇和太平天國作戰，到他擔任兩江總督，前後二十年，幕府所延攬的散文名家有張裕釗、吳汝綸、薛福成、黎庶昌、俞樾、王闓運、郭嵩燾、吳敏樹等，講論姚鼐作文的方法。曾國藩編輯有《經史百家雜鈔》二十六卷，與姚鼐的《古文辭類纂》爲兩大著名的選集。曾國藩對作古文（散文）也有些看法。他補充了姚鼐的「陽剛、陰柔」的理論，說：

大抵陽剛者氣勢浩瀚，陰柔者韻味深美。浩瀚者噴薄而出之，深美者呑吐而出之。

古文境之美者，約有八言。陽剛之美曰：雄、直、怪、麗；陰柔之美曰：茹、遠、潔、適。㊸

現在，我根據他的日記說明它的含意。雄指氣勢要跌宕頓挫，直指文字轉換要無跡，怪指要奇趣橫生，麗指要韻新辭麗，茹指要義眾味長，遠指載道要高遠，潔指要刪盡冗意陳言，適指要自然閒適。

曾國藩是湖南湘鄉人，又稱「湘鄉派」，爲桐城派的別支。受桐城派理論影響的，還有陽湖派惲敬、張惠言等人。

桐城派自曾國藩逝世，也就日漸式微。光緒年間，王先謙和黎庶昌先後編有《續古文辭類纂》，內容不同。清末，又有嚴復和林紓兩人，嚴復以桐城古文翻譯西方哲學，如《天演論》、《原富》等，做到了「信、雅、達」。林紓用來翻譯西方小說百數十種；根據他人口述來翻，譯文並不精確。

這時，思想家梁啓超用「新民叢報體」寫文章，漸漸走向「文言淺顯化」。

(七)**民國的散文**：清代文學是中國三千年來各種舊文學的總結，同時孕育萌生了新文學[44]。民國六年(一九一七)，胡適、陳獨秀、錢玄同、蔡元培、劉半農等提倡「白話文運動」，主張用「白話文」來寫作，表達今人的意思。其實，清末這種運動早已濫觴，各地已有不少白話報，如《中國白話報》、《杭州白話報》、《安徽俗話報》、《寧波白話報》、《潮州白話報》。宣統間，范鴻仙等辦《國民白話日報》，李莘伯辦《安徽白話報》等。

光緒三十二年(一九〇六)，上海競業學會的《競業旬刊》爲鼓吹、傳佈革命的思想，採用白話文辦報。胡梓方作〈發刊辭〉說：

> 今世號通人者，務爲艱深之文，陳過高之義，以爲士大夫勸，而獨不爲彼十百千萬倍里巷鄉閭

之子弟計，則是智益智，愚益愚。

他認爲艱深的古文，有害於教育的普及，知識的傳佈。胡適先生這時就讀中國公學，加入競業學會，開始用白話文替《競業旬刊》撰稿，署名「期自勝生」。中有闡說「地球是圓的」學理。這是胡適第一篇白話文字，時年不滿十六歲。他第一部白話的章回小說《眞如島》，也在《競業旬刊》第三期上陸續發表了出來。光緒三十四年（一九〇八），胡適接編《競業旬刊》，出到四十期停刊。他前後寫了幾十篇白話散文。胡適提倡白話文的思想，主要奠基於此時。他自己也說：

我知道這一年多的訓練，給了我自己絕大的好處。白話文從此成了我的一種工具。七八年之後，這件工具使我能夠在中國文學革命的運動裡做一個開路的工人。㊺

民國四年（一九一五），胡適在美國哥倫比亞大學，就和任鴻雋、梅光迪等人討論白話文問題，逐漸形成他的「中國文學必須革命」思想。五年（一九一六），他開始嘗試作白話新詩；十月，他自美國去信給《新青年》雜誌，說：「今日欲言文學革命，須從八事入手。」這就是胡適在〈文學改良芻議〉中所說的八事。

民國六年（一九一七）一月，胡適、陳獨秀、錢玄同、沈尹默、劉半農等人在北京《新青年》雜誌上，發動了這個白話文運動。胡適發表〈文學改良芻議〉，他說：

文學者隨時代而變遷者也。一時代有一時代之文學，因時進化，不能日止。唐人不當作商、湯之詩，宋人不當作相如、子雲之賦。即令作之，亦必不工。……白話文學，……爲將來文學之利器。

古人造古人之文學，今人造今人之文學。

胡適的這種文學發展進化論，和晚明袁宏道的文學觀念非常接近。文言文是過去的古典文學，在歷史上自有它輝煌的成就；但是在今天科技突飛猛進的時代，人事日益複雜的時代裡，用古代語（文言文）來表達意思，無論如何，已經無法應付實際的需要，必須用現代語才能暢所欲言，明白清楚，溝通情感思想。在文學的發展上說，也必須有新的文學產生。胡適在〈文學改良芻議〉中，提出必須改良的八件事：

一曰須言之有物。二曰不摹倣。三曰須講求文法。四曰不作無病之呻吟。五曰務去爛調套語。六曰不用典。七曰不講對仗。八曰不避俗字俗語。[46]

胡適這些主張，有的是採擷前人的[47]，有的是針對擬古弊病而發的，有的是對喜用僻典、駢文對偶而說的。胡適認爲我國近世文學之大病，在於「言之無物」；又說：他所謂「物」不是古人所說「文以載道」，是思想和情感。二月，陳獨秀發表〈文學革命論〉，也提出三大主張：

一、推倒雕琢的、阿諛的貴族文學；建設平易的、抒情的國民文學。

二、推倒陳腐的、鋪張的古典文學；建設新鮮的、立誠的寫實文學。

三、推倒迂晦的、艱澀的山林文學；建設明瞭的、通俗的社會文學。

陳獨秀認爲貴族文學失獨立自尊之精神，古典文學失抒情寫實之旨，山林文學對大多數人無益。批評前人「文以載道」，「不過鈔襲孔、孟之門面語」。又說：

歸、方、劉、姚之文，或希榮譽墓，或無病而呻，滿紙「之乎者也矣焉哉」。每有長篇大作，搖頭擺尾，說來說去，不知道說些甚麼。此等文字，作者惟在做古欺人，直無一字有存在之價值。

蔡元培也說：

白話是用今人的話，來傳達今人的意思，是直接的；文言是用古人的話，來傳達今人的意思，是間接的。間接的傳達，寫和讀都要費一番翻譯的工夫。

現代人應用現代語來撰寫文章，表達情思，溝通意見，當然很方便，受到大衆的歡迎，所以形成文學革新的一種運動。這種運動一經發起，旋即形成一股不可阻擋的狂瀾時潮，傳到了全國各地。胡適認定文學可以影響世道人心，可以作爲啓蒙思想的工具[48]，由於舊文學的內容荒謬，白話文運動就和新文化運動連結一起。

民國八年（一九一九）一月，北京大學學生傅斯年、羅家倫、汪敬熙出了一個《新潮》月刊，不但提倡白話，反對文言，而且反孔、孟，反對舊思想，攻擊舊倫理、舊道德，打倒孔家店。《新青年》雜誌發表宣言說：

要求社會進化，不得不拋棄舊觀念，創造新觀念，樹立新時代精神，適應新社會的環境。我們理想的新時代、新社會，是誠實的、進步的、積極的、自由的、平等的、創造的、美的、善的、和平的、相愛的、互助的、勞動而愉快的、全社會幸福的。希望那虛僞的、保守的、消極的、束縛的、階級的、因襲的、醜的、惡的、戰爭的、軋轢不安的、懶惰而煩悶的、少數幸福的現象，漸漸減少，至於消滅。

因爲要建立理想的新中國，所以要破壞舊禮教、舊國粹、舊倫理、舊藝術、舊宗教、舊文學、舊政治（特權人治）；提倡民主與科學，所以主張要擁護德先生（德謨克拉西）和賽先生（賽因斯）㊾。也可以看出他們當日所寫的散文內容的取向。這當然引起了守舊派在《國故》、《國民》、《新申報》、《公言報》發表反擊性的言論。

民國八年（一九一九）第一次世界大戰結束，巴黎和會開幕。德國戰敗；我國是戰勝國之一，要求收回德國在我國山東的權益；日本卻繼承德國接收這些權益。消息傳回國內，舉國震驚，北京各大學學生三千多人，就在五月四日，發動遊行示威，表示抗爭。這個學生要求鏟除不平等條約的愛國運動，後來和新文學運動、新文化運動結合一起，各地學生團體，出版無數小報雜誌，全用白話，發表言論，倡導革新。一年之間，白話發行的報刊高達四百種。南北大報副刊，如北京《晨報》、上海《民國日報》都是白話文學的主要園地。作者如林，名家輩出，於是乎白話文學就蓬勃發展風行於世了，新文化的思潮亦澎湃而不可阻遏了。五四運動就成爲新文化、新文學運動的代稱詞。

「散文」在新文學運動中自然佔極重要的一環。民國十年（一九二一）以後，文人紛起組織社團，發表不同的文藝理論，走向不同的創作方向和路子，形成許多不同的白話文學的派別。當時總計有上百個，其間最著名的有鄭振鐸、周作人、許地山、沈雁冰、葉紹鈞等十二人發起的「文學研究會」，提倡「爲人生而藝術」，反對文以載道，反對把文藝當作遊戲消遣，認爲文藝應該寫的是人生是社會。郭沫若、郁達夫等人組成的「創造社」，提倡「爲藝術而藝術」，傾向浪漫、唯美、個人、抒情和創作。徐志摩、胡適、梁實秋等人組成的「新月社」，認爲從心靈深處流出來的情思才是好的文學，文學是天才的產物，而多作優美的散文。魯迅、林語堂、周作人、俞平伯、馮文柄等人發起組成的「語絲社」，傾向自由主義，有的談風月，有的談考古，也有談國家大事，形成幽默潑辣、凝鍊閒適的風格。[50]

白話「散文」在現代四大類的文學中，可以說作者最多，作品最多，發展到今天包括的體類，有小品、隨筆、日記、遊記、傳記、歷史、雜記、書信、雜文、抒情、論說、序跋、碑銘、回憶錄、演講辭、故事、寓言、方塊、報導等等。但若從現代的散文觀念來看，又可以分做四類：

1.文藝性散文：專指文學意味濃厚的散文，內容偏重抒發情思，描寫景物，繪敘人事的小品、隨筆、遊記、日記、書信、抒情、史傳，文彩優美，情味動人的作品。像徐志摩、朱自清、梁實秋的散文屬之。

2.雜文性散文：論事說理，雋美有味，精鍊簡潔，犀利深刻，自然明暢的雜文、雜感、論說、序跋、歷史、傳記、專欄、社論、時評之類的作品。像林語堂、魯迅、周作人、胡適的散文，大都屬於這類作品。

3.報告性散文：指文學性濃的新聞事件的特寫報導、名人回憶錄、文學傳記、戰役實錄、史事描述、醫療專記、科技淺介之類的散文。西方這類散文比較多。像我所寫《殲癌日記》就是。

4.實用性散文：缺少文學意味，各種實用性散文皆屬之，尤指應用文字而言。像胡適的演講詞〈讀書〉就是。

三、結語——用現代語寫現代散文

「散文」是我們人人都要應用到的一種文體，不像詩歌、小說、戲劇是少數詩人作家的專作。它是非常重要的一種文體。它產生於實用，所以很早就存在，就有很好的作品。詩歌也富有實用性，像抒情、敘事、宴會、祭祀都用到詩歌，我國的詩歌也產生的很早。小說和戲劇帶有娛樂、消遣的意味，所以發生、成熟得比較晚。

小說和戲劇是消遣性的、娛樂性的，屬於平民化、大衆化的文藝作品；因此採用的語言，大抵隨著時代而變遷，小說從文言而白話，戲劇打從元曲起就是很口語的。詩歌本來是和音樂、舞蹈關連的歌唱文學，採用語言大抵也是隨著時代而變遷，所以漢樂府和周詩楚辭不同，東晉南北朝隋代的民歌和漢樂府又不同；宋詞不同於唐詩，元曲不同於宋詞，明清彈詞小調又不同於元曲。但是後人筆下的詩詞因爲「擬古」，也就有些作品跟當時的語言脫節；因此，清末黃遵憲寫詩才有「我手寫我口，古豈能拘牽」之說。不幸，文士寫作散文喜歡「復古」的路線，老早就跟嘴巴上說的話遠離。這種「言文不一」的現象，越到後代越加嚴重。唐劉知幾說：

（古時）時人出言，史官入記，雖有討論潤色，終不失其梗概者也。夫三《傳》之說，既不襲《尚書》；兩漢之詞，又多違於《戰策》。足以驗民俗的遞改，知歲時的不同。而後來作者，通無遠識，記其當世口語，罕能從實而書，方復追效昔人，示其稽古；是以好丘明者，則偏模《左傳》；愛子長者，則全學《史公》。用使周、秦言辭，見於魏、晉之代；楚、漢應對，行乎宋、齊之日。51

劉氏批評的是歷史家撰寫當代的歷史，採用「古代語」來記述，不肯用「當代語」。當然是不對的。其實，過去散文作家寫文章，也都是依據古書裡的語言來寫的，也因此跟嘴上說的語言完全脫節；再加上唐宋八大家以後的散文家，提倡寫作散文都是走復古、擬古的路線，因此傳統的「散文」都是用「古代語（文言）」來寫的。古今的語詞有極大的變動，講的跟寫的不一樣，自然造成了學散文與寫散文的極大困難。胡適先生看準了這種嚴重的弊病，所以出來提倡用現代語寫現代散文，因為寫起來非常便利，讀起來非常容易，當時許多作者紛起效法，自然蔚成一時潮流，終於徹底改變散文寫作的道路，產生了現代的白話的新散文。

【附註】

❶說取方祖燊的〈散文的新界說〉（收於方祖燊、邱燮友合著的《散文結構》）。

❷見郁達夫的《中國新文學大系散文》導言。

❸語見《周易．家人象》。

❹見《周易．艮六五》。

❺見《論語．雍也》。

❻見《孟子．公孫丑篇》。

❼見《韓非子．外儲說左上》。

❽見《老子第八十一章》。

❾語分見《韓非子．五蠹、八說、亡徵》等篇。

❿語見劉勰的《文心雕龍．總術篇》。

⓫見梁元帝的《金樓子．立言篇》。

⓬見李諤的〈請正文體書〉。

⓭見王通的《中說．王道篇》。

⓮語分見柳冕〈與徐給事論文書〉與〈答衢州鄭使君論文書〉。

⓯說取韓愈的〈進學解〉及〈答李翊書〉。

⑯韓愈的〈原道〉及〈答李翊書〉。
⑰見柳宗元的〈答韋中立論師道書〉。
⑱見韓愈的〈答李翊書〉。
⑲說取韓愈的〈送孟東野序〉。
⑳見李漢的〈昌黎先生集序〉。
㉑說取歐陽修的〈梅聖俞詩集序〉。
㉒見蘇洵的〈仲兄字文甫說〉。
㉓見蘇軾的〈答謝民師推官書〉。
㉔見蘇轍的〈上樞密韓太尉書〉。
㉕見劉大杰的《中國文學發展史》第十八章頁563。
㉖說見《二程遺書》卷十八。
㉗說取《朱子語類》。
㉘說取李夢陽〈再與何氏書〉。
㉙說取《四庫提要》。
㉚見何景明與李夢陽書。
㉛事分見《明史‧李攀龍傳、王世貞傳》。

㉜語見唐順之〈答茅鹿門知縣論文書〉。

㉝見歸有光的〈與沈敬甫小簡〉。

㉞說分見李卓吾的〈答耿中丞〉與〈藏目紀傳目錄論〉。

㉟見袁宏道的〈論文上〉。

㊱說取袁宏道的〈雪濤閣集序〉。

㊲取袁宏道的〈小修集序〉。

㊳見袁宏道的〈答李元善〉。

㊴見袁枚的〈何南園詩序〉。

㊵見方苞的〈書貨殖傳後〉。

㊶說分見方苞的〈古文義法約選序〉和〈答程夔州書〉及雷鋐〈翠庭卜書〉、沈廷芳〈書方望溪先生傳後〉。

㊷說取〈初月樓古文緒論〉。

㊸見曾國藩的《日記》。浩瀚，盛大。噴薄，噴湧。

㊹見劉大杰的《中國文學發展史》頁1008。

㊺見胡適的《四十自述》。

㊻八件事，後來胡適在〈建設的文學革命論〉中改爲「八不主義」。

㊼如「言之有物」出《周易》。「務去爛調套語」變自韓愈的「惟陳言之務去」。「不避俗字俗語」是從佛家語錄和

白話小說來的。

48 見〈藏暉室札記〉。

49 說取陳獨秀〈本誌罪案之答辯〉（《新青年》六卷一期）。

50 見方祖燊的《小說結構》頁69-71。

51 見劉知幾的《史通·內篇·言語》。三傳指《春秋》的《左傳》、《公羊傳》、《穀梁傳》。

（民國八十五年六月，刊於《中國現代文學理論季刊》第二期）

現代作家的散文觀

自民國六年（一九一七）胡適、陳獨秀等人提倡白話文運動，發展到了現在民國八十五年（一九九六），已經有八十年的歷史。在這八十個年頭裡，有不少作家、理論家對現代散文發表了一些意見。這些「散文觀」對於散文體類的認識，對寫作散文的方法，對散文未來的發展趨向，對我們來說都是有相當的幫助。我這裡僅就我平日所讀相關的論著，加以剪裁、濃縮、改寫、補充，寫成這篇論述性的文字。

一、胡適的「八不主義」

民國六年（一九一七）一月，胡適在北京《新青年》雜誌發表〈文學改良芻議〉，鼓吹白話文學，提出寫作文章必須改良的八件事：一曰須言之有物。二曰不摹仿。三曰須講求文法。四曰不作無病之呻吟。五曰務去爛調套語。六曰不用典。七曰不講對仗。八曰不避俗字俗語。後來他在〈建設的文學革命論〉，改做「八不主義」。

他們認為「白話文」可以做革新舊思想的工具，連帶發動了新文化運動。民國八年（一九一九）發生五四愛國運動，於是新文學運動與新文化運動更加密切結合一起。《新青年》發表宣言，要建立民主、科學和新文化；所以新文學初期的散文，都是辯說論爭的意味極為濃厚精悍有力的作品，《新青年》等刊物所登的都是砲火激烈，充滿著戰鬥意味的「隨感錄」。當時的作者有胡適、陳獨秀、劉半農、錢玄同、魯迅等人。胡適的文字流暢明白，陳獨秀則潑辣明快，錢玄同觀點明確文氣凌厲，劉半農坦率直白幽默詼諧，魯迅的《熱風》又可作為代表。這時散文當然比較缺乏美感。

二、周作人的「美文」

散文趨向「美」。那是民國九年（一九二〇）的事。《小說月報》刊登冰心的〈笑〉，才有後人所說「小品文」。周作人在十年（一九二一）六月八日提出「美文」的觀念。他說：外國文學裡有一種藝術性論文，叫做「美文」，可以敘事與抒情。也就是說他認為寫論說文也要寫得「美」，用來糾正初期的白話散文的缺失❶。他自己在民國十三年（一九二四）所作的〈蒼蠅〉就是這種美文。

三、王統照據英國韓德的理論把散文分做五類

民國十二年（一九二三）六月二十一日，王統照在《晨報副刊．文學旬刊第三號》，提出「純散文（Pure Prose）」一詞，認為無論寫哪一種散文都應該帶點文學成分在內。民國十三年（一九二四）

二月三日，根據英國文學批評家韓德（Hunt）說法，把散文分做五類：

1.歷史類散文：又名「敘述的散文」，用優美生動有趣的文筆，將歷史事實寫出。但要注意敘述史實的統一、連續、優美與眞實，以引人興趣。這些理論對作家的寫作當然有影響。像魯迅的《故事新編》就是這類的作品。

2.描寫類散文：特別注重美感。這一類散文需有想像的融化來描繪事物與風景。有的從可見事物景象來作描寫，例如囂俄的〈滑鐵盧之戰〉；有的單憑想像的事物景象來作描寫，像霍桑的短篇文字。我想朱自清的〈槳聲燈影裡的秦淮河〉也是這類側重寫景抒情的一篇描寫類散文。

3.演說類散文：中國過去沒有，勉強去找，僅有短短有趣的談話，絕無長篇結構的作品。歐洲早有動人的演說散文，例如羅馬安東尼(Antony)爲愷撒辯護報仇的演說辭，就極富文學的價值。其後用於政壇、法庭、集會、戰時，使人們受其刺激而感動。這類散文又可稱做「激動性散文(Impassioned Prose)」，與其他散文不一樣，要用語勢、情感，從演講中去鼓勵、激奮人。培根說：「演說不只是理論的敘述，更須加上強烈的意志使人遵循，動人的言語使人激動，講演人的人格與智慧也可藉此表現了出來。」

4.教訓類散文：含有教導與指正意味，表現意念與眞理，並有解釋作用，又稱「說明散文(Expository Prose)」。要做到使讀者心悅誠服，有時跟「哲學散文(Philosophical Prose)」相似，採用優美的文字，來傳播作者的知識、道理與思想，訴之心靈、理性與智慧，比訴之人的情緒更有力量。

孔、孟之道能夠傳之久遠，也在這一點上。

5.時代類散文：是指隨時發表於雜誌報紙上富有文學意味的散文，產生於英國笛福(Defoe, 1659-1731)時代。那時由於報紙雜誌的發達，這類散文應運產生。笛福寫了許多政論文、諷刺文。有人稱做「雜散文(Miscellaneous Prose)」，簡稱雜文。我國的雜文，可以說是從筆記、雜錄、漫鈔之類舊作品轉化過來的；當然報紙雜誌發展之後，雜文也大爲風行。魯迅就是這種雜文的名家，他的《南腔北調集》、《且介亭雜文》、《花邊文學》之類是。

四、林語堂談「語絲社」的文字——現代小品文

「語絲社」，是民國十三年(一九二四)由魯迅、林語堂、俞平伯、周作人、孫伏園等人組成，出版《語絲》週刊，專刊載散文與雜文。林語堂說：「語絲派」的文字，是現代小品文，跟古人的茶經酒譜之所謂小品，自復不同；亦與古時筆記小說不同。古人筆記所記類皆筆談漫錄野老談天之屬，避經世文章；乃因經世文章禁忌甚多，蹈常襲故，談不出什麼大道理來。現在小品文與古人筆記相比，範圍卻放大許多，用途體裁也已改變，非復拾前人筆記形式，所可自足。現代小品文可以說理，可以抒情，可以描繪人物，可以評論時事；凡方寸中一種心境，一點佳意，一股牢騷，一把幽情，都可聽它由筆端流露出來，這就是現代散文的技巧。❷

五、阿英論述「五卅慘案」之後的散文

民國十四年(一九二五)五卅慘案發生。我國的知識分子開始激烈的轉變，走上左右分化，一派走出象牙之塔，藝術之宮，前往廣州參加革命的工作，反對帝國主義和軍閥的壓迫人民，產生了積極的革命思想，飛揚著戰鬥的精神，如葉紹鈞的〈五月卅一日急雨中〉，鄭振鐸的關於五卅的詩文，可爲例子。另一派仍然講個人主義，寫風花雪月，寫那些趣味消閒的小品。像周作人等人專寫茶食、酒、鳥聲、野菜、草木、蟲魚、妖術等小品文和小雜文。

阿英說：因學者青年很多跑往南方廣州，參加革命工作；消閒趣味的美的小品文更得到發展。一直延續到民國二十年(一九三一)九一八事變之後，散文又開始變動，產生了明快短小的新的小品文，強悍有力，質量都有很大的開展，像魯迅的《二丑藝術》、茅盾的《大減價》可爲代表。林語堂序《大荒集》說：「書之內容，已無《剪拂集》的坦白了。」(一九三三)，在文字上總是彎彎曲曲，越加晦澀。也另有一部分作家仍然寫他的風花雪月，身邊瑣事。❸

六、胡夢華從法國引進了「絮語散文」

民國十五年(一九二六)，胡夢華將法國孟田(Michel de Montaigne)的「絮語散文」(Familiar essay)的理論引述進來。孟田在一五八〇年創造了這種散文，就是好像大家圍著火爐，低聲細語，絮

絮叨叨，作家用浪漫聲調談個人生活的經驗和雜感，有少年時的記憶，有中年時的奇遇異聞，怪癖嗜好，以及妄想成見，絕少談外界的俗事。這可以說是完全表現「自我」的一種散文。後來傳入英國。到十八世紀，寫作範圍擴大，從個人生活延伸到社會事情的評析，並且把哲學搬了進去，還有描寫人物的性情。十九世紀，作家愛寫什麼就寫什麼，題材更加拓廣，有生活、職業、旅遊、喜憎、親友、書籍、詩畫；有抒情，有悟性，圍爐瑣談，散步漫話，信筆寫來，不拘一格，直說坦言，毫無矯飾虛套，所寫大都是作者個人的經驗談，每篇散文都反射表現出作者的情感、思想與興趣，所以極富個人色彩與哲學意味，有驚人的奇思，苦心雕刻的妙筆，並且有似是而非的反語，似非而是的逆論，還有冷嘲和熱諷，機鋒和警句，最足以動人的要算熱情和詼諧，是一種不同凡響的美的文學，是散文中的散文。❹

西方這種絮語散文，很像我國的「小品文」。它是用輕鬆的文筆，隨隨便便地來談人生，信手拈來，信筆寫去，好像漫不經心，寫一些簡短零碎有味的話兒，就將作者的性格烘托了出來。❺

七、梁實秋說散文是「心聲」的翻譯

民國十七年（一九二八），梁實秋在《論散文》中說：一切散文都是一種翻譯，把我們的思想、情緒、想像翻譯成語言文字。古人說：「言爲心聲。」其實「文」也是心聲；頭腦笨的人說出來是蠢話，寫成散文也是拙劣；富於感情的人，說話固然深摯，寫成散文必定情致纏綿；思路清晰的人，說話有條不紊，寫成散文更能澄清徹底。又引喀來爾(Calyle)的話說：「每人有他自己的文調。」文調純粹是作者性格的流露：或奔濤澎湃，能令人驚心動魄；或委婉流利，有飄逸之緻；或是簡鍊雅潔，如斬釘截鐵。散文妙處眞是氣象萬千，變化無窮。

梁實秋談到寫作散文的技巧，說：散文的美妙雖不可捉摸，散文藝術仍是所不可少的。法國福樓拜選擇字句非常用心，在萬千詞字中尋求一個合適的字，絕無一字敷衍將就，以將自己的意念確切的表示出來。至於字的聲音，句的長短，也是不可忽略的，長句表示溫和弛緩，短句代表強硬急迫。他又說：寫散文最容易患的毛病，有太多枝節、繁冗、生硬、粗陋；我的原則就是「割愛」，所以跟題旨無關，題外的枝節，和原意不甚洽合的都要割愛。散文之美，不在乎你能寫出多少旁徵博引的故事穿插，也不在多少典麗的詞句，而在能把心中的情思直截了當的表現出來。散文的美，美在適當，不肯割愛的人是要失敗的。他又說：

散文的文調應該像一泓流水那樣的活潑流動，避免堆砌毛病，要相當的自然；用字用典要求其美，忌其僻，要寫得親切。散文不僅是訴於理性，對於讀者是要以情移。散文要有雅潔的文字，高超的思想，感情的魔力，再配上高超的文調，才能產生令人喜歡的作品。而卑陋的語氣，粗俗的辭句，常使散文淪於粗陋的一途。若無論寫什麼，皆出之嘻笑怒罵，引車賣漿之流的語氣，和村婦罵街的口吻，像這樣恣肆的文字，裏面有的是感情；但是沒有文調。❻

梁實秋的散文幽默風趣，活潑灑脫，有《雅舍小品》、《罵人的藝術》、《秋室雜文》等。

八、鍾敬文融會了中外的散文觀念

民國十七年（一九二八），鍾敬文認為：「小品」一詞出於《釋氏辨空經》：「詳者為大品，略者為小品。」《明十六家小品》所收有寫景、敘事、抒情、議論，跟平常文章沒什麼兩樣，只是篇幅短罷了。他認為胡夢華「絮語散文」，應該譯作「小品文」。作小品文需要湛醇的情緒，超越的智慧，才能寫出好作品。作者性格殊異，文章姿態也就不同：奇麗、幽淡、嬌俏、滑稽。只要真純的性格的表露，便能引人入勝，撩人情思。無論怎樣不同，但有一共通點：就是精悍雋永。明人十六家文集中有許多是小品的上乘，教人讀了飄飄欲仙。現在周作人、俞平伯、朱自清、葉紹鈞寫的小品文都不錯。徐志摩不免因過份人工誇飾，流於冗贅縟豔之境。❼

鍾敬文的代表作《荔枝》、《西湖的雪景》、《太湖遊記》等。以詠物小品著稱，簡鍊沖淡，親切生動。

九、朱自清的「論現代中國的小品散文」

朱自清說：民國十一年（一九二二）三月，胡適寫了《五十年來中國之文學》：「這幾年來，散文最可注意的發展，乃是周作人等提倡的小品散文。打破了美文不能用白話寫的說法。」五四運動後的三四年來，風起雲湧的種種刊物，都有意地發表了許多散文。這一年來更多，書店出的散文集也不少。《東方雜誌》從二十二卷(一九二五年)起增闢「新語林」專欄，也刊登許多小品散文。夏丏尊、劉薰宇編《文章作法》七號，對於記事文、敘事文、說明文、議論文外，還載有小品文專刊。去年《小說月報》的創作號也特闢「小品」一欄。小品散文極一時之盛。中國文學是以散文爲正宗，散文的發達正是順勢。散文的體制，舊的散文裡應有儘有。周作人說：現在只就散文說，與明代的有些相像。當然也有受外國影響的，像魯迅，像徐志摩。但新文學初期，詩和短篇小說和戲劇盛行。蓋那時剛打倒舊文學，散文多用來作啓蒙思想的工具，發揚新文化的武器，純文學的散文作的不多。這樣過了幾年，才逐漸恢復了原有散文的地位與功能。抒情的散文的發展，這三四年卻是絢爛了。有種種樣式，流派，表現，批評，解釋著人生的各方面，日新月異，有外國紳士風的，有隱士，有叛徒，或描寫，或諷刺，或委曲，或縝密，或綺麗，或洗鍊，或流動，或含蓄。❽

我們從朱自情的這篇文章可以看出從民國六年到民國十七年，在這十年之間，我國現代散文的進步發展的概況。

十、李素伯探討「文藝性散文」的特質

民國二十一年(一九三二)一月，李素伯說：小品文是散文裏篇幅簡短的有特殊情致的一種。陳天定編的《古今小品》、《明十六家小品》等，收有論說、序跋、傳記、碑誌、詔令、箴銘等，和文學的小品文的意義頗不適切。

西歐的 Essay，是一種專於表現「自己」「美」的散文，有人譯做「隨筆」。但日本廚川白村認爲「隨筆」是博雅先生的札記，或玄學家研究的斷片，把 Essay 譯做隨筆，並不太妥當。不過我國古人的雜記隨錄裡，如蘇東坡的題跋與《說林》，陸放翁的《入蜀記》，宋明清人的筆記日錄裏，雖都有些學術研究的斷片，卻也有不少清新婉麗的小品文字。

他又引廚川白村的說法，跟朋友隨便談心閒話，移之紙上就是 Essay。興之所至，常說些不至於令人頭痛道理，有冷嘲，有警句，有滑稽，有感憤，談天下國家的大事，還有市井的瑣事，書籍的批評，相識者的消息，以及自己過去的追懷，想到什麼就談什麼，託於「即興之筆」，說出這種文章寫作的自由，自我的表現方法與內容題材，所見所聞，隨意抓取安排，用詩也似的美的散文寫了下來，這就是我們的「小品文」。

小品文應該是純以抒情爲目的，不受任何內容或形式的限制。像歐陽修那種流露著眞性情的短文，狂傲梗直的人格，悱惻纏綿的情懷，清新高逸的詞句就都顯現出來。廚川白村又說：Essay就是將個人人格的色彩濃厚地表現出來。爲了表現不僞不飾的眞我，寫了一些既是廢話也是閒話的論文。❾

李素伯將我國的小品文，和西歐的 Essay，和日本廚川白村的理論，混雜一起來探論現代所謂的「文藝性散文」的特質：應該「純以抒情爲目的」，並且要用「詩也似的美的散文」寫了下來。

十一、李素伯將抒情散文與其他文學作比較

李素伯在〈什麼是小品文〉中說：抒情的散文，和注意字句音節的詩，描寫結構的小說，剪裁與對話的戲劇相比，選材與表現就隨便些。它不能算做純藝術品。詩和散文的區別，只在韻(Rime)這點，散文有時也有韻，而散文詩(Blank Verse)卻沒有韻。詩歌大多有和諧的韻律，特殊的節句形式，這在散文便不重要。又引汪靜之的說法：「詩歌感情和想像的成分比較多一點，散文思想和事實的成分比較多一點。詩歌比較注重情調，散文比較注重描寫，詩歌大多數是有韻律的，散文則無韻律。」⑩詩歌有神秘的不可理解的幻想境界，小品文大都是日常人生抓住現實的記錄。小說能在有系統的結構裡來描寫想像的事情，來表現批評人生，寫的是人的一片段部分，卻能代表人生可歌可泣、可愛可憫的斷面；小品文不需要結構，無所謂因果關係，不經意的抒寫自己的經驗感受，表現零星雜碎的人生，卻能從中獲得每顆沙礫的閃光，令人驚嘆、欣喜。戲劇需要對話、結構、劇景、排場，小品文是無須乎此。也有些小說、戲劇實際是小品文，可以從中截取片段當小品散文來讀。⑪

十二、郁達夫認為散文可愛的地方，在細、清、真

郁達夫在民國二十二年(一九三三)七月二十八日，說：周作人以為近代小品文肇始於明公安、竟陵兩派。又說他自己翻閱羅大經《鶴林玉露》卷四的一段：

余家深山之中，每春夏之交，苔蘚盈階，落花滿徑，門無剝啄，花影參差，禽聲上下……。

覺得它氣味同袁中郎、張陶庵等差不多。大約描寫田園野景，和閒適的自然生活，以及純粹的感情之

類。以爲這種文體最美。遠如陶淵明的〈歸去來辭〉，近如沈復的《浮生六記》之類。

但因東西民族的氣質人種不同，雖是一樣的小品文字，西洋的 Essay 還脫不了講理的傾向，沒有東方人的小品文那麼清麗。郁達夫又說：

小品文可愛的地方，在於細、清、眞三點。細密的描寫，若不愼加選擇而巨細兼收，則「清」就談不上了；既細且清，則又須看描寫得眞切不眞切。以景述情，緣情敘景，情景兼到，既細且清又眞切靈活的小品文，卻是不容易做到學得。⑫

十三、朱光潛談白話散文的聲音節奏

朱光潛說：西方有語音學專家在研究散文的聲音節奏。我國人作古文對聲音節奏也很講究，特別在虛字上下功夫，還有段落的起伏開合，句的長短，字的平仄，文的駢散，都與聲音有關。在文學裡，聲音節奏是一個主要的成分，文的情趣、氣勢、韻味，大半要靠聲音節奏來表現的；譬如我們說話情感的表現，要靠語言的腔調，是一樣的道理。

其實，白話文讀起來，聲音是否響亮，節奏是否流暢，也應該注意的。音調鏗鏘，節奏流暢的文章，都會使人產生愉快的感覺。文章無論中外古今，都離不掉聲音節奏的。語體文的聲音節奏，因爲是日常的語言，必須講究自然流露，唸著順口，像說話的一樣，可以在長短、輕重、緩急上，顯露出情感思想的變化和發展。劉大櫆說：「無一定之律，而有一定之妙。」用在語體文比用在古文上，還

更恰當。唸來別扭，上下不調和，詰屈聱牙，這樣的散文也一定寫的不好。⓭

十四、民國二十三年至二十五年之間小品文的論戰

民國十九年（一九三〇）至二十二年（一九三三），小品文最爲流行，蔚爲一時風氣。這時雖有一些好作家，寫一些好作品。形式是短小精悍，內容是無所不談，多即物言志、以小見大，他們常就身邊的小事小問題來做文章，寄託一點感慨，希望社會能從此有一點點零碎的改良。市場上最賣錢的小品文刊物，卻大多是些賣弄風情、供人遣悶、低俗的玩意兒。⓮這種不好的現象，自然引起了爭論。

鄭伯奇分析這時小品文引起論爭的原因，他認爲是跟時代背景、有人提倡都有關係。因爲提倡人的言論，惹了人非議。像有人喜歡恬淡趣味，就提倡吃茶文學，其門生弟子隨聲附和，造成一種風氣，自然引起論爭。有人喜歡公安、竟陵的文章，就說中國新文學是發源於公安、竟陵的；若以此爲文學史的觀點，自然引人非難。辛亥革命以前，也有人研究明末黃梨洲、王夫之、顧亭林、朱舜水的不肯屈膝異族，對民族革命運動有過影響。如今呢，那些宦囊飽滿的隱士，矯揉造作的山人，變成好得不能再好的了，而要人不反對，能嗎？⓯

再加民國二十年（一九三一）發生九一八事件，日本軍隊佔領我國東北。第二年又發生一二八事件，日軍夜襲上海閘北。第三年（一九三三）日軍又進攻華北，國內又發生水災和勦共戰爭。作家對散文的內容與寫法，當然有不同的看法，因此在民國二十三年、二十四年之間，文壇上對於小品文的

評價，發生了激烈的筆戰。魯迅、林語堂、伯韓、葉聖陶、傅東華、陳子展、朱光潛都發表文章，表示對小品散文的看法。

㈠魯迅的〈小品文的危機〉——小品文不是小擺設，必須是匕首，是投槍

魯迅首先發表了〈小品文的危機〉，認爲過去的小品散文，只是「小擺設」，像小小的鏡屏，玲瓏剔透的石塊，竹根刻成的人像，古玉雕出的動物，鏽得發綠的銅鑄的三腳癩蛤蟆，……。那是士大夫的「清玩」，不是什麼重要的物件，是非常渺小的。現在卻要求多作這種文學的小擺設——小品文，是不對的。接著提出他對小品文的看法，說：

小品文的生存，只有仗著掙扎和戰鬥的。晉朝的清言，早和它的朝代一同消歇。唐末小品羅隱的《讒書》幾乎全是抗爭和憤激之談；隱士皮日休的《皮子文藪》和陸龜蒙的《笠澤叢書》中的小品文，並沒有忘記天下。明末的小品雖然比較頹放，卻並非全是吟風弄月，其中有不平，有諷刺，有攻擊，有破壞。這種作風，也觸著滿洲君臣的心病。直到乾隆年間，才壓制下去了。以後呢，就來了「小擺設」。

五四運動的時候，散文小品的成功，幾乎在小說戲曲和詩歌之上。這之中，自然含著掙扎和戰鬥，但因爲常常取法於英國的隨筆（Essay），所以也帶一點幽默和雍容，寫法也有漂亮和縝密的。但現在的趨勢，卻在特別提倡那和舊文章（學）相合之點：雍容、漂亮、縝密，要它成爲「小擺設」，供雅人的摩挲。這種小品在上海盛行，遍滿小攤上。小品文就這樣的走到了危機。

魯迅認爲這類小品文是痲醉人心的作品，會使人走向死路。小品文必須是匕首，是投槍，能和讀者一同殺出一條生存的血路的東西；但自然，它也能給人愉快和休息，然而這並不是小擺設，不是撫慰和痲痺。它給人的愉快和休息是休養，是勞作和戰鬥之前的準備。他又說：

像小擺設的小品文，想讓戰地或災區裡的人們來鑒賞，——誰都知道是幻夢。⓰

㈡林語堂談小品散文的特質

民國二十三年(一九三四)四月五日，林語堂創辦《人間世》。作發刊詞，高標專刊小品文，說：小品文可以發揮議論，可以暢泄衷情，可以摹繪人情，可以形容世故，可以札記瑣屑，可以談天說地，沒有範圍，特以自我爲中心，以閒適爲格調，即西方文學所謂個人筆調是也。故善治情感與議論於一爐，而成現代散文之技巧。《人間世》之創刊，專爲登載小品文而設，宇宙之大，蒼蠅之微，皆可取材，故名之爲《人間世》。尤注重清俊議論及讀書隨筆，以其開卷有益，掩卷有味也。⓱

㈢林語堂的〈論小品文筆調〉

六月二十四日，林語堂在《人間世》第六期發表〈論小品文筆調〉，再進一步提出對小品文的看法。他說西洋把散文分做敘事、描景、說理、辯論四種。另一種以筆調爲主，把散文分做小品文（familiar essay）與學理文（treatise，就是論文）兩種。

大體上，小品文閒適，可以隨意下筆，夾入遐想及常談。學理文莊嚴，起伏分明，但爲題材所限，不敢越雷池一步。這在中文可謂之「言志派」與「載道派」。言志文屬主觀的，個人的，所抒是個人思感；載道文屬客觀的非個人的，所述是「天經地義」。西人稱小品文的筆調爲「個人筆調」（personal style），又稱 familiar style，不易翻譯；我譯做「閒適筆調」，也可以譯做「閒談體」、「娓語體」。——蓋這種文字，認爲讀者是熟悉親密的故交，作文時應如良朋話舊，私房娓語。這種筆調極輕鬆，眞情易流露，談得暢快忘形，有時出語乖戾，達到西人所謂「衣不鈕扣的心境（Unbuttoned moods）」。——林語堂這種「閒談體」「娓語體」，也就是胡夢華所說的「絮語散文」。

(四)林語堂三論現代散文——在性靈、孕育與會心

林語堂認爲現代散文的技巧，專在治議論與情感於一爐，不是從修辭、章法學來，是從解說性靈、參悟道理來的。認爲修辭與章法會拘束人的性靈，寫不出眞意見眞情感的好文章。又說人的性靈處身萬象之間；雲霞呈幻，花鳥爭妍，獨無一句自我心中發出的話嗎？風雨之夕，月明之夜，豈能沒有感觸。有感觸便有話有文章。惜世人爲文法束縛，不敢衝口而出，暢所欲言而已。吾心所感所憎所嗔所喜所奇所嘆，何日何處無之。只因世人失性靈之旨，凡有寫作都不從心中出來，遂致天下文章由衷之言很少呀。性靈派文學主「眞」字。發抒性靈得其眞，就像源泉滾滾，莫能阻遏。國事之大，喜怒之微，都可著之紙墨，句句眞切，句句可誦，不故作奇語而語無不奇。

多閱書籍，沉思好學，奇思妙想，至有許多話必欲迸發而後快。作文章必經長期孕育，世事既通，道理既澈，見解愈深，文章則愈卓大堅實。思想成熟，能自由發揮，文章必放異采。凡人觸景生情，每欲寄言紙上，表達吾心此刻的感觸，而湛然有味，得力於會心之趣。其話衝口而出，看似平凡，實

則充滿人生甘苦味。明末小品多如此，周作人小品亦得力於此。

會心之語，一平常語，似俚俗而實深長，似平凡而實閒適，似索然而實沖淡。文人放棄自己心聲，剽竊他人爛語，遂感無話可說，實在愚蠢得很！⑱

林語堂認爲寫作文章，不要借重修辭與章法，認爲修辭與章法會妨害性靈的發揮。其實修辭更可以提高表達的能力。希臘亞理斯多德著有「修辭」，修辭爲西方學校重要學科之一。

(五)魯迅再度抨擊時下散文的弊病

民國二十四年（一九三五）二月二日，魯迅對當時特別推尊明清的小品文，做寫作現代散文的圭臬，猛加評擊。他說：

明清人抒寫性靈的文章，有時也夾雜著感憤，但在清康熙、乾隆時都被銷毀；現在能夠看到的，就只剩下了「天馬行空」的超然的性靈。有明末的灑脫，沒有清初的所謂「悖謬」；有國時是高人，沒國時爲逸士。士是超庸奴，逸是超責任。現在特重明清小品。近一年來，高一點的已經滿紙空言，甚至胡說八道；下流的卻成爲打渾和猥鄙丑角，並無不同，主意只在挖公子哥兒們的跳舞的資料，已經下於五四運動前後的鴛鴦蝴蝶派數等。⑲

(六)葉聖陶談散文的題材與作法

民國二十四年三月，葉聖陶說：法布爾寫《昆蟲記》，把昆蟲怎樣鬥爭、戀愛、生育兒女、消遣閒暇，好像一部活動影片，使讀者好像進入了昆蟲世界。謙本圖的遊記，把各地的風俗、人情、山河、景物描摹出來，好比領著人去遊歷一般。這些作品都跟讀者相連得很密切，讀來親切。現在一些散文像講義一般，說得好聽，有條有理；說得不好聽，枯燥不親切，誰有耐性去讀！[20]

(七) 伯韓也反對純為消遣的小品文應該另闢蹊逕

這時，伯韓也發表文章，他認爲小品文是風雅的名士的玩意兒，寫來消遣的，無拘無束，談天說地，吟風弄月，自然和紳士載道的不同，以抒情的態度作一切文章。過去是有閒階級的玩弄品，所以把它描寫得十分閒適。西方的Familiar essay也是一種消閒文字，傳到中國恰好投合我們的需要，誘發了我國現代小品文的製作，有的還含異國的情調。

不論舊傳統，新輸入，小品文都沒有脫離消遣的意味。不過，伯韓認爲小品文是在「言志」中「載了道」；蓋天下沒有無「道」之「志」。「兩耳不聞窗外事」，不爲外物所擾，在這樣的環境裡寫的一些小品文，自然是極可珍玩的消遣品。如果現代小品文，寫的全是這無聊消遣的作品，爲大衆著想，不但不要提倡，還要設法疏導。這類淺薄的文字流行，在學術上會妨害專門著作的發展，在文學上會掩沒偉大作品的產生。

當時在小品文園地裡，已經有些作家另闢蹊逕，寫一些雜感式小文，現實生活的速寫，結合科學內容的小品，都已經突破了個人主義的狹隘範圍。所謂「生活小品文」已在成長，漸漸要代替「消遣小品文」的地位。[21]

(八) 傳東華為小品文祝福

傅東華認爲：小品文是東方文學特有的，是士大夫的眞優裕和文人的假清高的結合物。西方文學裡並沒有和它相當的東西。「品」字，有審美的觀念在內，如品茗、品花，詩品、詞品；小品文的內容也含有「唯美」的性質。他勸大家要做小品文，就索性維持著小品文傳統的特徵，容納一點美的東西。

他認爲一種文體的名稱既定，自有它特定的性質，用不著硬去改變，把一些不能容納的東西硬裝了進去。新的作品不如另創一個新名。西方「文學」裡有miscellany，就是雜文、雜著的意思。他認爲只有那些無知無識的，才會說小品文是文學，而堅執否認雜文是文學。㉒蓋當時有人認爲雜文只是燒餅不是點心。他認爲小品文應該給他發展的空間，同時認爲大家也不要貶低雜文的文學價値，它也是一種文學。

㈨陳子展評駁「新文學運動源自公安、竟陵」之說

陳子展則引《明史文苑傳》說：「自袁宏道矯王、李之弊，倡以清眞；鍾惺復矯其弊，變而爲幽深孤峭。」公安派的好處在清新輕俊，壞處在淺薄空疏；竟陵派想以幽深孤峭救淺薄空疏，卻又不免流於怪僻苦澀。明、清之際，張岱、李漁諸人出來，才融合公安、竟陵兩派的一點長處。李漁的散文有不少是獨抒性靈的作品。張岱的《瑯嬛文集》、《陶庵夢憶》、《西湖夢尋》裏，可以找出一點合格的小品文。假使說「筆調就是性靈」，那麼張岱的散文是稍能抒發性靈的了。張岱後來居上，還不過爾爾；袁中郎又怎值得誇張？

「五四」以來的新文學運動者，似乎是著重社會的文化的載道派，所以新文學運動有時被稱做「新文化運動」。因此，我們論到「中國新文學的源流」，就不可歪曲歷史，說：現在的新文學運動，是繼承公安、竟陵的文學運動來的。㉓

從這些言論，可見當時論爭的情況。當然，也有些作家開始創造新小品文，於是就有批評社會、解剖民族性的小品文；有研究科學、解釋宇宙的科學小品文；曹聚仁提倡的歷史小品；外國作家正在試驗報告文學的小品文㉔。但是小品文的論爭並沒有就此結束，仍餘波蕩漾。

㈩朱光潛抨擊現代小品文的「仿古與幽默」

民國二十五年（一九三六）一月七日，朱光潛認為文章只有三種：最上乘的是自言自語，包含詩和大部分純文學，用意在發洩作者心中所不能不發洩的；其次是向一個人說話，包含書信和對話，這是向知心朋友說的話，用不著裝腔作勢，好處是家常而親切；再其次是向許多人說話，包括一切策論、講義、宣言之類，結果是向虛空說話，有它實用，很難得到心靈的默契樂趣。

《人間世》和《宇宙風》提倡的是小品文，尤其是明末的小品文。朱光潛並不喜歡這類小品文。晚明小品文本很新鮮，但經許多人一模仿就成濫調了。認為古文為世詬病，就是因為它是仿古的假古董；現在我們又大吹大擂地捧晚明小品文的「雅」，結果做到的是「雅得俗不可耐」。是沒有個性的浮腔濫調。他又說他不認為袁中郎的雜記比得上柳子厚，書信比得上蘇東坡。

中國「集部」裡的散文，大都是一時興到，偶書所見，可以說大部分都是小品文。中國的作家大部分的工夫都用在做這種小品文，所以缺乏大部頭的著作。現在小品文又偏向幽默，幽默極難辦到恰到好處，就成了濫調的小品文和低級的幽默合在一起，你想世間有比這更壞的東西麼？[25]

十五、葛琴談抒情散文與載道雜文

葛琴認為現代散文，發展到了民國三十一年(一九四二)已經將抒情的小品文，稱做「散文」，和西方的Prose，和我國載道的散文，不盡相同。好像抒情的散文詩，不拘體式，非常自由。它抒寫的是我們的生活與情思；偶而也可以發揮一些議論，不是主要的，這是和雜文不同的地方。凡能夠激發人感情的東西，都可以作為題材。有眞實感情才能動人，要寫得自然，有如流水，任它自由發展，不作無病呻吟，是感情的結晶體。[26]

十六、錢歌川在臺北談小品文
——是我們的故技，帶自傳色彩，題材不怕小

民國三十六年（一九四七）十二月，錢歌川在臺北說：在新文學中最有成就的莫過於小品文，有許多優秀的作品。蓋我國自古來就有許多好作品，除了文白外，形式內容差不多一樣。例如晉陶淵明〈桃花源記〉、〈五柳先生傳〉，唐李白〈春夜宴桃李園序〉，韓愈〈祭十二郎文〉，柳宗元〈永州八記〉，宋蘇東坡、黃山谷都是小品的聖手，明公安諸子、清鄭板橋和沈復之流，都寫了優秀的作品。

小品是我們的故技，並不完全是新的體裁，自然容易發揚光大。

小品文容易下筆，只要心有所感，就可以一口氣寫出來。那斷片的思想往往含有眞理與人性，偶然批評一下社會，描寫一點自然，也都有一段熱情存乎其間。因爲文字短小精薄，容易作。現代作家都想表現自己的個性，行文帶有自傳的色彩。

現代中國小品文發達是周樹人、作人兄弟功不可沒。幾種報紙副刊，如北平晨報副刊，上海時事新報的〈學燈〉，民國日報的〈學悟〉也有很大的推動力。民國二十年以後，創刊的《論語》、《人間世》和《宇宙風》這些散文雜誌，又助長了小品文的成就。林語堂提倡的幽默，給小品文新生命，把現實社會的小事情，以幽默的筆調寫了出來。

小品文什麼都可以寫，但不是板著面孔說官話的。它是以自我爲中心。最上乘的散文是純文學的立場，作生活的記錄，以閒話的方式，寫自己的心情。第一是要有人性，第二是要有社會性，第三是與大自然調和，在一粒沙中看世界。題材不怕小，以能表現作者的心靈，反映社會的複雜現象。輕描淡寫，意味深長，使讀者在不經意中受他影響。㉗

結　語

從上面這些作家或理論家發表的關於散文的言論，可以看出散文的內容仍然是「載道論理」和「言志抒情」兩大路子。閒適飄逸，文字優美，就是偏於抒情意味的小品文，也就是我們現在所謂的

「純散文」「文藝性散文」：說理透徹，論爭意濃，就是偏於戰鬥性質的雜文。據魯迅說，過去人把雜文貶得很低。現代臺灣一些理論家，又何嘗不是這樣。其實這是錯誤的看法。我從前編《古今文選》，讀過無數古今名家的散文集子，抒情的好文章，往往只是「屈指可數」的三幾篇，說理的好文章可選的比較多。韓愈的〈祭十二郎文〉、柳宗元的〈永州八記〉、歐陽修的〈秋聲賦〉、蘇東坡的〈赤壁賦〉、〈石鐘山記〉等，可算是純散文。唐宋八大家其他大部分的散文，則都是載道論理的文字。爲什麼這樣？原因有二點：

第一是平常生活裡那有那麼多眞摯動人的感情，可寫呢！死了姪兒，哀慟極深，韓愈才能寫出〈祭十二郎文〉。蘇東坡夜裡泛舟，遊於赤壁之下，飲酒誦詩，月出東山，江水接天，感古傷懷，因此才能寫下曹孟德「固一世之雄也，而今安在哉！」「寄蜉蝣於天地，渺滄海之一粟」之類的發人浩歎的散文賦。這些情這些事不是常有的，不是你一想就有。好題材少，好作品也就像「鳳毛麟角」了。以二十、三十年代的作家來說，冰心、朱自清、周作人、徐志摩、俞平伯……的集子裡，能選出十篇八篇就算是不錯了。冰心流麗輕鬆，朱自清景美情眞，徐志摩豔麗，多讀則覺意味不甚深厚，不如俞平伯雅緻耐讀。

第二是情與理都是作品的內容。但理可以從讀書涵養中得到，可以從生活經驗裡得到，這都可以取決於自己，所以博覽群書的、生活經驗豐富的作者，就都能寫出見解精闢的好散文，所以魯迅的雜文幽默辛辣，針針見血；周作人、林語堂的大部分作品，也都是內容充實的雜文；只不過周作人簡鍊婉轉，情趣俊逸；林語堂則多含幽默與諷刺，文字堅勁而有力。

總而言之，不能說載道論理的散文，不如言志抒情的散文；而韓愈和魯迅、周作人都是論理這方面的大作家。

回過來看現代散文，初期的界限並不嚴密，文藝性和雜文性並沒有分開；這時散文以論事居多，餘便說理，題材多半對政治、社會、經濟種種黑暗現象，加以抨擊。很多是現在的雜文，那時卻一概看做散文，抒情的極少。後來散文和雜文分家，範圍便窄小了一點，論說部分多半讓給了雜文，餘下的就只有敘事和抒情的了。

其實，我們無論寫哪一種散文，所寫的內容都不外是人事景物情理六項，寫得實在有用的就是「文章性散文」，寫得優美感人的就是「文藝性散文」。現在就引我在《散文結構》中的一段文字，作爲結論：

文章性散文，是普通一般的寫人、記物、寫景、敘事、抒情、説理、議論、應用的文章，能夠做到辭能達意，明白精彩，能夠把意思充分地表現出來，也就夠了。文藝性散文，則偏於用想像力與觀察力，用精鍊優美的文字來表現它。在這類的文章中，充滿著文藝的氣息。作者必須有高度的文學的修養，以一刹那的靈感，去捕捉最深的情，最美的景，最精彩的事，最透澈的理；用七寶玲瓏的藝術家的彩筆，作動人的描寫，在文字上散放出個人特異的筆調與光采，刺進讀者的心靈與頭腦，引起情感的共鳴與理智的覺悟。我們寫這類散文，或研究問題，或表達見解，或刻畫人生，或描寫人物，或抒發情感，都必須寫得津津有味，優美感人。這種文藝性散文，可長可短，內容自由，不受任何束縛，成爲有特別的風格，空靈，警拔，雋永，幽雅，瑰麗……但卻都是耐人尋味、欣賞的文字。這類文學性的散文，「美」是它的第一要義。

這幾年來，對「散文」的研究與分類，已逐漸趨於完密，觀念已不像過去的模糊，分類也比較謹嚴。我在〈中國散文小史〉中，把現代散文分做：文藝性散文，雜文性散文，報告性散文，實用性散文四大類。若能在寫作時注意到文采與美感，都可能成爲傳誦後世的好作品了。

【附註】

❶周作人的〈美文〉刊於《晨報副刊》。

❷見林語堂〈論小品文的筆調〉。（收於《人間世》第六期）

❸說取阿英〈現代十六家小品序〉（收於一九三五年三月光明書局出版）。

❹說取民國十五年三月一日《小說月報》第十七卷第三號，胡夢華的〈絮語散文〉。

❺說取梁遇春的〈小品文選序〉。《小品文選》，梁遇春編譯Steele等二十位作家的作品，1930年4月北新書局初版。

❻說據民國十七年十月十日《新月》第一卷第八號，梁實秋的〈論散文〉濃縮。

❼說取《文學周報》第三四九期，鍾敬文的〈試談小品文〉。

❽說取朱自清的〈論現代中國的小品散文〉（收於1928年《文學周報》第三四五期）。

❾摘節自李素伯編著的《小品文研究》第一編（新中國書局一九三二年一月出版）。
❿見汪靜之的《詩歌原理》。
⓫節錄李素伯編著的《小品文研究》第一編（新中國書局一九三二年一月出版）。
⓬節自郁達夫的〈清新的小品文字〉（收於良友圖書公司一九三六年出版《閒書》中）。
⓭說取一九四三年《藝文雜談》中的朱光潛的〈散文的聲音節奏〉。
⓮節取方非的〈散文隨筆之產生〉（一九三三年十月《文學》第十二卷第一號）。
⓯說取鄭伯奇〈小品文問答〉（收於《小品文和漫畫》）
⓰節自魯迅〈小品文的危機〉（收於一九三四年五月同文書店出版的《南腔北調集》）。
⓱節見《人間世》第一期林語堂所作的〈發刊詞〉。
⓲說取林語堂的〈論文〉（生活書店於一九三四年六月出版的《大荒集》）。
⓳節自魯迅的〈雜談小品文〉（收於一九三七年七月三閒書屋出版的《且介亭雜文二集》）。
⓴說取葉聖陶的〈關於小品文〉（收於生活書店出版的《小品文和漫畫》）。
㉑說取伯韓的〈由雅人小品到俗人小品〉（收於《小品文和漫畫》）。
㉒說取傅東華〈為小品文祝福〉（收於《小品文和漫畫》）。
㉓說取陳子展〈公安竟陵與小品文〉（收於《小品文和漫畫》）
㉔說取鄭伯奇〈小品文問答〉（收於《小品文和漫畫》）。

㉕說取朱光潛的《我與文學及其他·論小品文》。

㉖葛琴〈略談散文〉（收於《文學批評》一九四二年九月創刊號）。

㉗見錢歌川〈談小品文〉（中華書局一九四八年出版《游絲集》）。

（民國八十五年九月刊於《中國現代文學理論季刊》第三期）

現代中國雜文的歷史、特質與類型

一、雜文是現代的中國的產物
——卻也是傳統的筆記文學的擴展

現在要來談中國現代雜文的歷史與特質，實在是一件很不容易的事情。雜文是現代中國的產物，是從「筆記體」的作品演化過來的。過去我國的文人採用這種體裁記事論事的很多，隨意信筆，雜錄漫鈔，不拘格式，寫來十分自由，文字十分簡短，一篇文字有一個主題，記一件（或一方面）事，並加一些小評短論的。許多筆記、漫鈔、雜錄、記略、隨筆之類的作品，大都屬於這類的作品。現在舉明俞弁《山樵暇語》的一則雜記，刪改數字，以爲例子：

東坡令門人作〈人不易物賦〉，有人戲作一聯道：「伏其几而襲其裳，豈爲孔子！學其書而戴其帽，未是蘇公。」蓋謂士大夫近年傚東坡的高簷短帽，名爲「子瞻樣」。一日，宋神宗讌醴泉，觀優伶演戲。甲優說：「我的文章，你們趕不上。」乙優說：「爲什麼？」甲優說：「你沒看到我頭上『子瞻』嗎？」近時，目不識丁之徒，往往傚學，帶上東坡巾、明道巾，數十年來，幾遍海內。沈石田有〈詠戲子第一絕〉云：「末郎女旦假成眞，便謂忠君與孝親。脫落戲衣看本相，裏頭不是外頭人。」語雖粗淺，而有警策。

這種雜記隨筆把它擴充起來，就成了時下流行的雜文。

「雜文」的內容，當然比「筆記體」中的「雜錄」、「漫鈔」、「記略」、「隨筆」複雜多多。不過，探討雜文這種文體的特質，仍可看出它受「雜錄」、「漫鈔」、「記略」、「隨筆」之類作品的影響；只是雜文「把握住了一個題目」，就從多方面來記述，隨時加以評論。就像夏丏尊的談〈談喫〉，文長兩千三百多字，分十五個段落，專門論述有關中國人「喫」的事情：由過年喫的東西多，談到招待客人的喫飯，婚喪慶弔的大喫，年節生日的各種喫，日常的喫，死了也要喫，鬼神山川天地也要喫，食店的多，喫的範圍，喫的方法，福祿壽是生活的理想，喫最受用，在我國語言中「喫」字含義特別複雜，結語說中國民族的文化，可以說是喫的文化，可能我們都是從餓鬼道投胎來的嗎？它不像「雜錄」、「漫鈔」之類的筆記文字的內容那麼單純。現在抄錄夏丏尊的〈談喫〉一兩段如下，以窺其一斑：

> 俗語說得好，只有「兩腳的爺娘不喫，四腳的眠床不喫。」中國人喫的範圍之廣，眞可使他國人爲之喫驚。中國人於世界普通的食物之外，還喫著他國人所不喫的珍饈：喫西瓜的實，喫鯊魚的鰭，喫燕子的窠，喫狗，喫烏龜，喫蛇，喫貍貓，喫癩蛤蟆，喫癩頭黿，喫小老鼠。有的或竟至喫到小孩的胞衣，以及直接從人身上取得的東西。如果能夠，怕連天上的月亮也要挖下

來嘗嘗哩。

至於喫的方法，更是五花八門，有烤，有燉，有蒸，有滷，有炸，有燴，有燻，有醉，有炙，有溜，有炒，有拌，眞眞一言難盡。古來儘有許多做菜的名廚司，其名字都和名卿相一樣烜赫地留在青史上。不，他們之中有的並升到高位，老老實實就是名卿相。如果中國有一件事可以向全世界自豪的，那麼這並不是歷史之久，土地之大，人口之眾，軍隊之多，戰爭之頻繁，乃是善喫的一件事。中國的肴菜，已征服了全世界了。有人說，中國有三把刀爲世界所不及，第一把就是廚刀。

像這類文章，分開來看，每一段幾乎都像一則筆記；合起來看，全文就是一篇內容豐富的雜文；而且在記事之中，常常不經意地蘊涵著一些議論，表現著作者對人對事的一些看法。

二、雜文產生的盛衰與時空的因素

美國女作家賽珍珠說：中國近來有一種新的傾向，一個重要的運動，就是青年學者對本國事情的熱心探討，憬然自覺，倘再墨守故轍，眞不足以當危險；革命份子推翻了專制政權，快速更易了教育制度，計畫並建立了現代的共和（民主）政體，於是各種學說乘時而興，紛紜雜糅，使青年的靈魂迷惘錯失，（見賽珍珠爲林語堂作的《吾國與吾民．序》）。但中國在革命之後，袁世凱卻破壞革命的成果，造成軍閥的割據，政治黑暗，連年內戰，處處飢荒，遍地土匪，人民生活困苦之極。就在這種情況之下，我國現代的雜文在一九一八年（民國七年）開始萌生，並隨著報紙雜誌而發展而風行。這種雜文多刊載於報紙的副刊與雜誌的專欄上，迅速地來反映急劇變化的現實生活與社會現象的一種文體。

周木齋在〈雜感〉中談寫作雜文的方法，說：雜文就是過去的雜感，範圍比較擴大一些，作者是先有所感然後下筆，所以他需要快捷而敏銳的感應力，深入觀察體會，所以他並不要一感就寫，那樣就不容易觸到事象的根底，要經過觀察，細加思索，成熟之後，再寫了出來。

民國二十幾年，雜文盛行，馳騁文場，論辯駁難，受到社會的重視，也受到一些人士的反對。據魯迅說，當日攻擊雜文的，有詩人邵洵美，施蟄存、杜衡（即蘇汶）、林希雋，（見魯迅《且介亭雜文．序言》）。他們譏笑雜文家，不能寫正品文章，只好寫不成品的雜文。

林希雋在〈雜文和雜文家〉中，說：「雜文是雜誌報章最近爭相刊載的一種散文非散文、小品非小品的隨感式的短文，形式絕對無定型，不受任何文學體裁的束縛，內容無所不談，範圍更少有限制，暫且名之『雜文』。雜文何以會這樣的畸形的發展？」他認爲雜文容易下筆，材料俯拾皆是，不用挖空心思去搜集採取，比之小說、戲曲要簡易得多，於是聰明的就群趨這條捷徑，因此產生了不少雜文名家。作家寫作雜文，是投機取巧的行爲，想以極少勞力，博取更多名聲，是創作精神的破產，所以不能製作偉大的文學作品。

現在，我們檢視當日名作家的作品，幾乎可以說沒有一個作家沒有寫過「雜文」的。孔另境說：

雜文跟「箴銘」比較接近。姚鼐說：「箴銘，聖人用自戒警，其詞尤質，而意尤深。」（見《古文辭類纂》）。劉勰說：「箴全禦過，故文資確切；銘兼褒讚，故體貴弘潤；其摛文也，必簡而深。」（見《文心雕龍》）。

魯迅認爲一般作者所以不能製作偉大的作品，是因爲報刊主編多抱著「門羅主義」，來稿人跟他沒關係，就塞進廢紙簍；偉大的作品無法產生，這應該歸咎編輯先生。他認爲「做雜文也不易」。

我國早期的雜文多用以批判舊文化、舊社會、舊制度、舊思想、舊道德、舊習俗。有人說：從雜文的發展，可以反映出中國現代文化思想的啓蒙，社會的改革變遷，抨擊帝國主義對我國的侵略，封建階級對人民的壓迫，描述理想的生活；現在的雜文則在討論不斷變遷的社會，表現今天中國人生活的現象，評析當前的經濟、政治、教育、福利、環保、開發、建設、軍事……各種問題。

雜文有極強的中國的特性，這是西方作家難以理解的。在中國生活、工作了很久的美國女作家賽珍珠，曾經說過：雜文這東西太特別了，實在看不懂；因此雜文只有中國人自己才能評價。

現在，臺灣報紙在副刊上，特別闢有一個方塊形專欄，每天見報，特約一些作家輪流執筆，談論各種事件與問題，文筆非常自由，可以隨意揮灑。這一種專欄文字，大多數是屬於「雜文體」的；我也曾替〈青年戰士報〉、〈青年日報〉寫過這類專欄。

三、雜文的六大類型

雜文雖然是散文的一種，但它跟抒情寫景的文學散文，敘事議論的報告散文，日常應用的實用散文實在都有一些不同。雜文大都是屬於議論性的散文，但與那些講究嚴密邏輯論證的論說文卻又不同，與講求資料與學理的科學論文也不一樣；可是跟一般的論說文，卻又不像那樣的嚴肅正經，它的文字比較清麗活潑。

我國的雜文發展到了今天，作者仍然不少。一九四九年，中華民國政府遷往臺灣，大陸淪共。因此，我國雜文的分期常以一九四九年（民國三十八年）為界限，分做前後兩時期：

前期由一九一八年至一九四九年（民國七年至民國三十八年）；後期由一九五〇年（民國三十九年）大陸赤化，政府遷臺，中國分裂為大陸與臺灣兩部分，大陸由共產黨統治，臺灣由國民黨執政，兩岸政府有不同的文藝政策，不同的雜文作家與寫作方向，因此所產生的雜文也就自然不同。他們有的就現實問題加以嘲諷批評，有的追求自我心靈的閒逸，有的因受到西方文學的影響而作精鍊的論文，有的沿襲古代隨筆來寫讀書的心得，有的寄以對感生悟道的雋語。整體的說，從雜文作家的思想趨向與文學筆調的不同，大致可以分做幾種類型：

㈠**匕首投槍型**：以魯迅為首的左翼及外圍的作家的作品為代表。魯迅在〈小品文的危機〉中說：

「小品文只是小擺設，像小小的鏡屏，玲瓏剔透的石塊，竹根刻成的人像，古玉雕出的動物，銹得發綠的銅鑄的三腳癩蛤蟆，是士大夫的『清玩』。倘將這（小擺設）掛在萬里長城的牆頭，或供在雲崗的丈八佛像的腳下，他就渺小得看不見了。何況在風沙撲面、狼虎成群的時候，誰還有許多閒工夫，來賞玩琥珀扇墜、翡翠戒指呢？他們所要的是匕首和投槍，要鋒利而切實，用不著什麼雅。小品文的生存，仗著掙扎與戰鬥。小品文必須是匕首和投槍，能和讀者一同殺出一條生存的血路。」魯迅這裏所說的「小品文」，其實就是「雜文」，以評析、批判社會的現象爲主，由「文學革命」以至「思想革命」，不是只供雅人摩挲的。魯迅又說：雜文有時的確很像顯微鏡的工作，照穢水，也看膿汁，有時研究淋菌，有時解剖蒼蠅。從高超的學者看來，是渺小、污穢，甚至可惡的；但在作者自己，卻也是一種「嚴肅的工作」，和人生有關，並且也不十分容易做。

魯迅的雜文集《且介亭雜文集》和《花邊文學》所收的散文，大抵都是這類的雜文。他們以敏銳的觀察力，去留意社會不平現象，特殊時事，民生疾苦，國家危機，世局變化，加以探討、思索，給予批判、針砭或歌頌，是關繫世道人心的一種文字，有助於促使人覺醒、改革、建設的利器。它是論辯戰鬥的武器。現在舉魯迅的〈說「面子」〉一篇爲例：

「面子」，是我們在談話裏常常聽到的，因爲好像一聽就懂，所以細想的人大約不很多。但近來從外國人的嘴裏，有時也聽到這兩個音，他們似乎在研究。他們以爲這一件事情，很不容易懂，然而是中國精神的綱領，只要抓住這個，就像二十四年前的拔住了辮子一樣，全身都跟著走動了。相傳前清時候，洋人到總理衙門去要求利益，一通威嚇，嚇得大官們滿口答應，但臨走時，卻被從邊門送出去。不給他走正門，就是他沒有面子；他既然沒有面子，自然就是中國有了面子，也就是佔了上風了。這是不是事實，我斷不定，但這故事，「中外人士」中是頗有些人知道的。

因此，我頗疑心他們想專將「面子」給我們。但「面子」究竟是怎麼一回事呢？不想還好，一想可就覺得胡塗。他像是很有好幾種的，每一種身份，就有一種面子，也就是所謂「臉」。這「臉」有一條界線，如果落到這線的下面去了，即失了面子，也叫做「丟臉」。不怕丟臉，便是「不要臉」。但倘使做了超出這線以上的事，就「有面子」，或曰「露臉」。而「丟臉」之道，則因人而不同，例如車夫坐在路邊赤膊捉虱子，並不算什麼；富家姑爺坐在路邊赤膊捉虱子，才成爲「丟臉」。但車夫也並非沒有「臉」，不過這時不算「丟」，要給老婆踢了一腳，就躺倒哭起來，這才成爲他的「丟臉」。這一條丟臉律，是也適用於上等人的。這樣看來，「丟臉」的機會，似乎上等人比較的多，但也不一定，例如車夫偷一個錢袋，被人發現，是失了面子的，而上等人大撈一批珍珠寶玩，卻彷彿也不見得怎樣「丟臉」，況且還有「出洋考察」，是改頭換面的良方。

誰都要「面子」，當然也可以說是好事情，但「面子」這東西，卻實在有些怪。九月三十日的《申報》就告訴我們一條新聞：滬西有業木匠大包作頭之羅立鴻，爲其母出殯，邀開「貰器店之王樹寶夫婦幫忙，因來賓衆多，所備白衣，不敷分配。其時適有名王道才，綽號三喜子，亦到來送殯，爭穿白衣不遂，以爲有失體面，心中懷恨，……邀集徒黨數十人，各執鐵棍，據說尚有持手槍者多人，將王樹寶家人亂打，一時雙方有劇烈之戰爭，頭破血流，多人受有重傷。

……」白衣是親族有服者所穿的，現在必須「爭穿」而又「不遂」，足見並非親族，但竟以爲「有失體面」，演成這樣的大戰了。這時候，好像要和普通有些不同便是「有面子」，而自己成了什麼，卻可以完全不管。這類脾氣，是紳商也不免發露的：袁世凱將要稱帝的時候，有人以列名於勸進表中爲「有面子」；有一國從青島撤兵的時候，有人以列名於萬民傘上爲「有面子」。

所以，要「面子」也可以說並不一定是好事情——但我並非說，人應該「不要臉」。現在說話難，如果主張「非孝」，就有人會說你在煽動打父母；主張男女平等，就有人會說你在提倡亂交——這聲明是萬不可少的。

況且，「要面子」和「不要臉」實在也可以有很難分辨的時候。不是有一個笑話麼？一個紳士有錢有勢，我假定他叫四大人罷，人們都以能夠和他扳談爲榮。有一個專愛誇耀的小癟三，一天高興的告訴別人道：「四大人和我講過話了！」人問他「說什麼呢？」答道：「我站在他門口，四大人出來了，對我說：『滾開去！』」當然，這是笑話，是形容這人的「不要臉」，但在他本人，是以爲「有面子」的，如此的人一多，也就眞成爲「有面子」了。別的許多人，不是四大人連「滾開去」也不對他說麼？

在上海，「吃外國火腿」雖然還不是「有面子」，卻也不算怎麼「丟臉」了，然而比起被一個本國的下等人所踢來，又彷彿近於「有面子」。

中國人要「面子」，是好的，可惜的是這「面子」是「圓機活法」，善於變化，於是就和「不要臉」混起來了。長谷川如是閒說「盜泉」云：「古之君子，惡其名而不飲。今之君子，改其名而飲之。」也說穿了「今之君子」的「面子」的秘密。（選錄自《且介亭雜文》）。

魯迅的雜文大都短小精悍，一針見血，對於社會政治、人心世道各方面，給予無情的攻擊和譏諷，明嘲暗諷，他行文或質直或屈曲，都非常銳利。當日的政治環境，允許文人說話自由，是有限度的，作家不能不有所顧慮，因此表達意思的時候，就不能不講技巧，使人無所措口。魯迅的作法則多用譬喻暗示，旁敲側擊，譬喻暗示愈多，文藝性也愈濃，而達到諷刺的目的了。

雜文的最大的成就，要推魯迅，他有十幾本的雜文集。魯迅與乃弟周作人皆極博學，所以能夠在他們的雜文裏博引繁徵，以古證今。學不如周氏兄弟，則不必東拼西湊，勉強成篇。有人以爲「博古徵今」是寫作雜文的一種條件，那就大錯特錯了；雜文有種種寫法。

到了民國二十六年（一九三七年）七七事變抗日戰爭爆發之後，全國的槍口一致對準敵人，雜文指摘社會，批評政治，嘲諷國人的對象，一下子都改變轉向了；這時對國家則只有希望與鼓勵，對政府則只有督促與擁護，全國民衆和各黨派團結成「民族統一戰線」，這時社會上雖然仍有罪惡與黑暗的存在，不過在中華民族的生死存亡戰爭之下，一切都得放下。雜文作家的攻擊的對象，那就是我們敵人日本帝國主義者和出賣國家的敗類漢奸。這時，雜文的筆鋒已是無情的揭露和打擊。也因此，就拿魯迅的雜文爲例，前期的作品因爲環境的關係，說話並不是可以完全自由，所以他的文字有點怪僻，拐灣抹角，要細加咀嚼，才能體會作者暗示之所在、寄託的意旨，有時甚至讀了數遍，還是茫昧無所知的。抗戰之後，政府需要大家說話，幫著說話；孔另境在〈論文藝雜感〉中，分析了這時的雜文的情況之後，而認爲雜文的發展應該從「言簡意深」的一點去努力，走向直樸而雄渾一些。（孔另境的論點，採錄自一九三八年十二月二十一至二十三日《文匯報・世紀風》）。

當時，一般人談到雜文總以魯迅爲榜樣，以爲雜文是戰鬥的武器，並以爲雜文是黑暗社會的產物。所以在抗日期間，雜文攻擊的著力點是敵奸的醜惡，陰謀分裂投降，奸商的投機，土霸劣紳的發國難財，而保衛國家，堅持團結，抗戰到底，追求進步，也是雜文努力的方向。因爲寫雜文的人多了，素質自然降低了，庸俗平凡，不夠味兒，雜文有一度消沉不振。不過雜文若只能用於諷刺譏嘲，在民主自由的光明時代，路子自然變得很窄小，終至於沒落。根據我寫「方塊」多年，知道雜文的路子很廣，它可以用來反映人類的生活，發掘現實的現象，題材多得很，寫法筆調都可以隨心所欲，不一定專以「匕首投槍」作寫雜文的圭臬。

㈡**格調閒適型**：以周作人、林語堂爲代表。林語堂於一九三四年(民國二十三年)創辦《人間世》。他在發刊詞中曾經說：「小品文可以發揮議論，可以暢泄衷情，可以描摹人情，可以形容世故，可以札記瑣屑，可以談天說地，本無範圍，特以自我爲中心，以閒適爲格調，與各體別，西方文學所謂個人筆調是也，故善冶情感與議論於一爐，而成現代散文之技巧。《人間世》之創刊，專爲登載小品文而設。宇宙之大，蒼蠅之微，皆可取材，故名之爲《人間世》，除遊記、詩歌、題跋、贈序、尺牘、日記之外，尤注重清俊議論文及讀書隨筆，以其開卷有益，掩卷有味，不僅吟風弄月，而流爲玩物喪志之文學而已也。」由這篇發刊詞所提出來《人間世》的內容取向及徵稿公告，可以知道林語堂所謂的「小品文」，主要就是指「雜文」。但特強調「以自我爲中心，以閒適爲格調」，因此這派作家所寫的雜文，多用以描述個人的生活，尤其高標閒適的生活情趣。

周作人的一生淡泊，晚節不終，令人惋惜。他的學問素養，在現代的作家中仍是十分淵博的，所作雜文小品是相當冷雋沖淡自然有味的。他在〈自己的園地〉中說：

> 社會不但需要果蔬藥材，卻也需要薔薇與地丁。……「爲藝術」派以爲作家是藝術的工匠，「爲人生」派以爲藝術是人生的僕役；（我）卻以作家爲（藝術）主人，表現情思而成藝術，就是他一部分的生活，初不以福利他人而寫作；而他人接觸這藝術，得到一種共鳴與感興，使他精神生活充實而豐富。我所說的薔薇與地丁的種作，便是如此。有些人種花聊以消遣，有些人種花志在賣錢，眞種花者以種花爲其生活，——而花未嘗不美，未嘗於人無益。

他在〈文藝上的寬容〉中又說：

> 文藝以自我表現爲主體，以感染他人爲作用，是個人的也是爲人類的，其餘思想與技術上的派別，都在其次。各人的個性不同，表現出來的文藝當然是不同的。

林語堂在《吾國與吾民・自序》中也說：「在這一本書裏，我只想發表我自己的意見。」「人類對眞理的領悟，只在一剎那。」所以他反對有些作家大規模搜集證據，整列排比，五彩繽紛，令人目眩，腐迂淵博而無當的作品。

周作人的作品很多，範圍寬廣，幾無所不談，大部分屬於雜文，純文學的散文有限。林語堂的散文，今天仍能見到的只有《生活的藝術》和《吾國與吾民》等書，嚴格說起來大都是雜文，而且篇幅比較長，結構不太嚴謹，需加篩選，所以遠景出版社有《林語堂精摘》一書。書名很特別，但林語堂的雜文，經過精摘之後，的確精彩有味多了。現就中節選林語堂的雜文一節如下：

我知道我需要什麼，這些東西會使我快樂，我再不要求其它的。

我要一間自己能工作的房間，不必特別整潔有序，只要無拘無束，舒舒服服。室內掛著一盞佛燈，泛著檀香。書架上有各式各樣的書，雖不多，但都是對我很有助益或啓示的，也沒有艱深的巨冊，只有我眞正喜愛的。我不看馬克斯，康德的理由很簡單；我從看不下第三頁。

我需要一些質料不錯的舊衣服和一雙舊皮鞋。我雖然沒有清代學者顧千里裸體看書的習癖，但卻喜歡穿的愈少愈好。夏天能洗個淋浴，冬天能在壁爐邊烤火。

我需要一個能「讓我是我自己」的家。當我在工作時，能隨時聽到妻兒的談笑聲。我的小孩子要是眞正的小孩子，會在雨中玩水，並像我一樣喜歡淋浴。在院裏，要有一塊地，讓孩子們能造房子、養雞、澆花。我希望在早上能聽到雞叫，在房子附近也要有一些高大的樹木。

我要一些熟悉，不需客套的朋友。他們能讓我分擔他們的煩惱，分享他們的快樂。我們都有自己對事物的原則，但卻彼此尊重對方的意見。

我需要一個懂得煮菜、做湯的好廚子，和一個相信我很偉大，但卻不明白我哪裏偉大的老僕。我要一間好圖書館，一些好雪茄，和一個了解我並讓我自由工作的妻子。在書窗前要有一片竹林，像北平一樣的好天氣，我要有做我自己的自由。

現在再節選周作人的〈北京的茶食〉的片段文字如下：

在東安市場的舊書攤上，買到一本日本文章家五十嵐力的《我的書翰》，中間說起東京的茶食店的點心都不好吃了，只有幾家如上野山下的「空也」，還做得好點心，吃起來餡和糖及果實渾然融合，在舌頭上分不出各自的味來。想起德川時代江户的二百五十年的繁華，當然有這一種享樂的流風餘韻留傳到今日，雖然比起京都來自然有點不及。北京建都已有五百餘年之久，論理於衣食住方面應有多少精微的造就，但實際似乎並不如此，即以茶食而論，就不曾知道什麼特殊的有滋味的東西。固然我們對於北京情形不甚熟悉，只是隨便撞進一家餑餑鋪裏去買一點來吃，但是就撞過的經驗來說，總沒有很好吃的點心買到過。難道北京竟是沒有好的茶食，還是有而我們不知道呢？這也未必全是爲貪口腹之欲，總覺得住在古老的京城裏吃不到包含歷史的精鍊的或頹廢的點心，是一個很大的缺陷。北京的朋友們，能夠告訴我兩三家做得上好點心的餑餑鋪麼？

我對於二十世紀的中國貨色，有點不大喜歡，粗惡的模彷品，美其名曰國貨，要賣得比外國貨更貴些。……可憐現在的中國生活，卻是極端地乾燥粗鄙，別的不說，我在北京徬徨了十年，終未曾吃到好點心。

像周作人、林語堂這兩篇雜文寫的，都是以表現個人生活與情思的雜感，務求自得閒適為主。林語堂的作品富幽默機智。

㈢**邏輯條理型**：朱光潛在談〈隨感錄〉中說：西方人長於推證與分析，文學作品大半以結構擅長。亞里斯多德在《詩學》裏，特申文學作品要有開始、中間和結尾。頭尾全具，變化畢陳，自然篇幅比較長，條理比較清楚。他又說：西方的作家運用心思寫作論說文，是由邏輯的方式（歸納或演繹），如剝繭抽絲，如堆磚架屋，循線逐層來推證分析。這類著名的作家，如培根、藍姆的作品。

當時在北京、上海一些留學英美的教授、文化界人士和文藝作家，包括胡適、徐志摩、梁實秋、陳西瀅、俞平伯、胡秋原、施蟄存、韓侍桁、楊村人等人。他們受西方教育，知道邏輯推理論證的方法，因此他們所作的議論文都比較嚴密。胡適的文字稍見嚴謹，分綱分目，通順流暢，像一泓秋水，闡理清楚明白。朱自清、梁實秋所作的議論文，則富有文藝的氣息，也講求推理論證的邏輯方法，注意重點結構的段落安排，著重美詞妙思，自然有味的筆調與技巧。朱自清、梁實秋的這種論說文，在我國現代的文學作品中，也可以說是「雜文」的一種。這類雜文，類似魏文帝的〈典論論文〉、賈誼的〈過秦論〉、李斯的〈諫逐客書〉之類，不過筆調更綿密，寫的則是今人的生活事情，例如朱自清的〈說話〉、梁實秋的〈女人〉都是。

朱自清，字佩弦，生於江蘇江都，一九二〇年（民國九年）畢業於北京大學文科哲學系，胡適的學生，參加「新潮社」，後來遊學歐洲。由朱自清議論性的雜文，可以看出他曾受嚴格的邏輯的訓練。朱自清的〈說話〉分七段：第一段是開頭，由「誰能不說話，」引起；第二段談論說話並不是件容易的事；第三段將說話與作文做比較；第四段談說話的種類；第五段說明中國人早就講究說話的情形；第六段談中國人說話的態度；第七段結尾，用一句「總之，我認爲我們要說得巧，要說得少。『言多必失』，『多言多敗』。」結束了這篇文章。他每一段有一個重點，都繞著「說話」這個中心來討論，組織十分嚴密，推論引證都合邏輯方法。現在就舉第五段爲例：

中國人很早就講究說話。《左傳》、《國策》、《世說》是我們三部說話的經典。一是外交辭令，一是縱橫家言，一是清談。你看他們的話多麼婉轉如意，句句字句打在人心坎裏。還有一部《紅樓夢》，裏面的對話也極輕鬆、漂亮、此外漢代賈君房號爲「語妙天下」，可惜留給我們的只有這一句讚詞；明代柳敬亭的說書極有大名，可惜我們也無從領略。近年來的新文學，將白話文歐化，從外國文中借用了許多活潑的、精細的表現，同時暗示我們將舊來有些表現重新咬嚼一番。這卻給我們的語言一種新風味新力量，加以這些年言論的不自由，使一般報紙都變乖巧了，他們知道用側面的、反面的，夾縫裏的表現了。這對於閱者是一種不容避免的好訓練；他們漸漸敏感起來了；只有敏感的人，才能體會那最微妙的咬嚼的味兒。這時期說話的藝術，確有了相當的進步。論說話藝術的文字，從前著名的似乎只有韓非的〈說難〉，那是一篇剖析入微的文字。現在我們卻已有了幾篇：平伯君的〈文訓〉，述人君的〈立論〉，和秋郎君的〈罵人的藝術〉，都是精警之作。這足夠證明我所說的相當的進步了。

朱自清這段文字主要的論點，是在說明我國人講究說話的情形。他開始就用「演繹法」來闡述他的觀點：「中國人很早就講究說話」；然後根據這一個觀點，演化出一些事例：提出三部古書《左傳》、《戰國策》和《世說新語》裏面所收的外交官的辭令，縱橫家的言論，東漢末魏晉以來的名士清談的話，都說得非常婉轉，能夠打進了人的心坎裏，又舉了一部清人《紅樓夢》的對話漂亮輕鬆做例子，來證明他觀點的正確。引書證明還不夠，他又引漢代賈君房的「語妙天下」和明代柳敬亭的說書，作更進一步的證明與演化。

朱自清既說明了過去的情形，當然更要論述現在講究說話的情形了。在這方面，他分兩點來討論：一是從外國文學吸收表現的方法——歐化；一是因爲當時言論的不自由，產生用側面的反面的表現方式——對讀者也是一種訓練：因此促使說話藝術進步。在這兩點上，朱自清都是用「因果法」來推論的。「近年來將白話文歐化（結果），從外國文中借用了許多活潑的、精細的表現（原因），……這卻給我們的語言一種新風味新力量（結果）」。「這些年言論的不自由（原因），使一般報紙都變乖巧了，知道用側面的、反面的、夾縫裏的表現了（結果一）；這對於閱者（也）是一種好訓練，……能體會那微妙的咬嚼的味兒（結果二）。」

最後，朱自清又舉古今論「說話藝術」的作品，古代有韓非的〈說難〉，現在有平伯的〈文訓〉、述人的〈立論〉和秋郎的〈罵人的藝術〉來證明他的說法：「說話藝術，確有了相當的進步了」。

現在再舉梁實秋的〈女人〉中的片段文字，讓各位一起來品賞分析：

女人善變，多少總有些哈姆雷特式，拿不定主意；問題大者如離婚結婚，問題小者如換衣換鞋，都往往在心中經過一讀二讀三讀，決議之後再覆議，覆議之後再否決。女人決定一件事之後，還能隨時做一百八十度的大轉彎，做出那與決定完全相反的事，使人無法追隨。因爲變得急速，所以容易給人以「脆弱」的印象。莎士比亞有一名句：「『脆弱』呀，你的名字叫做『女人』！」但這脆弱，並不永遠使女人吃虧。越是柔韌的東西越不易摧折。女人不僅在決斷上善變，即便是一個小小的別針，位置也常變，午前在領扣上，午後或許移到了頭髮上。三張沙發，能擺出若干陣勢；幾根頭髮，能梳出無數花頭。講到服裝，其變化之多，常達到荒謬的程度。外國女人的帽子，可以是一根雞毛，可以是半隻鐵鍋，或是一個畚箕。中國女人的袍子，變化也就夠多，領子高的時候可以使她像一隻長頸鹿，袖子短的時候恨不得使兩腋生風，至於鈕釦盤花，滾邊貼繡，則更加是變幻莫測。「上帝給她一張臉，她能另造一張出來。」「女人是水做的。」是活水，不是止水。

我們從這一整段的例文，可以看出梁實秋先生善於應用「演繹」、「歸納」和「引證」方法，來闡論他的看法。他先用演繹法，提出他的看法就是：「女人善變」，然後衍生出一些事例：像離婚結婚、換衣換鞋都是一變再變，來證明「女人的善變」。因爲女人善變，他進一步推論出女人決定事情之後，還會做一百八十度的大轉變：因此他又歸納出一種說法：就是女人容易給人一種「脆弱」的印象；接著，他又引用莎士比亞的名句：「脆弱呀，你的名字叫做『女人』！」來加強自己的論點。又再引用許多事例：像女人的別針位置、沙發擺設、頭髮型式、服裝變化、帽子袍子等等都是變幻莫測的。最後又用歸納法，總結一句話，說：「上帝給她一張臉，她能另造一張出來。」「女人是水做的，是活水，不是止水。」

從這些分析，的確可以看出我國有些作家應用西方的邏輯方法來撰寫雜文短論，形成了一種條理清晰，組織嚴密的文字，再加上作家個人的筆調，像朱自清的文字美麗，梁實秋的情趣幽默，更增加了這類雜文的可讀性，為讀者所喜愛。

㈣**隨感雋語型**：一九四八年（民國三十七年），朱光潛作〈隨感錄〉討論他對隨感錄之類的雜文的看法。他認為我國文人有時對於人生世相涵泳已深，如靈光一現，如伏泉暴湧，直有所悟，綜現眞理；這是古代作家的寫作方式。西方作家寫作的內容大半是「想」出來的；我國文人寫作的內容有的是「悟」出來的。想由於人力，悟由於天機。想出來的文章，條理意思都比較清楚；悟出來的文章，須憑經驗涵養，往往帶有神秘的色彩。

「隨感」這一類的文章，大抵屬於「悟」的。它沒有系統、方法、拘束，偶有感觸，隨時記錄，意到筆隨，意完筆止，片言零語，如群星羅布，各各自放光彩。由於中國人的思想，長於綜合而短於分析，長於直悟而短於推證；中國許多散文作品，就體裁說，大半屬於「隨感錄」。《論語》可以說是這類作品的典型。例如：

> 子在川上曰：逝者如斯夫，不捨晝夜。
>
> 子曰：天何言哉？四時行焉，百物生焉。天何言哉？

這類文章文詞極簡潔，意味雋永，耐人反覆玩索。雖是零碎的記載，各自獨立，結集起來全盤看去，仍有一個一貫的生命，因爲每句話都表現作者的人格，許多零碎的話借作者完整的人格貫串起來，終成一個整體，雜而不亂。

既是隨感，題材便可不必一致，或記人事，或談哲理，或評人物，或論文藝，無所施而無不可。中國許多著作，都多少有隨感錄的性質。集部如雜說、雜記、筆記、語錄、詩話之類，有許多都是一時興到之作。《論語》之後，隨感錄最成功的要推《世說新語》。許多宏篇巨製，經作者精心結構，讀者讀過，往往境過即忘；這類零星感想，卻憑它的簡單而深刻，平易而微妙，滲入人的肺腑，活在人的生活裏，在漫不經心時會在人的心裏開花放光。像李白的〈春夜宴桃李園序〉：

> 夫天地者，萬物之逆旅；光陰者，百代之過客；而浮生若夢，爲歡幾何？古人秉燭夜遊，良有以也。

隨感錄這類文章不是西方人的本色當行。不過，西方在思想方面，也有一些直悟、綜合方式的代表人物。隨感錄在西文中有許多名稱，像格言（Maxims），像雋語（Epigrams），像簡雋的斷語（Aphorisms）。這類作品大半是判而不證，論而不辯，以簡短雋永爲貴。例如：西塞羅語：

> 民主國由人民統治，但是所謂人民並非烏合之眾，而是團體的集合，團結的主力是尊法律，謀

公益。

又如：昆惕林語：

如果我們讓婦女們和我們平等，她們馬上就要佔我們的上風。

普通講道理的話，最易流於平板枯燥；格言雋語的長處，就在把平常的道理說得不平板枯燥。隨感錄比格言雋語較長，尤其是近代的作品。如馬卡司．阿里流斯的《默想錄》：

甲替旁人做了一件功德事，就以爲這是一種恩惠而居功自喜。乙不居功自喜，心裏卻仍把那人看成受惠者，自己知道自己做了什麼。丙連自己做了什麼也不知道，做了就算做了，如同葡萄結實，結了實就不追究其他。正如一匹馬走完了路程，一條狗攫獲了獵品，一隻蜂釀成了蜜，一個人做成了一件好事，並不要叫旁人來瞧，而只往下做另一件好事，像葡萄到了另一個季節就結另一批果實。

他只是把自己心裏話說出來。

人類的思想和語文都是由簡樸而逐漸繁富。隨感錄的特色在簡樸而雋永，古代人特別擅長。近代人要寫一部書，古代人只要寥寥數語，就可了事。不過，近代人也宜於在隨感錄方面發展，就是他們更銳意求精巧，不惜絞盡腦汁，雕章琢句，一方面炫耀自己的才智，一方面博取聽者的驚心奪目。法國人的思想尖銳，語言靈活，能夠把一種道理或一種心情，表達得既委婉又有鋒芒，把話說得漂亮、微妙、精巧，耐人尋味，實在動聽。法國人稱這種隨感的文章，叫做(Pensees)，意謂「所感想的」。

像蒙田（Montaigne）已經寫過一些近似隨感錄的文章，不過篇幅較長，歸到隨筆（Essay）較妥。

朱光潛認爲第一流隨感錄的作者，往往同時具備哲學家與詩人兩重資格。唯其是哲學家，才能看得高遠微細；唯其是詩人，才能融情於理，給他一個令人欣喜而且不易忘記的表現方式。隨感錄的文章，宜在簡潔中露鋒芒，帶一點譏刺的辛辣性，顯得乾脆而生動；說壞話要俏皮容易，說好話要俏皮難，難在不落平凡，一落平凡便失去這類體裁的長處。法國猶伯爾（Goubert）說：「如果世間有人嘔盡心肝，要把一部書的話寫成一頁，一頁的話寫成一句，一句的話寫成一個字——那就是我。」

培根說：「有些書是供人咀嚼的。」隨感錄就是要供人咀嚼的書。它雖是零篇斷簡，卻都是長久涵養的結晶。讀者須優游涵泳，才能吸收它的好處。它不是茶餘酒後的消遣，也不是鍥而不捨的正經功課。讀這類文章，最好今天東取一鱗，明日西取一爪，仔細玩索。它們可供咀嚼，也只能當作小點心咀嚼。若一口氣讀下去，頗像珍珠雜陳，不免令人膩味。（這節說法大都據朱光潛的〈隨感錄〉濃縮寫成）。

我的朋友王鼎鈞寫過許多雜文，結集的像《人生試金石》、《開放的人生》、《靈感》裏所收的一兩百字到五六百字的雜文，大都屬於「隨感雋語」這一類型的作品。當他的《人生試金石》出版的時候，曾經請我寫幾句批評的話：「他談人生哲理的小品文章，有精鍊的箴言，有深雋的情趣，又有現代的方塊專欄結構完整、內容開闊、切中時弊的好處；沒有良藥的苦口，卻有金丹的妙用。每一篇文字都是他從一般人的生活中體悟出來的做學問做人做事的道理。」現在選錄〈知言〉以爲範例：

老鼠和蒼蠅是傳染病的媒介，形貌也相當醜惡，沒有誰不討厭牠們。——這句話太武斷了，本省的漁人一向認爲船上的老鼠愈多，運氣愈好；蒼蠅愈多，捕到的魚也愈多。

不過，這也不能證明漁人眞心喜歡老鼠和蒼蠅。在從前那種舊式漁船上，老鼠蒼蠅都是無法消滅的。既然「命中註定」要帶著在艙底穿梭的老鼠出海，帶著黑壓壓的蒼蠅登岸，他們就需要發明一種理論來解釋這種現象，使大家安之若素；於是吉祥的老鼠、發財的蒼蠅乃應運而生。

這種說詞本是聰明人的「哲學」，久而久之，起源迷失，就成了「愚人」的宗教。……（節錄於《人生試金石》）

又如〈心未死〉：

哀莫大於心死。

我心未死，只是已碎。

哀莫大於心碎。

我心未碎，只是已被污染。

哀莫大於心靈被污染。

我們的心不會死，只是污染而已。

（錄自《靈感》）

像這一類語簡味長的文字，都是作者體驗了生活之後，直悟出來的名言。耐煩說他「雖然寥寥數語，卻是深刻的觀察和體驗所獲得的結晶，它比諸「格言」、「家訓」之類要活潑、要現代化，更適合於這個多變的、萬花筒的工商業社會。」

巴人〈論雜文的語言〉說：「一個雜文的作者，應該知道雜文是用作思想鬥爭的，語言等於槍彈，所以應該用大衆的語言，來豐富自己的語彙，來表達正確的思想，這樣才能有說服性，而不可以作充滿了哲理說教，雕琢巧辯，人工修飾的雜文。他認爲這樣，就會造成遠隔，不能夠接近大衆。我認爲這在戰爭的時期，語言簡鍊、意味深遠、富有哲理的雜文，的確不易爲大衆讀者所接受；但在教育普及、生活富裕、工作忙碌的今天，人們需要一些滋潤精神的食糧，這語雋味深、富有哲理的雜文，就必然爲某些讀者所喜歡所愛讀了。

(五)**資料雜俎型**：這類雜文大抵是利用讀書札記及見聞隨錄的資料來寫的，所以又叫做「筆記文學」。我認爲：雜文的內容要充實，資料要豐富，就要靠平日勤於做筆記，——抄書、記見聞。這型雜文的特點，就是要做到貫通中外古今，兼綜各家多方面的說法，而發表從前人所沒有發表過的意見。他們寫作的方法，是先立下一個主題（題目），根據主題去蒐集資料，跟主題有關係的就記下，沒關係的就放過。假使你想寫一篇有關「驢子」的文章，就拿「驢」爲主題去蒐集資料，凡是有關「驢」的資料，就一條一條摘錄在筆記本裏，準備寫作的時候應用。資料蒐集得差不多，就可以整理寫成一篇有內容有趣味的文章。這類雜文的作家常靠平日的「披沙揀金」的工夫，慢慢去蒐羅各種專題的資料、儲積的資料，若一條一條分開看，看不出什麼道理；若把它分類整理成一個段落一個段落，再經過嚴密的編排寫成一篇文章，那意義就大了。這好像你有一箱子的書畫，若一幅幅給人看，沒有什麼希奇；若把一箱子書畫都張掛起來，必定琳瑯滿目，叫人東瞧西看，不忍離去。許多博學淵雅的作家，常常利用這種方法，把所摘錄的許多同類的資料巧妙的聯輯，加意的安排，作爲文章的基幹，然後用自己的文字撰寫。用的雖然是故事舊聞，卻常常融匯了許多新看法與新意義。例如：梁容若的〈驢子的謗書〉，就屬於這一類型的雜文：

溫順耐勞的驢子，對於人類作了多少年代的服務，可是詩人文士們總喜歡拿他作諷刺耍笑的對象。開口是「笨驢」、「懶驢」、「蹇驢」。形容無能是「黔驢之技」，形容拙忙是「團團如磨驢」。儘管他整天拉磨，還要說：「懶驢上磨屎尿多。」儘管他忠實地聽鞭策，還要說：「人要騎驢，驢會耍人。」甚至於無中生有的造出「驢蒙虎皮」的故事，好像他不但笨，而且笨的有點不老實，結果跟黔驢的故事一樣，自取殺身之禍。經了柳宗元、蘇東坡這些大文豪的蹧踐，驢在中國，實在難於抬頭了。除非是又窮又怪，像賈島那樣的半精神病的名士，才會把驢跟古琴配到一起作伴侶。英雄如韓蘄王，也有踏雪騎驢的故事，那是在岳飛冤死以後，壞人當道，他爲韜晦避禍，才和驢結因緣，意思是說，我已經變成騎驢客了，還有什麼可注意呢？這並不足以提高驢的身分，相反的「與驢爲緣」，就是自甘沒落的表現了。在傳說故事裏，仙人有張果老的倒騎驢，隱士有黃承彥的騎驢吟詩，美人有十三妹的騎黑衛，不是笑料的點綴，就是閒散隱姓埋名的烘托，驢在故事裏沒有什麼分量，更說不上褒貶了。劉宋俳諧家袁淑有

〈驢九錫文〉，作意也還是開驢的玩笑。

在西洋，《伊索寓言》裏首先嘲笑驢，形容一匹笨驢，要學猴子跳舞，結果挨了主人一頓打。法國哲學家布里達造了一段故事，說一匹笨驢守著兩堆同樣大小的草料，左邊看看，右邊看看，不知道先吃哪一堆好，遲疑躊躇，一直到餓死，也沒有拿定主意。「布里達的驢」成爲形容沒主意的流行的成語。

梁容若先生的雜文是很有深味的，能令人猛醒。笨驢對人類盡心服務，貢獻力量，但自以爲聰明的人卻拿他作諷刺的對象。讀來令人生許多感慨。這是一篇意味常新、波峭可喜的小品式的雜文。它是用「演繹法」寫成，由「文人喜歡拿驢子作諷刺的對象」一句，演化出許多有關這一類的遺談佚事。（這節係據方祖燊的《散文結構・詠物小品》寫成）

這種由許多資料所寫成的不拘體例的雜文，文體很自由，不止可以用來論事說理，還可以記一般佚事、遺聞、瑣談、雜言、成語、典故，記民情風俗的變遷，國家興衰的因果，記考據詩文經史的正誤眞僞，記神魔鬼怪希奇罕有的傳說，或趣味幽默的故事。魯迅和周作人因爲學識淵博，他們有一些雜文也屬於這「雜俎」型的作品。我的《鳥與鳥聲》也是這一型的雜文。因爲材料豐富，內容有味，自然爲讀者所喜歡。

㈥**讀書評介型**：我國對圖書的評介，起源極早，漢成帝時候，就詔令劉向校讎經傳、諸子、詩賦，條其篇目，撮其旨意。劉向死後，由他兒子劉歆繼續撰錄，編成《七略》：《輯略》、《六藝略》、

《諸子略》、《詩賦略》、《兵書略》、《術數略》、《方技略》，是我國目錄學之祖。由此之後，我國學者在讀書之後，常常喜歡寫一些讀書的心得與感想，於是產生許多詩話、詞話、曲話、文話、藝概、日錄、筆譚、隨筆、論叢、札記……之類的讀書後雜感、考據、評介的短文，形成一種特別的文體，也形成一種風氣。到了民國之後，讀書隨筆式的雜文，仍然是報刊雜誌所歡迎的稿子，像林語堂在《人間世》發刊詞裏，就公開表示歡迎這類稿子。在周作人的集子裏，就收有不少讀書隨感的短章與介紹書籍的序跋的雜文。例如：周作人的《保越錄》說：

元至正中，朱元璋麾下大將胡大海率兵攻紹興，呂珍守城抵禦。次年圍解，徐勉之紀其事爲《保越錄》一卷。所記明兵暴行，雖出自敵人之口，當非全無根據：胡大海與楊璉眞伽，我覺得沒有什麼區別。

敵軍發掘墳墓，自理宗慈獻夫人以下至官庶墳墓無不發，金玉寶器，捆載而去，其屍或貫之以水銀，面皆如生，被斬戮污辱者尤甚。

城外霖雨不止，水潦泛溢敵寨，溽暑鬱蒸，疫癘大作。敵軍首將祈禱禹廟，南鎭，不應，乃毀其像。

但是最有趣味的乃是這一條，記至正十九年二月裏一次戰爭的情形。

庚午，敵軍攻常禧門，……縱橫馳突，詬訾施侮。總管焦德昭、倪昶等分部接戰。公（呂珍）躍馬向敵軍，一騎來迎。公叱曰：「汝是誰？」曰：「我捨命王也。」語未畢，公揮攙杈已中其頤，遂擒以還，敵軍披靡。我們讀《三國志演義》、《說唐》、《說岳》，常看見這種情形，豈知在明初還是如此，而且又是事實。我們如說十四世紀，覺得這是中古時代，單槍匹馬大戰數十合是武士的常事，但說到元、明便彷彿是不很遠，要算是近代了，所以不免覺得有點希奇。其實這種情形在火器通行以前大約繼續存在，我想在洪、楊時代恐怕也還是如此罷。

寫讀書札記的雜文，需要博學。朱自清說：當時幾乎只有周作人一個人動手。

雜文的寫法細分雖有這六種類型，但文章是千變萬化的，一個作家的作品就已經很難說他是屬於哪一類的，只能說他常用某一種形式來寫。拿我自己寫方塊雜文的經驗，就是在一篇文章裏，常常應用了多種寫法，有的是格調閒適型，有的是資料雜俎型，有的是邏輯條理型，有的是隨感雋語型。總而言之，寫雜文應該是千變萬化，隨心所欲，就各種類型來發表自己的情思。

（民國八十二年八月刊於《中等教育》第四十四卷第四期）

論「報告文學」

一、「報告文學」的萌生

「報告文學」是散文的一種，在我國早已存在，像清王秀楚的〈揚州十日記〉寫一六四五年（清順治二年）四月二十五日清兵攻破明揚州，大舉搶掠屠殺，經過十天，揚州人死了八十幾萬人；作者死裡逃生，描述他所身經目睹的大屠殺的慘況，讀來心驚，應該就是今之所謂「報告文學」。又如宋幽蘭居士孟元老《東京夢華錄》，他游宦東京（河南開封）二十三年，到一一二六年金兵攻陷東京，作者避難江南，晚年懷念往昔，就將北宋京都的風俗節物、人事勝景，用白描寫實的手法寫了下來，令人感歎不已，應該也是今之所謂「報告文學」。劉鶚在《老殘遊記》中描寫「在明湖居中聽男人彈三絃、黑妞和白妞唱大鼓書」的一節文字是小說，應該也是文學味濃的報告性文字。

「報告文學（Reportage）」這個專詞，完全是從外國輸進來的。Reportage是從Report（報告）一詞變化出來，原是指新聞記者將他所看到的事情，用生動簡潔的文字報導出來，並加以評析。

日本作家川口浩說：報告文學是德國新興的一種文學，是捷克記者基希（Egon Erwin Kisch,

1885–1948）創造的一種新形式，德文叫做（Reportague）❶。

香港中文大學新聞傳播系皇甫河旺也說：西歐報告文學初創時期，基希無疑扮演了重要的角色。他生於捷克布拉格，先後在《布拉格日報》、《波希米亞報》、《柏林日報》做過記者、編輯，是共產黨黨員。他用文學的筆調報導資本家剝削工人的罪惡。因此被奧地利政府判刑坐牢，驅逐出境。民國十年（一九二一），到德國柏林，參加工人報刊的工作。後來，到過英、法、奧地利、荷蘭、匈牙利、丹麥、瑞士、北非、美國等地，兩次進入蘇聯。民國二十一年(一九三二)到中國，會見了左聯主要人物魯迅，查訪中國政治、社會的情況，寫了〈南京〉、〈紗廠童工〉、〈黃包車！黃包車〉等二十三篇反映現實陰暗面的報告文學作品，後來輯成《秘密的中國》（Secret China）一書❷。

「報告文學」這種文體產生之後，蘇俄列寧就大力加以推崇，成爲各國共產主義的作者寫作的利器。美國共產黨約翰·里德（John Reed）的《震撼世界的十月》，就是報導蘇聯十月革命的實況；蘇聯作家高爾基的《蘇聯遊記》、《列寧》都屬於報告文學中的名著❸。

二、「一二八事變」與「報告文學」

「報告文學」，就在民國二十一年(一九三二)從日本傳入了我國。這年發生「一二八」事變，上海日本軍隊乘夜襲擊閘北，我十九路軍和民衆起來抵抗日帝的侵略，經過一個多月英勇激烈的戰爭，有江灣、廟行、八字橋、吳淞各大戰役，死傷慘重。當時許多記者和作家，以近乎「報告文學」的形式，作了許多片斷的報告與描寫，反映戰爭的經過，幾次大戰的全景，火線以內的情形，後方民衆救護慰勞的活動與事件，產生了許多報告文學的作品。當時，阿英（錢杏村）收錄二十八篇，編成了我國第一部報告文學的專輯：《上海事變與報告文學》，交由上海南強書店出版。阿英說：這本書編輯的意義有二：

㈠是爲紀念這次偉大的事變，使讀者能進一步了解這次事變的經過與活動。

㈡是使讀者能因此把握報告文學這一文體，加以學習。❹

三、報告文學的寫法與取材
——以德國基希和美國斯皮維克為例

立波在〈談談報告文學〉中說：「報告文學」就是用有力簡明的文字來反映、批判現實的一種文學。美國作家辛克萊描述社會情況，像《石炭王》、《屠場》、《煤油》之類的名作，傑克・倫敦描寫阿拉斯加和海洋，可以說都是一種「報告文學」。不過，直到基希和斯皮維克等人的作品出來，報告文學才形成了一種獨特的形式。

基希常以一個事件或一群人物做寫作的對象。他描述事件的發生發展、特殊情況和各種光景，表現其間的矛盾，以及未來前景和社會意義，他都是採用明快的手法加以記述；要是描寫一個階層或一群特定人物的時候，他就把他們的生活和職業的特徵，過去的歷史和現況，團結和衝突，加以記述批判。基希在《秘密的中國》中，描寫上海一二八戰爭的事件，就是運用這種的手法來寫的。譬如他描繪戰後吳淞的情況，屍體上有日本的旗幟在風裏飄動，道：

旗上的太陽，像一個圓圓的傷體，從它上面鮮血流向四方。

這簡短的文字充滿著悲情的想像。

基希的報告文學都是根據正確的事實和史料來寫，他到事件發生的地方，深入人群，觀察分析，尋求事實細節，蒐集可貴資料，編織成一篇篇完美的報告。他的每一篇報告，可以說都是縝密的社會調查，再表露他的批判意見，以及他激烈的正義感。正確的事實，銳利的眼光，抒情詩的想像，是基希報告文學的三要素。

美國著名的報告文學家約翰·斯皮維克(John L. Spivak)談他寫作的過程：首先是訪問——找人談話。他說我每到一個地方，就去訪問工廠、農業區、小城市；跟幾十個人談話之後，我再研究它的各種情況：人們對失業的感覺，對戰爭的看法，對新規的觀念；然後，我再從中勾畫出一幅圖畫。我都是從「訪問」「談話」中，去尋找寫作「報告文學」的素材。❺

四、中國「報告文學」的發展

中國現代的報告文學在九一八前後，開始萌生；一二八戰爭時候，特別活躍；七七事變之後，蓬勃至極；抗日戰爭結束，走向沒落——可見現代我國的報告文學的發展，是跟民族救亡抗日戰爭有密切的關係。現在，我把它分做五期，加以論介：

㈠**初期的報告文學**：報告文學傳進我國之後就大大流行了起來，因爲篇幅短，胡風稱之「速寫」，跟「雜文」相提並論。他說：

「雜文」是一種文藝性的論文（Feuilleton），作家用以解剖社會的現象，敏銳的筆鋒和痲木的混濁相抗，生動迅速地批判社會上種種變動不息的事故，通過「論理」來反映社會現象。

「速寫」是一種文藝性的紀事（Sketch），把社會所發生的日常事故，快速而具體地描寫了出來，而傳播給大衆，通過「形象」來表達作者對社會現象的批判。胡風說：速寫和其他文學不同的地方，有三點：

1.要寫現實的人物和眞實的事件，不寫虛構故事。

2.要寫社會的中心——人，不寫古寺山水花月。

3.要寫能夠表現本質的要點，不寫無關緊要的細節❻。

胡風在這裡所談的「速寫」也就是我國初期的報告文學。速寫和雜文都是當時社會中論爭的利器。

㈡**漸盛期的報告文學**：到民國二十五年（一九三六）下季，報告文學成了流行文壇新作品，形式範圍都頗寬闊：長篇十萬字左右，形式跟小說一樣；短的日記、印象記、書簡體、速寫，大都是把社會上發生的某一事件，立即用文學筆觸把它描寫下來，將人物、環境和事件活生生地向讀者大衆報告，因此具有極濃厚的新聞性。當時的作家大抵透過這種報告文學，對刻刻在變的社會和政治問題，立刻

給它正確的批評和反映，非常受到讀者大眾的歡迎。❼

㈢**蓬勃期的報告文學**：民國二十六年(一九三七)七七事變，抵抗日本侵略的戰爭全面展開之後，我國作家由北平、由上海、由武漢向各地分散，寫抗敵文學來鼓舞民心士氣；各地新聞通訊員把他們在戰爭裏親自經歷的生活與見聞，隨時隨地報導了出來。他們所採用主要的形式，就是「報告文學」——包括報告、速寫、特寫、通訊、慰勞記、訪問記等，還有報告詩、報告劇、牆頭小說，甚至有些作家集體來創作《華北烽火》之類的報告作品。但它不像新聞的「有聞必錄」，而是要生動活潑地描敘當時的社會與戰爭的實況。而當日報刊雜誌的「文藝欄」，刊登最多的是報告文學作品。不過十之八九，墮入了「平鋪直敘」，不扼要，沒重點，貧弱無力，大都是斷片、簡短的作品。胡風認爲我國蓬勃期的報告文學的作品，大多失敗，並不成功❽。我國報告文學的蓬勃發展，是由於抗日戰爭，殆無疑義；但這時期卻並沒有留下偉大的報告文學的作品。

㈣**疲乏期的報告文學**：到民國二十九年(一九四〇)，報告文學的熱潮開始消退，走向下坡路。在作者來說，報告文學已經經歷一段不短的時間的鍛鍊，應該走向更成熟的路子；但斷片的記錄，卻已經不能滿足讀者的需求，而要求有更完美的、藝術的創造與表現。

過去認爲報告文學的作者，只要在一個事件中，迅速地攝取一個片段的場面，一個片斷的歷程，寫成生動的文字，就可以了。起初，你能把「四行孤軍」壯烈的故事，台兒莊勝利的情況，用報告文學表現了出來，自然是既新鮮又特殊的，自然就有駭心驚魂的戰鬥意義。可是當後來的戰爭有更壯烈的犧牲，有更偉大的勝利，可是當這些英勇事蹟、苦難經歷，大家寫多了也就成爲抗戰的八股，藝術的效果自然也就減退了。

不過，許多偉大的報告文學作品，即使時間過去，早已成爲歷史，但它仍然保持著戰爭的教訓的意義，成爲不朽的作品。它不會因時代性的過去而過去。許多報告很快就消失，而是這些報告作品，根本就是一些新聞紀事，沒有文學的價值❾。

㈤**沒落期的報告文學**：民國三十三年（一九四四）報告文學漸漸衰微。劉豐說：大家認爲它是小型讀物，只是片斷的短小的作品，不是高級的藝術，素質參差不一❿。一九四五年美國原子彈投擲於日本的廣島、長崎，八月十五日，日本正式投降，我國的抗日戰爭結束，因抗日戰爭而興起蓬勃的「報告文學」也就開始沒落了。何其芳說：報告文學已經開始沒落了，文藝界不大有人再講它，書店裡不大看見報告文學集子，作者也不再願意致力此道了。他隨抗日救亡的狂潮興起，到抗戰爆發而達到頂點。抗戰後期報告文學逐漸消沉。他又說：這跟政治逆流有關，檢查制度使作家只好選擇沉默。在(共黨)解放區，我們訪問到的材料，也只是聽到的戰鬥，而沒有看見戰鬥，也就寫不出什麼作品；這證明報告文學需要深入戰地，深入生活；後來遇到「整風」，也就沒有什麼作品⓫。我國國共內戰期間，共黨的作家產生一些描寫激烈內戰的報告文學，如華山《英雄的十月》就是這類的作品。

五、我國作家對「報告文學」的觀念

過去我國的一些作家與文學理論家，像袁殊、沈雁冰、周剛鳴、胡風、周行、羅蓀、曹聚仁、何其芳等人對「報告文學」都提出一些看法。現在，我節縮、歸納他們的意見，然後再加補充評論，並且探討寫作「報告文學」應該走的路子。大概有下列十點：

㈠**報告文學是新聞文學**：袁殊說：報告文學雖然是報導事實，但卻帶有評析的色彩，和新聞通訊是有分別的。報告文學是近代工業社會的產物。機械工業急速發展後，熔礦爐噴著烈燄，兵工廠製造著殺人武器，沉浸幻想，好閒耽樂是不再可能的了，報紙和雜誌的影響力撼動了作家的心靈，新聞文學（Journalism）自然應時產生，有些人寫遊記，不再用閒適文字發抒個人情感、諷詠風花雪月，而是用辛辣的筆調，批判的口吻寫他走過的地方，看過的人事，這種純文學的新聞體的散文，就是「報告文學」。⓬

㈡**報告文學要寫得真實、寫得快速**：周剛鳴說：報告文學的作者，接近於新聞記者。當一件事情發生，他就必須趕到事件發生的現場去觀察採訪，然後儘快報導了出來。他任務大都選取大衆特別關心的事件，報導其眞實的現象。一篇好的報告文學應該根據眞相實況渲染描寫，不能以想像虛構代替，那種作品是毫無價値的。而且報告文學深受時間空間的限制，不能等待事變過後才去看去寫，要立刻把這些事件報導出去。⓭

㈢**報告文學有別於小說**：沈雁冰說：好的報告文學，必須具備小說的藝術技巧——人物的刻畫，環境的描寫，氛圍的渲染。但小說故事大都是虛構，只要寫得合情合理，使人深信不疑就行。報告則須有眞實事件，注重實有其「事」，而「立即」報導。小說是作家積聚了許多生活體驗，透過想像創作把它表現出來。報告是將世界上最新發生的事件，解剖給讀者大衆看，具有敏銳的時代性，報告文學所以風靡的原因，也就在此。⑭

㈣**報告文學要用文學筆調來表現它**：羅蓀說：現在報告文學的一些作者一寫到戰爭，就儘用口號式的字眼，大聲吼叫，以爲這就是「報告文學」；這種觀念是錯誤的。而應該運用文學「具體形象」的寫法去描述。他並且舉愛倫堡的西班牙通訊，描寫巴靈龍近郊發生的一件炸彈事件，說：

我記得那個未婚妻的身上的豔裝，染滿了血跡，似乎還在微微地顫慄著。有一個男孩子，黑黑的，漂亮的孩子，或許是母親把他從馬拉卡帶來的吧！他玩著沙土。他的眼睛還張開著，稍稍有點兒混濁，而頸子上塗著血，留下玩具——鮮紅色的，盛著乾燥的沙土。（的《眞理》克夫譯）

這種用「具象」描寫炸彈爆炸後的情景，不必怒吼，不必狂喊，但卻能夠給人以仇恨、殘酷的反應，因爲它是通過了「具象」的描寫。作者攝取了他看到那一瞬間的印象，予以再現。羅蓀再一次強調作者必須具有藝術的表現手法——就是「具體形象化」。他又舉SM的《從攻擊到防禦》，描寫一二八時日軍攻擊後上海閘北的實景，說：

有一隻狗，鵝一樣的，豎著細長的脖子和兩隻耳朵，圓圓的弓著背脊，尾巴夾在屁股間，一步一張望，比賊更機警，輕悄地走在並沒有人，只有黝黑的繃弦皮和烏煙臭的斷木頭的，火焦過的小路上，爲了嗅嗅什麼地方有食物。

他描寫的是戰場上的一隻狗，怎樣機警的逃避著人，一面在尋找食物，也表現了當時閘北在大火燃燒中的情景。

羅蓀說：報告文學對環境氛圍的製造也很重要，在逼眞深入上，是有極大的效果的。他舉夏衍描寫《包身工》生活的環境說：

蘆柴棒！去燒火。媽的，還躺著，豬玀！

七尺闊，十二丈深的工房樓下，橫七豎八地躺滿了十六七個「豬玀」。跟著這種有威勢的喊聲，充滿了汗臭糞臭和濕氣的空氣裏面，很快的就像被攪動了的蜂窩一般的騷動起來。

這種氛圍的描寫，必須在實際環境中觀察過或生活過，才能寫得逼眞生動⑮。夏衍的《包身工》在一九三六年四月，發表於《光明》，這是一篇描寫上海日本紗廠裡的女工的悲慘情況。所謂「包身工」，以大洋念元，爲期三年，包給帶工的工頭，三年裡像豬玀一樣的生活、工作。

(五)**偉大的報告文學作品多半需要較長的時間才能完成，絕不是立即可就的**：沈雁冰說報告文學要注重實有其事，「立即」報導；周剛鳴說報導新聞要爭取時間；這都是正確的看法。現在報館對重要新聞的處理，的確都是「立即」播出、刊出；在新聞的立場來說，越快報導出來，越有新聞價值。爭取時效是新聞記者的職責；成了舊聞，就無報告的價值了。但我認爲「報告文學」畢竟不同於「新聞報導」（News-paper report）。蓋一個作者撰寫有關某大事件「報告文學」作品，往往要用較長的時間去蒐集資料，去整理資料，然後下筆，自然是不可能很快寫成，而「立即」報導出去的。

蘇聯革命是發生在一九一七年十月，美國報告文學家約翰・里德（John Reed）把他在蘇聯耳聞目睹的情形及資料，寫成了《震撼世界的十月》（Ten days that shock the world）一書，則在一九一八年（民國七年）。我們只能說：短的報告文學可以立即寫成，立即刊出。而許多聞名後世的長篇複雜的報告文學，往往是在一個事件發生了好一段時間之後寫成的。胡風也說：有了無數歌頌戰爭、描寫戰爭的行吟詩人，荷馬才能收集溶合起來，完成了光耀古今偉大的史詩《奧德賽》和《依里亞特》。高爾基《內戰史》，也是從蘇聯內戰時期的一切記載資料和參加內戰的許多戰士的口述資料，綜合熔鑄寫成了俄羅斯革命歷史⑯。此外，像《讀者文摘》刊出的〈諾曼第登陸〉也是寫得非常精彩、生動、眞實的報告文學的作品。在第二次世界大戰結束之後，讀者文摘社派遣許多記者，訪問參加「諾曼第登陸」的將軍士兵，參考報紙許多舊報導和公家舊檔案等等資料，才完成「諾曼第登陸」這篇「報告文學」，終於使這個戰役永垂不朽！這也是我們報告文學家們應該注意的地方。

(六)**報告文學要選取感人的題材來寫**：胡風說「報告文學」，應該描寫那些令人感泣、狂叫、痛恨的事件，具體地描述出來，使讀者讀了不能不哭泣，不狂叫，不痛恨，務要使讀者深切感動。文藝要能和戰鬥溶合一起，才能產生偉大的作品。⑰

(七)**報告文學的材料要加剪裁**：周行說：報告文學是文藝作品，材料的處理需要選擇剪裁，不如此，則依然是一篇紀事性的新聞，而不是感人的報告文學⑱。羅蓀說：必須像電影一樣選擇有關整個事件發展的重要材料來寫，那些無關緊要、零亂瑣碎的材料都可以不要⑲。我認爲許多報告文學的作品寫得很失敗，主要是由於文字散漫，主題不集中，常隨筆所之，又不凝鍊，這只能稱之「筆記文學」。瞿秋白的《赤都心史》就是。如能剪枝去蔓，留下踏實材料，自然簡潔凝鍊。

㈧**報告文學寫作範圍要多元化**：我國過去的報告文學偏限於旅行、社會與戰爭。像范長江《陝北之行》就是寫他在西安事變之後，旅行陝北，訪問共區的見聞。蕭乾的《流民圖》，是一九三五年黃河氾濫，他走遍了兖州、濟寧、濟南等地，歷時數月寫成，描述魯西嚴重的災情。丘東平的〈我們在那裡打了敗戰〉，是他在一九三七年七七抗戰之後，訪問江陰炮臺守將方叔洪上校，所作的戰地特寫。第二年一月發表於《七月》雜誌，以方叔洪自述的口吻，報導了我國軍人的愛國精神與作戰犧牲的情況，上千人的兵力，經過七天的激戰，最後只生還四十六人，百分之九十五都戰死了。悲憤深沉，躍然紙上。作者能身歷其間，寫他見聞體驗，當然很好。但我總覺得過去報告文學的寫作，偏限於旅行、社會與戰爭，畢竟範圍太窄。有些人認爲「報告文學」就是新聞的「報導文學」。這種觀念不頂正確，因此他們寫作的範圍沒法拓開；所以抗日戰爭一結束，文網一嚴密，沒有戰爭可寫，又不敢碰社會問題，就自然沒落。

其實，現代報告文學可寫的範圍是相當寬廣。報告文學寫的是大衆所深切關心的事情，題材應該非常多，像音樂、美術、建築、科技、醫療、災禍(空難、沉輪、地震)、宗教、風俗、自然和宇宙，無不可寫成「報告文學」，而不要只限於旅行、戰爭與社會。在知識落後的時代裡，也可能只有戰爭與社會值得一記；而今則不然，報告文學可寫的題材，可以說林林總總。像我就將我個人罹患三期的直腸癌，從發現經手術到化療，長達十個月的歷程，寫成了四萬字的《殲癌日記》，就是一篇「報告文學」，連載於《青年日報》，引起許多人注意，因爲它不但可供患者參考，亦可供醫生參考，可以知道癌症病人的心理，用藥反應與效果。讀者文摘社精編的《自然界奇觀》、《地球的奧秘》，是科學的珍聞，也是專家的報告，文筆都非常流暢優美。現代西方科學家，將觀察、實驗、研究的結果，寫成文學性極高的報告文字，都是一般讀者所愛讀的。報告文學寫作的題材應該向多方面吸取發揮。

㈨**報告文學應該通篇講究文采**：曹聚仁說：報告文學是新聞文藝，不是純文藝，所以他認爲「要讓新聞佔得多，那藝術性的描寫，只是加強對讀者的誘導作用。⑳」當時作家寫作報告文學，大都先用「文藝筆調」刻意地描繪一番，做誘讀之「餌」；但當進入報導主題，則又恢復新聞本色，平鋪敘事，刻板評論，間錯一些渲染藻飾，因而形成一種奇怪的文字：就是時而優美，時而枯燥，時而空泛，這自然沒法子教人一口氣讀完它。連夏衍〈包身工〉也都有這種毛病。所以我認爲作報告文學應該通篇講究文采，要把它寫得眞實，寫得優美，寫得動人，這樣才能使讀者喜歡讀它，從中知道許多事情的眞相，吸收許多寶貴的知識。

㈩**報告文學失敗的原因**：曹聚仁說：大家的通病是敘述一件事，往往閒話一大堆，寫到正題又草草了事。輕重詳略，安排的不妥當，每詳其所略，而略其所詳。頭緒紛紜，東一句，西一句，沒有貫連全篇的線索，前後不能照應。這些毛病都是由於不知剪裁組織。所以格局安排，材料取捨，都應該留意。譬如《史記》寫項羽，偏於事功，有鉅鹿之戰，鴻門之會，楚漢之爭，垓下之圍，各有各的鋪敘，千頭萬緒中有一根很清晰的系統。寫李廣則偏於性格，寫他騎射、應戰、料敵、處衆，都活龍活現。寫廉頗從小處著筆，寫他不服老和負荊請罪。寫藺相如則從大處落墨，寫完璧歸趙、澠池之會的外交大事。這値得我們學習。我們敘述一件事，無論多少頭緒，必得有個中心，枝枝葉葉，可以簡括敘述；入到中心，必須渲染，用特寫來表現。㉑

六、結論

過去報告文學是用作宣傳的工具，現在報告文學成爲作家普遍寫作的新徑。聞名世界的報告文學也很多。實際上，這種作品早已經在我國存在，像〈揚州十日記〉、《東京夢華錄》，寫他們身經目睹的實境，應該就是現代報告文學。在現代的世界上，科技的發明，醫療的專記，偉人的傳記，戰役的實錄，新聞事件的特寫，近代史事的描述，甚至參觀一幅世界名畫，聽一場交響樂演奏，無不可以報告文學的形式與手法來撰寫。今後應該提高報告文學藝術的層次，這樣報告文學才能歷久不衰，在散文的範疇內佔一席位。

【附註】

❶說見《拓荒者》雜誌翻譯的川口浩的〈德國的新興文學〉（一九三〇年三月十日）。

❷《秘密的中國》中譯本在民國二十七年（一九三八）出版。

❸據《東方雜誌》復刊第十九卷第十期皇甫河旺〈報告文學的創始及其早期的發展〉（一九八六年四月）。

❹見阿英〈從上海事變說到報告文學〉。

❺見《讀書生活》第三卷第十二期的立波〈談談報告文學〉（一九三六年四月二十五日）。

❻見《文學》第四卷二號的胡風〈關於速寫及其他〉（一九三五年二月）。

❼見《中流》第一卷第十一期的沈雁冰〈關於「報告文學」〉（一九三七年二月）。

❽見《劍・文藝・人民》的胡風〈論戰爭期的一個戰鬥的文藝形式〉（一九三七年十二月三十一日）。

❾取材自《文藝陣地》第四卷第十期葉素的〈報告的疲乏〉（一九四〇年三月十六日）。

❿說見《文藝生活》劉豐的〈報告文學與報告文學者〉（一九四四年一月）。

⓫說取〈關於現實主義〉何其芳的〈報告文學縱橫談〉（一九四六年十一月二十七日）。

⓬節縮《文藝新聞》袁殊的〈報告文學論〉（一九三一年七月十三日）。

⓭說取《文藝》第一卷第一期周剛鳴的〈報告文學者的任務〉（一九三八年六月五日）。

⓮見《中流》第一卷第十一期的沈雁冰〈關於「報告文學」〉（一九三七年二月）。

⓯增節《讀書月報》第一卷第十二期羅蓀的〈談報告文學〉（一九四〇年二月）

⓰⓱均見《劍・文藝・人民》胡風的〈論戰爭期的一個戰鬥的文藝形式〉（一九三七年十二月三十一日）。

⓲見《文藝陣地》周行〈報告文學的問題〉（一九三八年六月）。

⓳見《讀書月報》第一卷第十二期羅蓀的〈談報告文學〉（一九四〇年二月）。

⑳㉑均節縮曹聚仁的〈報告文學論〉（一九四二年）。

（民國八十五年三月刊於《中國現代文學理論季刊》第一期）

散文結構

「散文結構」小序

我很早就認識邱燮友兄，遠於二十年前，在台灣省立師範學院讀書時，就認識了他。他寫的新詩情味很清新，好像自靜靜的夜空滴落深林幽谷中的星光。那時我和陳慧、林良、皮述民、馬森、燮友、鍾露昇兄等二十幾人，組織了細流詩歌研究社，常常聚會，討論寫作新詩的方法，大家都盡力發表自己的意見。現在回憶起來，却不免自覺幼稚可笑，那時一些很簡單的，像詩的韻律、語言等等問題，我們常常要討論好半天。主要是當日文學理論的專著不多，大家都在暗夜裏摸索道路。誰若摸索有了「一得」，就好像發現金銀島的寶藏一樣的歡喜，而貢獻了出來。這種摸索着去走創作的蹊徑，當然是事倍功半，要走許多不必要的荆棘路；不過，我們自己編的油印的詩刋，每期都有一些好詩。在這些朋友中，以陳慧、燮友二兄尤其寫得好。

我那時除了創作新詩，也喜歡寫寫散文和童話；窮困的時候一首小詩也可以鬻得十元的稿費。很可惜不到半年，我就畢業了，離開了師院，到國語日報擔任編輯古今文選的工作，整天鑽在舊書堆裏，飽飫了古典文學的芬芳，年輕時創作的美夢從此結束，往日的一些好友也從此遠離。詩社後來怎麼樣？也就不大清楚了。只知道陳慧兄出版了一冊「青春夢曲」詩集，贈送了一本給我。現在回想起那一段摸索寫作途徑的生活，也眞叫人懷念！如今，這些好友都星散雲飛。皮述民兄改寫小說，出版了「大姐與五金」、「熱與力的年代」等集子，就遠去南洋講學了；林良（子敏）成了兒童文學的名作者，並且和洪炎秋、何凡，在國語日報上合寫「茶話」；馬森遠去花都巴黎學戲劇，現在墨西哥大學教漢學；鍾露昇去美國攻讀最時髦的語言學，回國一段時間，又去美國西雅圖華盛頓大學任客座教授，最近報載他教學之餘，補修學分，兼得西雅圖大學的碩士學位；但不幸的，却是下巴瘦削臉色清白兩眼炯炯有神的陳慧兄，埋骨在黃金國摩天大樓之下，英才早逝，使人感念不已。

師大有「新文藝習作」，是自民國三十七年，謝冰瑩教授來校任教，開始有了這門課程。謝冰瑩是四十年前成名的女作家，前後出版的文集有六十種，以「從軍日記」和「女兵自傳」最爲有名，有六國的譯本。述民、夔友、陳慧、馬森諸兄，都上過謝先生的課；有幸得名師的指導，因此述民兄的小說也頗有成就。接着有楊宗珍教授。楊宗珍筆名「孟瑶」，以小說著稱本省的文壇。李辰多博士在未出國講學之前也擔任過這門課程。我擔任師大的新文藝課程，則始於民國五十四年。那時謝冰瑩教授擔任日間部，我兼教夜間部。夔友兄比我晚一年分擔夜間部的課程。於是我們開始分開編寫講義，夔友兄主寫新詩的部分；我著手寫散文、小說、戲劇的理論，因爲範圍太廣，這實在不是個人的能力所及；四五年以來，我的講義始終是十錦式的大雜碎，一點散文，一點戲劇，一點小說，拼不成一桌大菜。

去年暑假，本系李主任召集我們擔任新文藝的同仁，開了一次會，決定加强這一門課程：鐘點由二小時增爲四小時；散文、小說、戲劇、詩歌，各由專人分授，於是小說由謝冰瑩教授擔任，戲劇由李曼瑰教授擔任，燮友兄和我分擔散文。因此，我和燮友兄能得集中精神與時間，來完成這部專講各體散文寫作方法的「散文結構」。經過將近一年的補充，整理，終寫成了十三篇的專論；並編選有名家的各體散文共四十五篇，附在後面作爲範文。理論之中「文學的內涵」，「抒情小品」，「敍事散文」，「鑑賞與批評」四篇，本月陸續刋登於大衆副刋，是燮友兄執筆的；其餘「現代文學的分類」等九篇是我所寫的。這裏邊我早期寫成的，除「傳記文學」中的「歷史性傳記的寫法」一節，於民國五十五年十二月六日，刋登徵信新聞報人間版外，其他的部分和「現代文學的分類」，「散文的新界說」，「模仿與創造」等篇，五十四年間，陸續發表於「中國語文」月刋；「遊記文學」一篇，於五十七年十一月刋載「文壇」雜誌上；談「文學的內容與題材的處理」一篇，自五十八年十一月十九日至十二月二十九日，由「自由報」連續登載了一個多月；「標點符號的用法」，是我於四十二年，協助梁容若老師編高職國文課本時寫的舊稿；至於「議論與說理」，「詠物小品」

兩篇，是我在最近三四個月寫成的新作。我很感謝中國語文的趙友培，徵信新聞的王鼎鈞，文壇的穆中南，自由報的張起鈞諸位先生，肯劃出一些寶貴的園地刋登這些理論；尤其感激繆天華先生最先從旁敦促鼓勵我們從事這一類的著述。至於蘭臺書局一些的好朋友，決定出版這一部書，也是我們衷心感激的。姚一葦兄並爲我檢視有關邏輯的問題，提供我一些意見，幷此誌謝。

回憶以往和夔友兄一起摸索寫詩的生活，現在又一起合作來撰著散文的理論，實在是極欣慰的事。近半年來，我們日夜撰述理論，編選範文，校對大樣，這種熱情與精神，一如往昔。

現在快出書了，我深感人類的合作，也許是一切成功的路子；彼此訐擊讒謗，却會阻礙文化的進步。看看數年來點點滴滴心血的結晶，覺得我們可以自慰的，乃是這部書的內容比較平實有用；這是我們摸索耕耘出來的產品，對於讀者也許有「愚者一得」的貢獻吧！

祖燊。五十九年七月十二日。

散文結構目錄

一、文學的內涵

邱燮友

甚麼是「文學」？這是一項不容易回答的問題，儘管前人下過千百次的定義，仍然難以一見龍首。要想瞭解這一概念，首先要探討文學是怎麼樣起源的，文學包涵了那些特質，然後才給它下個比較合適的界說。

本來嘛！從事創作的人，只是憑着他的熱望，自由的心志，照當時的直覺，把心裏要說的話，借語言文字的媒介，向人傾訴一段情、一件事、一個理想、一樁道理、一些生活。當時他並沒考慮這樣寫出來的作品，是否合乎文學，只是做到不吐不快罷了。後人便在這許多作品中，畫一圈做範疇，給它一個名詞，叫做「文學」。

因此，提到文學的起源，便得追溯人們運用語言文字的過程了。自有人類以來，便有語言，語言可以表情達意；換句話說，自有人類，便有文學。但這些早期的文學，只流傳在口頭上，或出現瞬間，沒有被記錄下來，眞正被記錄下來，要從發明了文字開始。

我國的文字發生很早。周易繫辭傳上說：「上古結繩而治，後世聖人易之以書契。」所謂「書契」，就是文字刻畫。也就是說，我國上古時，文字的發生是由結繩演變到刻寫的記號，再由記號演變爲文字。許愼說文解字敍說

「黃帝之史倉頡，見鳥獸蹏迒之迹，知分理之可相別異也，初造書契。」

又說

「倉頡之初作書，蓋依類象形，故謂之文，其後形聲相益，卽謂之字。文者，物象之本；字者，言孳乳而寖多也。著於竹帛謂之書；書者，如也。」

所以我國的文字，相傳是黃帝的史官倉頡所造的。其實文字的發生，應該是先民集體創造的。發生的時代久遠，無法推測，就從黃帝的時代（西元前二六九八）算起，到現在，少說也有四千六百多年，那麼我國文學的發展，也應該有這麼久遠。

一般講文學史的，討論到文學的起源：有的主張起源於祭祀，有的主張起源於遊戲，有的主張起源於勞動，有的主張起源於實用，有的主張起源於人類表現的本能，……各家的說法紛紜，莫衷一是，但它最基本的應該是起源於吾人心靈的活動。在我國流傳下來最古的文學作品，要算周易和詩經了，它們大部份是周代的作品。周朝的開國（西元前一一二二）到現在，少說也有三千年。因此我國文學從文字的發生來看，大約有四、五千年；從現在保有古人的作品來看，至少也有三千年。但文學眞正的起源，應該說：自有生民以來，便有文學。

「文學」一詞，古今的含義不同。要明白文學的特質，首先從名稱上去瞭解。過去我國的所謂文學，卽是文章、著述的通稱，有時也可以單稱爲文。論語先進篇有孔門四科的分類：

「德行：顏淵、閔子騫、冉伯牛、仲弓。言語：宰我、子貢。政事：冉有、季路。文學：子游、子夏。」

這裏所說的「言語」，也就是說辭，後世的所謂辭章。皇侃疏引范甯說：「言語，謂賓主相對之辭也。」這便是實用文學的開始。孔子所說的「文學」，跟現在的文學，含義不同。范甯說：「文學，謂善先生典文。」邢昺說：「文學，謂文章博學。」這是指典章制度而言，也包括了文章，屬於學術，而不是現代人所說的文學。其他論語中所提到的「文」、「文章」，也都是一切文章、學術的總稱。這種稱謂，一直沿用在周秦時代。

漢以來，「文學」和「文章」的涵義，便有不同。像史記儒林傳說：「夫齊魯之間於文學，自古以來，其天性也。」這裏的「文學」仍是學術。漢書公孫弘傳贊：「文章，則司馬遷、相如。」這裏的「文章」，便跟今日的文學，較爲相近。所以早期的文學，以實用爲主，往往跟學術混爲一談；至於純文學，在古代只有詩賦，但偏狹地囿於文字的雕飾，不以實用爲主，難怪揚雄要說：「雕蟲小技，壯夫之所不爲」了。

文學和學術最大的分野，一種是藝術，一種是學問；藝術要求美，學問要求實用；前者憑直接的感受，後者靠客觀的分析，道路不同，效果兩樣。我國古代把文學、學術混爲一談，是文學寄附在學術之中，未曾分割獨立出來。

一篇好的文學作品，必須具備好的主題，主題的表達，便是作者思想的表現。像屈原，處在羣雄割據的戰國時代，他有雄圖大略，儒者的抱負，却遭小人的讒謗，他把憂國忠君的思想，表白在作品裏。離騷、九章的諷喻、悲痛，漁父、卜居的忠貞嫉惡，在作品中表現出宗經救世的思想。竹林七賢的作品，他們生在亂世，受佛道思想的影響，於是產生頹廢、浪漫、厭世、怪誕的念頭，抱着退的哲學，隱遁在山林酒國中，追求個人的自由，尋找人間的樂土。我國舊小說和雜劇，大都表現忠、孝、節、義的精神。思想的表現，範圍很廣，只要是作家思維的結果，將它作爲文章的主題，便能成爲一篇或一部好的文學作品。像表現鄉土的：像賽珍珠的大地，羅逖的冰島漁夫，川端康成的雪鄉，何嘗不是表現了鄉土的本色。像表現時代性的：有謝冰瑩的女兵自傳，徐速的星星月亮太陽，繁露的向日葵。以及近來一些作家寫留學生的故事，中影拍片走健康寫實的路子，都是借文章來表達某種思想，有了思想，才能構成主題，文學缺乏思想，便成了空洞、「虛車之飾」的作品，因此「思想」是文學的特質之一。

其次，文學作品中，流露作者所要表達的情緒來引起讀者的共鳴。古人說：「喜、笑、怒、罵，皆成文章。」人類的情緒是多方面的，作家們如何以他生花之筆，來刻畫喜、怒、哀、樂的情緒，也是文學中不可或缺的要素。前人說：「讀李密的陳情表，諸葛武侯的出師表不掉淚的，是不孝不忠。」也就是說這些文章中，深情可以動天地、感鬼神。讀朱自淸的春，劉大白的自然底微笑，你能不被他輕快的情調所感染嗎？看三國，無形中同情蜀漢，讚賞孔明，而討厭曹操奸滑的嘴臉；看紅樓夢賈府的沒落，「樹倒猢猻散」，賈寶玉的出家，使人有天地蒼茫，心裏說不出的惆悵之感；羅曼羅蘭的約翰克利斯多夫，每一行都使人覺得生命在跳躍，這些都是作者把握了人間的至情，寫盡了人間的哀樂，流露出各種的情緒，來打動讀者的心靈。所以「情緒」也是文學的特質之一。

「上帝造人，人造萬物。」的確，人除了創造一些有形的東西外，還創造許多無形的東西。一個人坐在斗室中，躺在草地上曬太陽，他可能神遊，靈魂出竅。作家們便把這些寫到作品裏去，使作品變得空靈可愛。因此想像，也成爲文學中不可或缺的要素。文學要表現心靈的活動，作家們看到水，他可能想到是淚，看到月，他可能想到是伊，白雲蒼狗，天馬行空，眞像是癡人說夢，好不可愛。讀桃花源記，你會喜歡桃源淨土；讀聊齋，你會覺得狐、鬼也不可怕；是誰創作的白娘和許仙？是誰的筆，勾出火燄山的火燄，像春水泛濫，像野火燃燒着整個人間。月裏有嫦娥，唐明皇遊月宮，這些是文學，不是科學。因此，看阿刺伯的神燈，你幾乎不相信那邊還有戰爭呢？你讀了金銀島，也許還想租一條船去找找看。吟李商隱的詩：「曾經滄海難爲水，除卻巫山不是雲。」「春蠶到死絲方盡，蠟炬成灰淚始乾。」你能不讚佩作者的錦口繡心，怎能想像出這般美好，巧妙的境界來呢？文學中不可缺少想像，缺乏了想像，便味同嚼蠟。所以「想像」也是文學的特質之一。

文學作品要借文字做媒介，文字的運用，遣辭造句，有一定的技巧。我國文字的特色，是一字一形，一字一音的，可奇可偶，可合可分，奇偶相生，音韻自成。至於表現的技巧，除了講求文章的體式，還講求修辭文法。文學是藝術的一種，藝術便要做到有秩序、調和、美和效果。有時同樣的題材，由於表現技巧不同，也能成一篇獨立完整的文學作品。例如：有了陶淵明的桃花源記，不能說王維的桃花源詩沒有價值；有了白居易的長恨歌，不能說陳鴻的長恨歌傳，白樸的梧桐雨，洪昇的長生殿沒有價值；有了沈旣濟的枕中記，不能說李公佐的南柯太守傳，馬致遠的黃粱夢沒有價值；有了元稹的鶯鶯傳，不能說王實甫的西廂記，董解元的絃索西廂，關漢卿的續西廂，李日華的南西廂沒有價值。這些作品，題材相同，但作家不同，使用的文體不一，措詞遣句，更是不同，他們都能有層次，有組織地，表現了秩序和調和，美和效果。儘管有人說：「天下文章一大抄。」但文學的作品，畢竟不是抄來的。文學的可貴在於創作，求新求變，這純然牽涉到技巧。文學表現技巧是可以推陳出新的，莎士比亞曾說：「第一個拿花來比女子，是天下第一天才；以後也用花來比女子，那便是天下第一蠢才。」當然新是文學所追求的，只要你善於變化，依然能產出新意。花的種類很多，變化也多，歷代拿花來比女子的句子，幾乎可以寫一部「花的文學」。例如：詩經中的「桃之夭夭，灼灼其華」，便是比喻「之子于歸」的出嫁女。讀曲歌中：「紅藍與芙蓉（夫容），我色與歡敵（匹比）；莫案（撫也）石榴花，歷亂聽儂摘。」這是拿紅藍—小紅蓼自比。劉希夷的白頭吟：「洛陽城東桃李花，飛來飛去落誰家。」拿桃李花比洛陽女兒，花落誰家。李白的吟芍藥：「雲想衣裳花想容。」白居易的長恨歌：「梨花一枝春帶雨。」拿芍藥比楊貴妃的歡顏，拿帶雨的梨花比楊貴妃的戚貌。至於「好花插牛糞」，「一朶小花」，「花之淚」，推陳出新，變化無窮。又如曹子建的「丈夫志四海，萬里猶比鄰」，到王勃的「海內存知已，天涯若比隣」，也都能面目一新。常人說：文章不好，「像王大娘的裹脚布，又長又臭。」到林語堂說的：「演講要像女孩子的迷你裙，越短越妙。」這何嘗不是推陳出新的一種手法呢？文學不僅要在文體上求變化，還要在詞句上創造新詞新語，這些不得不求於技巧了。所以「技巧」，也應該視爲文學的特質之一。

因此，文學的特質包括了「思想」、「情緒」、「想像」和「技巧」四項。根據以上的這些特質，然後給文學下一個界說：

文學是作家運用語言文字，表現人類的思想、情感，創造出完美的想像和新技巧的作品。

二、現代文學的分類

方祖燊

文學需要分類，是因爲把文體的範圍劃定之後，可以幫助我們識別各種作品的體制，特殊的性質，不同的寫法，做寫作的規範。所以必須對文學種類加以劃分，給予界說。

文學分類古今不同，原因是由於歷代文學的發展不同，文體有新陳代謝的現象。像辭賦盛行於漢朝，而今却成爲文學史上的陳跡；戲劇起於元曲，那麼在六朝人的文體分類中，自然無此一類。還有選文家的觀點，以及他選輯文章的範圍，也時常是構成歷代文學分類不一的原因。像昭明太子編文選，重點在「沉思翰藻」的篇章，所以在繁紛的三十七類文體（註一）中，沒有經、史、子的類別；姚姬傳編古文辭類纂，是以古文家的眼光來選，以散文爲限，所以在十三類（註二）中，不但摒棄了駢文，而且也不分列詩歌、小說、詞曲等類。由此可知昔人的分類，各有所偏。還有古今文學分類，所採的標準不同，也是一個原因。古人多以「體制」爲準，所以分類繁雜；今人多以「作法」爲標準，所以分類簡單（註三）。由於有這種種原因，因而形成了古今文學分類法，彼此不能通用。現在，我國流行的各種語體文學作品，舊的分類法不適用，就是近代從西方傳入的新分類法，也不大合適。因此我們必須重新根據現代作品，再劃定它的體類，確定它的界說，作爲寫作的範疇。雖然現在研究文體論的學者，大都想建立一種文體新分類系統，既能概括過去的文體，又能劃分現代的文體，但這是不可能做到的。前面我們說過，文體有新陳代謝的現象；每一個時代，有新興的文體，也有死亡的文體。像制誥奏議，已成「昨日黃花」，白話應用文正需要人去創造新的體式。而且文學代變，某種文體所概括的範圍也在變更。如散文過去範圍很廣，而今文藝性的散文，却只是小品文、隨筆、雜文的臭稱。所以古今文學之種類，必須根據時代來劃分。這裏根據目前風行時尙的語體文學的作品，以作法及內容爲標準，把現代文學分作下列五大類：

一、散文：我認爲散文有兩種寫法，一種是文章性的，一種是文學性的——也就是文藝性的。但由內容偏重情形來看，可以把它分作傳人、寫景、記物、敍事、抒情、說理、議論、應用等類。

二、詩歌：新詩現在雖還不能算是一種成熟的文學，可是由於過去詩的歷史，可以知道將來詩的發展，也一定有抒情、敍事、遊覽、贈答、田園、廟堂、社會、宗教、哲理、懷古、詠史等類。可能還有一種專寫現代都市生活、科學機械的詩篇。

三、小說：以篇幅來分，比較妥當。因爲篇幅長短，關係作法很大。這裏按照西方小說理論家的分法，把它分爲短篇、中篇、長篇三類。

四、戲劇：現在劇本的編寫，有以對話爲主的話劇，有以歌唱爲主的歌劇（像京戲、地方戲的改編）。由其分場來說，有獨幕劇和多幕劇。又由於演出地點的不同，又分做舞台劇、廣播劇或電視劇。不過，由表現的情緒來分，總不外是悲劇、喜劇、悲喜劇三種，或可另加鬧劇一種。

五、其　他：

1. 兒童文學：在國民教育普遍發達的今天，兒童文學在現代文學中，必然要佔一重要地位。但根據現有的兒童文學作品來看，我們可以把它分為童話、神話、寓言、故事、笑話、兒歌、童謠、說話材料、偉人傳記、兒童劇、兒童小說、科學淺談等類。

2.新聞文學：今日報紙、雜誌暢銷於家庭、學校、機關，趨向於企業化，競爭日烈。所以新聞的報導、專欄、特寫、訪問、政論、時評、增刊等等內容都日求其新，文筆都日求動人，因此必然會促使新聞文學的發展，產生新的文體。

3.通俗文學：流傳於民間的通俗性文學，因為它有廣大民衆的愛好，這類文學必然長久流傳，不斷求改善。可分為謠諺、歌曲、戲文、平話、鼓兒詞、彈詞、相聲、傳說等類。

4.（附）電影文學：電影雖是新興的第八藝術，却為現代平民的主要娛樂，觀衆成千成萬，脚本的編寫，也是很重要的事。由於電影發達的結果，必然會產生許多富有文學性的電影脚本。但又因它的寫法跟寫一般劇本不同，有它特殊的方式，而且這種脚本只供拍片用，通常跟讀者沒有直接的關係，所以這裏僅把它附於驥尾。

以上的分類未必很恰當，尚希讀者多賜補正。並且盼望我們能够從這分類的各方面，多創作一些作品，俾使二三十年後，能够有包羅各種類的語體文的選集出版，以作後人學文的藍本。

註一：文選三十七類文體，為賦、詩、騷、七、詔、册、令、教、文、表、上書、啓、彈事、牋、奏記、書、檄、對問、設論、辭、序、頌、贊、符命、史論、史述贊、論、連珠、箴、銘、誄、哀、碑文、墓誌、行狀、弔文、祭文。

註二：古文辭類纂分十三類文體，爲論辨、序跋、奏議、書說、贈序、詔令、傳狀、碑誌、雜記、箴銘、頌贊、辭賦、哀祭。

註三：現在文體論者，諸家分法，各自不同，這裏不擬詳介，唯一般大抵將文章分爲說明、議論、抒情、記敍四類。

三、文學的內容與題材的處理

方祖燊

一篇作品動人的地方，有兩方面：一是內容充實，一是形式完美。一般說來，內容，是作者給予作品的內在美，生命與靈魂的美；形式，是作者給予作品的外在美，軀體與外表的美。文句的長短齊雜，音韻聲律的諧和抑揚，段落標點的妥善，篇章結構的緊湊，詞藻文采的修飾完美，都是屬於形式的問題，也可以說是寫作技巧的問題；至於內容，指的是作品中所包含的實質與意義，是作者通過形式，所顯示出來的一種主題，同時也顯示作者個人的思想、情感，與人生觀、生活經驗，甚至作者所處的時代與社會背景等。內容，實等於作者生活、意識的結晶，是從作者生命裏開放出來的花朵，洋溢出來的光輝。作者的學識豐富，才華橫溢，作品亦必光芒四射，刺人眼目，動人心魂。內容與形式兼達是必須的，曹雪芹的紅樓夢，就是兩者兼美，所以成爲膾炙人口的名著。

許多人的文字表達能力，已經很强，詞采流麗，只是他寫出的文章，總是被評爲內容貧乏；這好比一個漂亮的女人，有希臘女神的線條，有蒲松齡筆下恒娘的化妝術，但她的內心却渾渾噩噩，無知無識，沒有腦筋，一無所有，終是莫大的缺憾，這是寫作單講形式美易有的缺點，所以還要講求內容的充實。內容充實，就好像那些智慧、學識、才幹，都高人一等的女人，是讀書人所喜歡接膝相晤的對象。專門性的文字，有的陳義高深，仍然有它的讀者，就是因爲它有內容。作品內容充實，可以使別人讀來不枯燥，不乏味，不厭倦。內容比起形式來，更爲重要。也是我們寫作首先要注意到的一個問題；現在我提出幾點來作爲我們充實內容的參考。

一、內容的涵義

內容的涵義，在前面已談過，我們知道我們的思想、情感、學識、人生觀、生活經驗，以及所處的時代背景、社會環境，都可以顯露於作品的內容中；換句話說，這思想、情感……社會環境，也就是構成作品的內容的要素；再直截一點說，就是「作品的內容」。所以用我的情感，去寫一首短詩，那點滴的情感，就是這短詩的內容；用我的思想，去寫一篇文章，那片段代表我的思想的主張或見解，也就是這篇文章的內容；用我的學識，去寫一部著作，說明了許多事物道理，那學識道理也就是這部著作的內容了。寫我的人生觀，生活經驗，社會現象，也就是這些作品的內容了。現在再舉一些具體的例子來說明吧。譬如：唐盧照隣的曲池荷詩：

「浮香繞曲岸，圓影覆華池，常恐秋風早，飄零君不知。」

用芳潔的荷花，比況自己的才華，寄託他多病的感傷，恐怕短命，難以用世。詩雖僅四句，而情味深長；這深長的感傷，就是它的內容。其次，如周敦頤的愛蓮說，寫「蓮花之出汚泥而不染」，謝婉瑩的蓮花，寫兩枝蓮花在風雨中掙扎相遮的情狀，一在表徵作者的理想人格，一在讚揚那種互助的精神，用以教訓兒童；也就是這兩篇作品的內容了。又如植物學寫蓮花說：

「生淺水中，地下莖是藕，肥長有節，節間有管狀的空隙，葉長而圓，柄很長，抽出水上，夏日抽長花梗，開花豔麗，花色淺紅或潔白，形體很大，雄蕊甚多，花托呈倒圓錐形，有許多小孔，每孔內結果一，即蓮子。它的產地，今散布於熱溫帶各地。」這段文字介紹了許多有關於蓮花的習性、形態的知識，也是屬於有內容的文字。由此數例，我們可以了解什麼是有「內容」的作品。

二、主題的建立

每一篇作品，都必須有它的主題，這樣才能使讀者們讀後覺得有所獲，覺得那是有價值、有意義的作品。主題並不是作品的整個內容，而是透過這個內容所表現出來的中心思想。像廣播電臺報告：

「颱風要來了，我們要把窗戶關好。」

這項廣播便是有主題的，希望聽衆防備颱風。至於我們和人閒聊，天南地北的胡扯，什麼「天氣很好，哈哈！」「英格褒曼已經老了。」「這時樣最新，法國巴黎式的。」話雖然談得很多，却不能算是有主題的；聽的人，是左耳進去，右耳出來，因爲它沒有包含一個談話的主題。寫文章也是這樣，除了有豐富的材料外，還要先立定一個主題；根據主題，將材料加以剪裁鎔鑄，使整篇文字有統一的思想，使人讀了每一段文字，都有所得，這才算是眞正有內容的文字。總之，要想使文章有內容，必須有主題。

三、題材的選定與處理

題材，就是用以表現作品主題的材料。主題的建立，有時是作者先定一個主題，然後根據這個主題去蒐集寫作的題材；有時有了題材，然後才建立主題。像莎士比亞漢姆萊特一劇，主題說明懦弱性格，是造成悲劇的原因。但他用宮闈間的僭位謀害的題材來表現它；又像孔雀東南飛，主題在描寫當日家庭制度的缺點，婆媳的難以融洽相處，男女婚姻的不能自主，媳婦在家庭中的地位的低落，目的在提醒警戒世人，免再發生類似的悲劇，作者用焦仲卿和劉蘭芝一對恩愛夫婦被迫離婚，終而殉情的題材來表現它。又如王安石鍾山卽事，表現靜的境界，借「茅簷相對坐終日，一鳥不鳴山更幽」，這種山居生活的題材，把它表現了出來。又如蘇轍的六國論，主題在發表自己讀史的見解，認爲六國滅亡在於不能團結互救，致使敵人得以各個擊破而相繼滅亡，用史論的題材將它表現出來。對選擇題材與題材處理的問題，是從事寫作的人所應該探究的，這樣才會使我們寫作的範圍擴大，路子正確。

日本學者兒島獻吉郎在中國文學概論中，他提出感情與理智，是中國文學作品的兩大內容。我對這種分類，頗爲贊同。

甲、理智的內容：記敍性、說明性、議論性的文字屬之，目的在發現眞理，求善載道，以學問義理，爲其本位，常含有豐富的材料，或卓絕的見解，或廣博的學問，……由這一類題材寫成的作品，是訴之人類的理性，可以增加讀者的學識，或啓發其思想。

乙、感情的內容：抒情性、寫景性的文字屬之，目的在發露人情，求美求眞，以情感爲本位，理智爲次義，須含有人類的喜怒哀懼愛惡欲各種情緒，有淚光，有笑影，有熱血。這類作品，因爲直接發自人情，訴之人情，特別容易引起讀者的共鳴。

過去的一般作家所採取的題材，如戰爭、宗敎、人生、自然、社會、愛情、歷史、學理之類，寫成的作品，都不出於這感情與理智兩大內容。現分述如下：

㈠戰爭性的題材：戰爭的發生，可說是完全決定於少數人的情感，但却刺激舉世的人心，決定一國的興亡。戰爭造成的現象，有二種：一是破壞、死亡與毀滅；一是征服、勝利與榮譽。所以由戰爭這個題材，產生的文學有兩類，一是宣揚非戰主義，這是向消極的、悲觀的方面去描繪，寫出由戰爭造成社會悲劇，或慘烈的死亡，或勝利的空虛，或戰禍破壞了繁榮，人民流亡離散，——這是站在人民的立場來取材的。一是宣揚征戰主義，這是向積極的樂觀的方面去描繪，寫出征戰的情況，勝利的狂歡，官爵的封賞，英雄的事蹟，國勢的富强，聲威遠播的情景，——這是站在國家立場或執政者功利觀點來取材的。不管怎樣？一次戰爭常影響到長遠的年代，千百萬的人民，古代的戰爭故事，對現代人說來還是一樣刺激。因爲人類本性，有喜歡打鬥、戰爭、殘殺的獸性，却又恐怕戰爭造成的災害；所以在長久戰亂之後，一定產生反對戰爭夢想和平的作品。在戰爭進行的時代裏，作家常寫鼓舞軍民同仇敵愾的文章，有時却也常常摻雜「非戰與征戰」這雙重的情感在內。像在唐人的詩篇中，就常流露出這種矛盾的情感。如王翰涼州詞：

「葡萄美酒夜光杯，欲飲琵琶馬上催；醉臥沙場君莫笑，古來征戰幾人回？」

又如王昌齡從軍行：

「青海長雲暗雪山，孤城遙望玉門關；黃沙百戰穿金甲，不破樓蘭終不還。」這兩首詩，言語都極雄壯，含意都極悲涼；醉臥沙場，敍壯士之萬丈豪情，結果是征戰不回，埋骨邊疆，意緒惆悵空虛。不破樓蘭終不還，敵愾之心，有如金鐵的有聲；但樓蘭終不可破，難有回鄉的機會。托爾斯泰戰爭與和平，寫拿破崙想統一歐洲，南征北討，功業盛極一時，可是最後却在大風雪中從蘇俄敗退而返；吉村昭零式戰鬥機，寫日本零式戰鬥機在第二次世界大戰中突襲珍珠港，登陸馬來，用於侵略的各戰役，所向無敵，最後零式戰鬥機遭遇了勁敵，日本人也遭受了全面的失敗了：都是這種作品。至於陳陶隴西行：「可憐無定河邊骨，猶是春閨夢裏人。」以及李華弔古戰場文：「此古戰場也，常覆三軍，往往鬼哭。」則完全是非戰的作品。當然也有描寫戰爭中英勇愛國的故事，或化敵人爲友人，發揚人類的愛，則其作法不止一種了。

㈡宗教性的題材：神的存在，是由於信仰，你信神，神就在你的心殿；信神如神在，所以說宗教是情感的產物，篤信宗教的人，可以犧牲一切。宗教勸人行善、博愛，又純屬理性。一般的作者以宗教爲題材，多半在發揚教義，讚美神性，像許多頌讚的詩歌，則出於對神崇仰的情感。如耶穌傳、釋迦傳，寫其神蹟，愛心；還有玄奘傳寫他前往天竺，留學取經的艱苦的事蹟。還有取材佛教果報輪迴說，勸世作善；還有描繪道教的神仙生活的美境，度人看破世緣，覺悟人生如夢：又是情感與理智雜糅，而幻想虛構成的作品。在過去這一類的作品不少，游仙詩，志怪靈異的故事，神魔鬥法的小說等都是；現在因爲思想開通，迷信破除，對宗教的熱忱逐漸冷淡，趨於形式化；雖說電影界仍然時常取宗教的故事爲題材來拍片子，可是文學作品必然很少再有人寫這一類的題材了。

㈢人生性的題材：我們對生命的看法，對人生在世的觀點，對生活的方式，處世的態度，有各種不同的意見。不過，衡之人的常情，都是「希富貴，惡貧賤；喜歡聚，悲別離；愛少艾，歎老死」的。因此，世上的人都在做億萬富翁的夢，功成名就的夢，花好月圓的夢，少年歡樂的夢。然而在現實的人世上，却處處是貧病、離亂、老死，可說是人生痛苦空虛的泉源。富貴、歡合、綺年，也就成了人所羡慕的境遇。所以由窮人而富翁，由別離而團圓，由凡人而神仙，也就是人們在現實的人生中所尋求解脫的夢境。反過來，因種種不幸的境遇，命運的捉弄，造成了窮困潦倒，造成了離別變故死亡，也就要令人傷心落淚。悲劇的感人處，也就在這裏。對人生的悲歡離合、生老病死、富貴貧賤的種種境遇，由於作者個人的人生觀不同，其顯露於作品中對人生的看法也就不同了。還有些作者，甚至像宗教家、哲學家、思想家一樣，在替人類尋求努力或解脫的路子，鼓勵人生活下去，或指示人走出迷津。大體說來，作者表現於作品中的人生觀，有三種：

⑴入世的看法：屬於樂觀、積極的，認爲每個人都可以盡一己的力量，努力奮鬥，去實現他的理想，創造他的世界，改善他的生活，繁榮整個社會。西方文學中，寫開發石油、金礦、土地、鋪路之類屬之。

⑵出世的看法，我國儒家的樂天知命，安貧守道；道家的生寄死歸；佛家的認爲生老病死是人生四大痛苦：都是消極，達觀或悲觀的；其求解脫，則走上安分守己，或恬淡虛無，或涅槃圓寂的

路子。於是視榮華富貴，如過眼雲烟；看百年人生，像南柯一夢。我國許多作品，像陶淵明的貧士詩，沈旣濟的枕中記屬之。

(3)冲淡的看法，這是避開現實，製造幻境，使讀者沈緬其中，暫時得到慰安超脫。這像聊齋志異，或一般通俗小說，寫窮人成富翁，娶美婦，爲仙人，或現在女店員遇到小開，窮光蛋得千金小姐青睞，就是滿足人世的缺陷，冲淡現實生活的苦痛的寫法。

現在將人生的問題分開來研討：

(1)貧窮：訴窮泣苦，或抨擊貧富不均的文字，見於我國詩文小說中極多。過去如陶淵明詩：「夏日長抱飢，寒夜無被眠。造夕思鷄鳴，及晨願烏遷。」杜甫詩：「朱門酒肉臭，路有凍死骨。」就是這一類題材的作品。又如吳敬梓儒林外史中寫馬二先生逛西湖的嘴饞寒酸，范進中舉人前後的人情世態。又如李寶嘉官場現形記中寫佐隸小吏拿兒子做跟班，妻子在家裏沒有褲子穿，都是用貧窮爲題材寫成的諷刺世態的作品。近人的一篇小說，寫農民借債養蠶，結果因工業的不景氣，繭廠的關門，而家家破產，也是這一類的題材的作品。在農業時代，貧窮的確是一個很嚴重的問題。讀書人在這種環境中，假使家無恒產，就只好爲祿而仕，假使出仕而不得志，或出仕不能折腰屈節而拂袖歸隱，就必然產生像陶淵明生活匱乏困苦的境況。農民靠天吃飯，如果遇到災荒、動亂、不景氣，必然會產生像「春蠶」中所寫一年終了辛苦地工作，到頭來却家無隔宿之糧的現象。我國過去讀書人多受儒、道二家思想的影響。論語雍也：「一簞食，一瓢飲，在陋巷；人不堪其憂，回也不改其樂。賢哉回也！」莊子寧願作曳尾爛泥路上的烏龜和笨牛，不願作供奉廟堂中的神龜犧牛，——這是人人都知道的聖哲故事。過去讀書人志節高尚的，就多以樂天安貧，固窮守道，或清靜無爲，隱逸躬耕的思想，作生活的圭臬。陶淵明的不肯爲五斗米折腰，終於窮到乞食充飢，而仍能寫出像「採菊東籬下，悠然見南山」，「談話終日夕，觴至輒傾盃」的飲酒自樂，隱居寧志，淡泊達觀，超脫貧窮生涯的作品。但也有志節低下的人，也就有像吳敬梓、李寶嘉筆下所描寫爲追求利祿鑽營門路而表現種種醜態鄙形的小人物了。在今工業時代，科學發達，分工精細，用機械生產，不必靠天吃飯，不會無業可就，現代人只要努力耕耘，就有收穫；只要努力工作，就有報酬；人人可以過安定的生活，不慮匱乏；我想將來貧窮的問題，終將消失。我們在這方面題材的處理，應該注意到社會的趨勢，經濟的發展，多寫作怎樣解決貧窮問題，鼓舞人類努力工作的作品。

(2)別離：是人生的悲劇之一。生離死別，似乎是吾人最難解脫的情感。江淹別賦說：「黯然銷魂者，唯別而已矣。」別因雖有種種，而離情之扣人心絃者則一，難免教人腸斷淚落，悲痛鬱結。我們在機場碼頭，都可以看到這種場面。在許多離別中，以母子的離別，情人和夫婦的離別，最能賺人眼淚。詩歌、散文對別離之情的表現，大都用直抒或象徵的方法來描寫的，深摯眞切，纏綣纏綿，悱惻哀怨；有時也求自我的寬解，或期夢魂相會，或求來生重聚，或祈破鏡重圓，或矢泉穴再見。小說、戲劇、電影，處理別離的題材，多半以大團圓作結尾，目的在迎合讀者這種喜相聚的心理，因此前人許多悲劇，到後代作者的筆下，就變成喜劇的結束。如唐元稹鶯鶯傳（又名會眞記）

寫張生和崔鶯鶯的戀愛，終於分離的悲劇；但是到了金章宗朝，董解元作西廂搊彈詞，雖然穿插了悲歡離合的波折，最後却以團圓結局；元關漢卿西廂記第五本（續王實甫西廂記），也就成「張君瑞慶團圓」。又如蔣防的霍小玉傳，寫詩人李益和妓女霍小玉戀愛，李益因爲訂婚望族，遺棄了小玉，後來由於黃衫豪士的刼持，兩人雖然重會，可是霍小玉終以相思病重，一見飲恨而絕。到了湯顯祖，用這題材寫成「紫釵記」一劇，又以李益與霍小玉團圓作結局了；其後，他又改寫爲「紫簫記」又就原來的情節，寫成悲劇的結束，都很感人。離別是極動人的題材，所以過去有許許多多這一類的名作。

(3)老病死亡：呻吟病榻，頭暈肚痛，常使人感覺病的苦痛，鬢髮星白，氣力漸衰，使人感到老時的悲哀與空虛。由於老病，又會聯想到死；由死又會擔憂到死後種種未了的事，如父母的奉養，子女的撫育，丈夫的續絃，妻子的再嫁，以及未完成的著作，未竟全功的事業……等等。因此以老爲題材的作品，過去人常寫的是老病本身的苦痛，或少年時快事綺夢的追憶，以及老苦病苦以外人生的悲痛。多屬悲觀性的作品，多半充滿愁情愁味。如「漂泊病難任，逢人淚滿襟。」又如漢樂府婦病行，寫婦病瀕死，囑咐其夫說：

「屬累君，兩三孤子，莫使我兒飢且寒，有過慎勿笪笞。」

寫這個女人病篤時，還放不下對兒女的關切。又如儒林外史寫嚴監生病終正寢時的情形，老半天還伸着兩個指頭，不肯斷氣，家人紛紛猜測，或許有一些未了的事要叮嚀，有的說是爲兩件銀子未收回，有的說爲兩處田地，紛紛不一，後來只有趙氏了解他的心事，是爲着那一盞燈裏點的是兩莖燈草，怕浪費油，不放心。她就走去挑掉一莖。他登時沒了氣了。連一根燈草的小事，都難放下，說明由老和病引起人生的其他問題，遠比病老本身給人的苦痛更大。我們曉得陶淵明是一個非常曠達的詩人，但是他也有歎老的作品：

「憶我少壯時，無樂自欣豫；猛志逸四海，騫翮思遠翥。荏苒歲月頹，此心稍已去；值歡無復娛，每每多憂慮。氣力漸衰損，轉覺日不如。壑舟無須臾，引我不得住。前塗當幾許？未知止泊處。古人惜寸陰，念此使人懼。」（雜詩）

寫年輕時「無樂自欣豫，猛志逸四海」，年老時「值歡無復娛」，「氣力漸衰損」；表現老年人的心境與體力及自勉之意。又如蝴蝶夢一劇，寫寡婦的搧墓，希望墓土快乾，可以再嫁，以及莊子妻子的劈棺取腦，以醫新歡楚王孫的急病，雖然寫的是丈夫死後婦女的再嫁問題，其實也是在警悟世人，對老病而至死後的種種人生問題的解脫，這樣可以免除劈棺取腦的慘禍。唐朝盧照鄰因手足攣廢，不勝病苦，結果投水自殺，所作釋疾文、釋疾歌都是表現對病苦的感慨悲憤的作品。但現在年青人，對病痛的看法，或有不同。我過去在一位朋友那裏聽過這樣一個故事，有一位青年，願世界上的人都病死，只剩下他自己和一個漂亮的小姐作伴；還有一個少女是願生一場小病，而她的男朋友替他送來一束康乃馨，然後坐在牀邊慰問一番。這兩種關於病的想法都很美，不管是願人病死，還是願自己生病登仙，都很有情趣。持這種人生觀的，過這種生活的人，其處理病的題材，自然不同一般人，或能因病而寫出臥病中閒情，或與病魔爭鬥的文字。這也是對病文學處理的另外一格。還有針對老病的問題，研究保養方法的，發表駐顏之術，養生之道的文字，像嵇康養生論就是這一類有名的作品，現在報紙雜誌上也時見這種寫法的文章。死亡是人生幾種痛苦中最大的一種痛苦，事實上，也是人情中最難解脫的一種情感。以死亡爲題材的作品極多，絕命、悼亡、祭弔、哀輓、墓誌銘之類的詩文，都是對「死者或死亡」，哀悼悲傷慰解的文字。其實，對於死亡的事情懷懼與苦痛，是從人天性來的。親友的死亡不必說，直接感受到打擊，悲淚盈眶，苦痛酸心，自然能夠流露出眞摯動人的感情。如韓愈祭十二郎文、袁枚祭妹文、朱自清給亡婦，都是回憶往事，直寫摯情的文字，所以感人極深。一般爲應酬作的祭弔哀輓的詩文，文字固然典雅哀惻，然無眞感情，則不免流於虛僞的形式了，要看看昔人的作品，就可以套作。在文學上，死亡是構成悲劇的主要的題材之一。蓋在小說或戲劇中，代表善性的人物的死亡，常能予人極深的感染，不禁爲之灑下同情之淚。亞里斯多德說：「悲劇，在喚起恐怖和憐憫之情。」死亡自是作爲悲劇的最佳的題材。中外文學作品選取主角的死亡爲製造悲劇的結局或高潮的極多，如曹雪芹紅樓夢的高潮，在林黛玉的死；莎士比亞鑄情記的結局，在羅密歐與朱麗葉的死；小仲馬茶花女，由茶花女的憂傷悲切而死，作爲這部小說的開頭，引起亞猛與茶花女的愛情故事；都寫得非常悲傷動人，讀者及觀衆的淚珠，也因此滾流而下。現代演恐怖故事的電影，也常用「死亡」題材，來增加恐怖的氣氛，神秘的情節。

㈣自然性的題材：人類是從自然界中出來，對自然的純樸恬靜，優美秀麗，可說出於天性；同時自然景物，常使人的身心得到休息、寄託、鬆弛，可以洗滌我們心靈的塵垢，忘記人世的煩囂，平日工作的勞累了。對自然界的美景勝物，花月山水，常成爲人類欣賞的對象，文人寫作的題材。可是一般人對自然美與文學的關係有一種看法，以爲風花雪月，鳥獸山水之類的自然景物是美的，寫作這類題材的詩文，就應該專尚辭采，極力雕琢。如隋李諤上文帝書所說：

「競一韻之奇，爭一字之巧；連篇累牘，不出月露之形；積案盈箱，唯是風雲之狀。」

這種以美辭麗藻，嘲風雪，弄花草，美誠美矣，然而也就走上俗濫空洞的路子。我們處理這類的題材，不應專尚文詞，還要注意感情、思想、學識與自然景物的配合表現。同時還要注意把握住每一地一時最美妙有名的風景來寫，作者的人格與遊賞時的心情與感想，也都可由寫景表現了出來。山水的景色，農村的生活……以及一地的故蹟與建築、地理、風俗、民情、傳說、故事，也都可以寫入。當然也可專以學理知識去寫自然物的，走上比較專門性的路子，如歐陽修洛陽牡丹記，記花的品類，記花名的由來，記遊宴貢花的盛事，及接植栽種的方法與道理。此外，一般文學作品中，常借「自然之景」，作描寫人物生活的背景，作比喻襯託情感與思想的工具，像「王冕的少年時代」一文中，吳敬梓就極力描寫雨後七泖湖的景緻及荷花的美，作引起王冕學畫的動機，以發展故事。

㈤社會性的題材：自古到今，在我們人類所處的社會上，有許多問題發生，也可以說社會有許多病態，人性有許多缺點存在。主要的社會問題，有政治、家庭、婚姻、職業、人性、教育、社會風氣、國民經濟、……種種問題。人性有惡的一面，貪婪、卑劣、齷齪、虛僞、殘忍、……就拿美國來說，嘻皮、黑人……都是社會和人性的問題。我們台灣也有養女、色情、少年犯罪、升學困難等社會問題未決。對這些社會問題，探究其解決的辦法，就有許多論說及方案計劃的產生，這是以社會人性爲題材的一種文字。在文學方面，以社會、人性的種種問題、種種形相爲題材，加以描寫，也爲許多人所愛讀。其處理表現的方式有五種：

(1)提出問題：這種方法，只是把社會上的腐敗、齷齪、不合理的病狀，據實寫了出來，不開藥方，不加批評，讓病人（社會）自己覺醒，自求預防及治療的方法。如孔雀東南飛，僅是提出當日由父母干涉青年婚姻問題，造成悲劇的結局，用以警戒世人。我國許多警世、醒世的小說，多持這種方式來寫故事的。挪威作家易卜生所作各種社會劇，多屬這類作品。像羣鬼一劇，寫阿爾文夫人受不過丈夫的氣，跑到牧師那裏，請敎辦法；但是牧師却敎訓她一頓，說她不守婦道，不守三從四德。可是阿爾文丈夫，專在外面偷女人，那位牧師却認爲這是男人常有的事，不足爲奇，而勸阿爾文夫人回去，盡她的做太太的天職，守她的婦道。可是她的丈夫仍在外面胡搗亂來，阿爾文夫人只好設法盡力將他覊纏在家。後來她生了一個兒子，她怕他學他父親的壞榜樣，到了七歲，乃將他送到巴黎。她一面要哄她的丈夫在家，一面要在外面替她丈夫修名譽，一面要騙她兒子說他父親是怎樣一個正人君子。這種情形過了十九年，她丈夫才死去；她又花許多錢，造了一所孤兒院，作她丈夫的遺愛。孤兒院造好了，將她兒子喚回來，參加孤兒院落成的慶典。誰知她的兒子從先天就得了他父親的花柳病毒的遺傳，得了一種腦腐病，到家沒有幾天，那孤兒院被火燒了，她兒子的病也發作了，腦子壞了，成了瘋人（以上本事，取自胡適先生易卜生主義一文）。這劇顯示虛僞的禮教的箝制下，產生的家庭的悲劇。作者只是赤裸裸把這個家庭與婚姻的問題，借劇中人的對話表現了出來，使讀者與觀衆，深有所感，覺得需加改進與避免。

(2)評擊諷刺：對社會的弊病，人性的醜惡，採取評擊諷刺的方式來描寫它。如吳敬梓的儒林外史，對明清的科舉制度及當時的種種陋俗時事，士人的鄙性僞跡，加以深刻的諷刺、指摘、評擊。如寫湯知縣請客時，范進因母親過世，守制丁憂，不敢用銀鑲的杯箸。湯知縣趕緊叫人換了一副磁杯象牙箸來，范進仍不肯失制動用。後來只好給他換了一副白色竹筷子來；於是他就安心大吃葷酒了，在燕窩裏挾了一個大蝦圓子，送進嘴裏。這是暗諷那些講形式的僞君子。此外，述王玉輝逼他的女兒殉夫而死，爲求立貞節牌坊，與有榮焉，但當入祠建坊之際，却不免心傷痛哭。刻畫出他們那可憎的面目，可鄙的心性，並暗寓譏諷針砭的深意，使世人發現了他們的面目心性，而唾棄了他們。

(3)譴責揭露：這是將社會的種種黑暗的內幕，人性的鄙劣點，時政的弊惡處，嚴加糾彈揭露，似和諷刺評擊方式相類，但辭氣浮露，筆無藏鋒，甚至過甚其辭，多加渲染，迎合讀者的心理。報紙社會版上離婚、凶殺、騙詐、貪污、桃色糾紛之類新聞，都是這類的題材，能給人强烈的刺激。小說中，如：清末李寶嘉的官場現形記，吳沃堯的近二十年目覩之怪現狀，專在評擊披露官場中的貪污、賣官、奉迎、鑽營、欺詐、朦混、荒謬、昏庸的醜事劣蹟。但這種寫法，寫的不好，易流於只有黑幕，而沒有藝術，結果成為低級的趣味，於是在其中只看到欺騙、齷齪、卑鄙的種種事蹟；無恥無知的人，更易引發他的劣根性，增加他作奸犯科的知識，使社會更加混亂，風氣更加敗壞。現在兇殺、色情案之多，報紙上社會新聞的渲染，首先應負其責。

(4)提出理想與意見：許多關心國家社會的作者，看見社會上有許多問題存在，自己又有個人的理想與看法，主張與意見；因此散文中就有許多意見正確的莊論，富有趣味的漫談產生了；但也有許多作者借小說的形式來表現的。像李汝珍的鏡花緣，劉鶚的老殘遊記，屬於這類的作品。胡適先生說：鏡花緣的結構，很有點像司威夫特（Swift）的海外軒渠錄，是要想借一些想像出來的「海外奇談」來譏評中國的不良社會習慣的。其中最著的有婦女的纏足問題，借林之洋到女兒國，被選作王妃，被迫化妝、穿耳、纏足的痛苦，來反映當日女子的種種苦痛，認為這種風俗應該廢除。又如認為當日算命合婚的不合理，不可信，提出意見，認為為人父母應該洞察合婚之謬，應以品行、年貌、門第相當為重，這樣才可以對得住兒女。他又認為女人應該和男子一樣有同等受教育、參加考試，主持政治的權利。又借兩面國强盜押寨夫人的事，批評並反對男女貞操的兩面標準。强盜想收唐閨臣為妾，他的押寨夫人就打了他四十大板，且訴說：「假使我要討個男妾，你可歡喜嗎？」她又說：「將糟糠之情，置之度外，這是强盜行為。……我不打你別的，我只打你只知有己，不知有人，……把你打的，心裏冒出一個忠恕之道，就是己所不欲，勿施於人。」這都是提出理想與意見，來處理社會問題的題材的最好的例子。現在作者多選擇表現人類的善性，社會的光明面，作爲寫作的題材，目的使讀者在文學作品無形的薰陶下，使他們了解什麼是善，什麼是惡？什麼是對的，什麼是非的？促使社會進步，而消除了黑暗；人性向善，而洗淨了罪惡。現在，光啓社製作的電視劇，也可說是這類典型的解決社會問題，淨化人類情性的作品。

(5)用寓言寄託的方式，來諷喻世人，批評社會問題的。如聊齋志異中「席方平」一篇，借陰間的城隍爺，閻羅王受人賄賂，判案不公，使窮人告發無門的例子，暗喻人世的法官，亦多類此。後來告到二郎神。二郎神才爲他主持正義，肅清吏治，城隍爺、閻羅王都因此判罪。暗示政府也應該隨時注意地方官吏的爲非作歹，整頓政治問題。用寓言寄意的形式，來諷喻世人，批評時事，因爲採用的是故事或小說來表現，容易爲人接受，達到諷勸諫戒的目的，作者也可因「言之者無罪」，而避免因言賈禍，獲致罪咎。可是也有缺點，就是也容易被人所忽略，以爲這是一篇普普通通的趣味性的故事或小說，而忽視了它寄託的含意，減低了諷喻的效果。

㈥愛情性的題材：根據心理學家的看法，情緒的湧動是由於受到外界刺激而產生的。某種刺激就會產生某種情緒。這種的刺激，有成千成萬種。普通刺激，像一陣和風，會使人感到愉快；幾天淫雨，會使人感到沉悶。深一點刺激，像旅途深夜裏聽到火車輪船的嗚嗚的尖叫，會引起淒清的鄉愁；一個親人過世，會使人悲慟欲絕；國家危亡當頭，會使人激昂慷慨，視死如歸。不同的刺激，會使人產生不同的情緒變化。這是什麼原因？情緒雖然屬於心理的活動，可是當我們情緒激動的時候，卻會影響到生理，使生理發生變化。所以當我們受到外界刺激或打擊時，即產生某種情緒，這時生理就會產生種種變動，譬如歡樂時會心跳加速，呼吸急促；憤怒時會面紅耳赤，手脚抖冷；悲傷時會四肢軟棉無力，淚腺分泌淚水。這種種生理變動，使我們心理上有了喜悅或憤怒，快樂或哀傷，愛慕或憎惡，恐懼或憂鬱，妒忌或寬容，緊張或鬆懈，……種種感受。當感受深時，又促使我們用種種方式，把情緒發洩或表達出來。比如憤怒的時候，可能怒眼相視，也可能破口大駡，也可能出手打人，也可能用力痛拍桌子，或砰砰澎澎大摔碗盤；但也有人把這種憤怒不平，發洩於筆墨中。古人所謂「物不平則鳴」也。這種情緒的發洩與表達，却又會給旁觀者第三者刺激，使他激動，使他共鳴。如愉快是一種情緒；你由於心情愉快，面露微笑，你的微笑却會給他人一種快感；又如痛苦是一種情緒，當痛苦時就禁不住要痛哭流涕，這種哭泣也會給他人一種悲傷的感觸。感情性的文學作品，就是讓作者把他的情緒一一發洩於文字間，所謂「動乎其情，而見於其文。」當他流連風月，見花豔，聽鶯囀，就要抒寫他的歡樂；內有憂思感憤，外而窮愁潦倒，就要自鳴他的不幸；讀者讀了，因此隨之喜悅、悲哀。所以說文學作品可以「安慰人，娛樂人，使人悲傷，使人憐憫，使人夢想，使人發笑，使人戰慄，使人哭泣。」這完全由於情緒的刺激與共鳴的作用。花落鶯啼，可使詩人產生惆悵感傷的詩篇，戰爭離散，可使文士寫下悲壯慷慨的文章；我們讀了這一些作品也就隨着感傷惆悵，激昂慷慨。所以說强烈的情緒，是感情性的作品中必須具有的因素。愛情，是人情中最强烈的一種情緒，也是在人類的倫理道德中最崇高的一種情緒，在前人的作品中，以愛情作題材的也佔最大的數量。愛的感情有對國家、父母、丈夫、妻子、兒女、愛人、朋友、家鄉、祖先、上帝、自然萬物種種不同的愛，因此，有種種不同的抒情的詩和文。一般說來，愛國是萬世不變的大道理，尤其當國家危急存亡之秋，看將士壯烈犧牲，戰死沙場，家園破碎，親人離散，同胞慘被殺戮，有幾人不悲憤，不落淚，不激動；以熱愛國家民族的精神爲題材，也往往成爲傳世的名作。像文天祥正氣歌，抒寫他自己被元人囚禁獄中，寧死不屈的愛國家的情志；法國小說家都德的最後一課，藉法國阿色司省割給德國之後一個小學生對故國語言文字的愛戀，寫出戰敗的慘痛，以激厲法人的愛國心。或抒其情，或述其事，這都是表現堅强的民族意識及熱愛國家的精神與感情的作品。父母與子女間的親情，出自天性；父慈子孝，是我國聞名世界的美德；像謝婉瑩的母親，朱自清的背影，都是描寫感人的父母對子女的愛心。孔融思子詩，抒寫他悼念愛子的情感。蔣士銓鳴機夜課圖記，紀念母親劬勞地教養他長大學成的事蹟與愛心。至於寫兄弟的友愛，有敍兄弟和睦相處不爭互讓之情，如今古奇觀中的「三孝廉讓產」一篇就是；也有諷刺兄弟不能相容的作品，如曹植的七步詩：「萁在釜下燃，豆在釜中泣。本自同根生，相煎何太急。」用述受其兄曹丕迫害的心情。寫朋友間愛情的，以贈答、送別、規勸、責善、懷念、哀悼、遊樂、酬唱等題材爲多，像李陵與蘇武間的贈答詩就是。男女、夫婦間的愛情，是非常濃郁深厚，綺艷纏綿的，青年時期最嚮往憧憬的是這種感情的生活，最喜愛閱讀的是這類言情的作品。過去文人有的用悲歡曲折的情節寫戀愛故事，用纏綿宛轉的文詞寫相思閨怨，用哀艷悲傷的筆墨寫離別悼亡。還有寫犧牲生命的殉情，寫多角關係的畸戀，寫男貪女愛的人慾。我國戀愛文學因受儒家倫理道德及詩敎溫柔敦厚的影響，所以情感的表現常受理智的約束，以多角關係、縱放人慾為題材的作品，則不多見，所表現的男女之情也比較婉轉含蓄，不如西方之熱情大膽。但民國以來受西風的影響，男女戀愛與結合的方式，也逐漸蛻變，所以現在對男女愛情的題材的處理方式，也就隨開通的風氣，而有不同了。朱自清悼亡婦是抒寫他對亡妻悼念的佳作。曹雪芹紅樓夢寫賈寶玉與林黛玉、薛寶釵悲劇性的愛情故事。郭茂倩樂府詩集清商曲辭中所收吳聲歌辭，像子夜歌、子夜四時歌之類，完全是東晉宋齊間的情歌，用短詩的形式，抒寫男女戀愛過程中之種種情態。這類作品是不勝枚舉的。對家鄉的愛與懷念，在羈旅客地時，也常將鄉思、旅愁，訴之翰墨，憶念家鄉的風物、往事與親友；像謝冰瑩的故鄉、葉紹鈞的藕與蓴菜等是。對祖先的敬愛，我國文人常有述祖德之類詩歌。對上帝神明的謨拜禮讚，西方人有宗教性抒情詩，我國也有祭祀時用的頌詩。對自然萬物的愛，也有因接觸自然的風物，而誘發感情，而抒寫了出來。愛情性的題材，一般多用抒情詩或抒情文來表現，當然也可以用小說或戲劇來敍述搬演的。

㈦歷史性的題材：我們從唸初中就接觸到歷史這學科；從它的內容，我們知道歷史是一門記述人類過去生活事蹟的學科，記載一個國家的興亡，文物的變遷，典制的沿革，風俗的轉移，經濟的發展，及戰爭的始末，或記敘代表一時一地的政治家、軍事家的功業，文士詩人的著作，哲人學者的學說，奸邪人物禍害國家民族社會的事，以及特殊人物的才力和技藝，………。歷史使我們了解我們的國家以及整個世界的過去的事蹟；由前人得失成敗，使我們知道，我們這一代人應該怎樣努力才對。在歷史上，那些可歌可泣的事，可以振奮人心；那些罪惡敗亡的事，可以警戒後世；前賢的奮鬥努力的精神，待人接物處事的道理，可以訓勉今人。所以作家也常常演化史事，成爲詩歌、散文、小說、戲劇。因此，對歷史的評價，就有史論之類散文產生。像賈誼過秦論，就是評論秦朝的滅亡，在於不施仁義。柳宗元封建論，就在論述歷代封建制度的演變與得失。對故國勝區的興衰及昔賢前人的成敗事蹟的感慨悲歎，懷念宗仰，就有懷古詠史的詩歌文章的產生。像高適古大梁行就是寫他經過大梁城（今河南開封）時候，感慨戰國魏公子信陵君全盛時代已成過去陳跡的作品。陶潛詠荆軻詩，就是寫他對荆軻入秦，謀殺始皇帝失敗，讚歎與惋惜的作品。蘇軾念奴嬌詞，就是詠漢建安十三年（二〇八），赤壁之戰，周瑜用火攻，大破曹操一段史事的作品。其詞說：「遙想公瑾當年，小喬初嫁了，雄姿英發，羽扇綸巾，談笑處檣艣灰飛煙滅。」而蘇軾的赤壁賦，也是由憑弔勝景，而緬想當年曹孟德「破荆州，下江陵」「舳艫千里，旌旗蔽空，固一世之雄也，而今安在哉？」而寫他的舉酒相酹，寄情天地的襟懷。由上面作品，我們知道寫這些「發思古之幽情」的詩文，首先要注意到的，就是對過去的史事要眞正地了解，然後才能寄託自己的思情。至於故事、小說、戲劇，取材歷史，演義、改寫、新編而成的作品極多。小說短篇的，如陳鴻長恨歌傳、樂史楊太眞外傳，寫唐玄宗、楊貴妃的愛情故事，寫貴妃入宮，楊國忠弄權，安祿山造反，馬嵬坡六軍的譁變，貴妃的賜死，後來玄宗的懷念，道士爲他求仙等事，紀載頗詳細生動。杜光庭虬髯客傳，寫李靖、紅拂女與虬髯客相遇，同往見李世民，虬謂李爲中原眞主，便推資產與李靖，使幫助李世民成事，自去海外建立扶餘國。長篇小說，如羅貫中三國演義，褚人獲改訂隋唐演義（羅貫中著，原名隋唐志傳），余邵魚東周列國志（馮夢龍改編）。戲劇，如紀君祥趙氏孤兒，演述春秋晉靈公時，屠岸賈殺害趙盾一家三百口，後來趙盾的孫子趙武大報仇的故事；馬致遠漢宮秋，演述漢元帝時昭君出塞和番的故事；白樸梧桐雨、洪昇長生殿，演述唐玄宗與楊貴妃事。這一類作品的題材，都是根據歷史來的。這一些取材歷史的作品，處理剪裁的方法，有的是忠於史實、時事與傳說，不失歷史的原面目，像東周列國志、長恨歌傳、楊太眞傳、梧桐雨之類是，處處徵實，可作信史讀。有的不過是借歷史人物作線索，而以己意自由編寫，像虬髯客傳的內容大多杜撰，蓋在唐僖宗時，有黃巢及藩鎭之亂，這不過借虬髯客欲與李世民爭天下的事，說明「唐有天下，乃天命所歸也」，而企圖影響當日思亂者的心理。還有雖然寫的是史事，可是却摻入作者主觀的安排，因此與史實略有不同出入的地方，這像趙氏孤兒、漢宮秋、三國演義的情節，都是根據史料，可是却有許多地方是附會、歪曲史實的。就拿三國演義來說，是我國最著名的一部歷史小說。他是依據陳壽撰、裴松之注三國志，宋元人的平話（如全相三國志平話），元雜劇（據傅太興元雜劇所錄搬演三國故事的劇目，就有四十餘種之多），以及更多的民間的傳說，鋪衍而成。全書從東漢末黃巾賊作亂，劉、關、張三結義寫起，中經董卓專權，羣雄割據，魏蜀吳三國紛爭，至晉滅吳，統一天下爲止。但因作者羅貫中特別同情蜀漢，因此寫劉備這一邊的人物，大都向好的方面描寫，因此劉備就變成了特別仁慈愛民，能禮賢下士，信義著聞天下的人物。至寫曹操一邊的人物，就往往歪曲了史實，向壞的方面描寫，因此曹操也就變成了奸詐妬賢，手段狠辣，僭上害民的奸雄了。所以章學誠在丙辰劄記中，就病其「七實三虛，惑亂觀者」也。不管怎麼樣，我們寫這一類以歷史爲題材的演義作品，必須注意一點，必須表現出歷史原有的面目。在三國演義這部小說裏面，作者成功的透過機趣橫溢的文字，分析和描寫了正史上三國時期中，魏、蜀、吳三方面在政治、軍事上的各種矛盾與衝突，使讀者在閱讀趣味中了解當日歷史的發展。

我們就舉在赤壁戰後，孫、劉兩方一段關係，來說明作者處理題材安排情節的方法吧。赤壁之戰時，孫權和劉備是同心抗曹的盟友。戰後不久，劉備爲荆州牧，孫權、周瑜都對他起了戒懼。蜀書先主傳說：權稍畏備，進妹結好。劉備到京見權，此時周瑜就上疏勸權留備說：「劉備以梟雄之姿，而有關羽、張飛熊虎之將，必非久屈爲人用者。愚謂大計，宜徙（備）置吳，盛爲築宮室，多其美女玩好，以娛其耳目。分此二人（關、張）各置一方，使如瑜者得挾與攻戰，大事可定也。」孫權以曹操時在北方，認爲應利用劉備作屏蔽，對抗曹操，所以沒有採用周瑜計策（事見三國志吳書周瑜傳）。由此，可見當日孫、劉關係的矛盾地方。三國演義把這兩段史實聯結起來，把它寫成孫權與周瑜通謀，設計利用孫權的妹子爲餌，賺騙劉備到東吳成親，而乘機幽囚劉備，結果中了諸葛亮錦囊妙計，於是「賠了夫人又折兵」，大大歪曲了正史，但他對於孫、劉雙方的矛盾關係，正是恰恰好將它寫了出來。就是孔明借箭一段，周瑜因孔明識見勝過他，怕將來爲江東禍患，所以令孔明造箭，目的是想尋事殺害孔明，以爲江東除去將來的大敵，所表現也正是這種矛盾的關係，——

雖然合作，但仍暗中傾軋。

所以說寫歷史小說，雖不一定忠於歷史的細節瑣事，但却必須不違反當日歷史的內涵與重要的事實。反之，如果隨意割裂創製，勢必面目全非，那就不是演義性的歷史小說，而是純創造新編的作品。尤其是現在報導性的歷史小說，更要忠於事實了。像吉村昭零式戰鬥機，就是這類的作品。我們爲歷史人物作文學性傳記，更應注意史料的眞實的問題。以歷史爲題材，必須先對這段歷史有確切的理解，然後才可以下筆；所以對史料的蒐集是處理題材首先要下的工夫。其次是寫作態度，傳記性、懷古性、評論性的作品，必須完全忠於史實；演義性的作品，雖然不必完全符合史實，可是仍然應該忠於歷史內涵的精神與重要的事蹟。創造及改編性的作品，則可以自己的意思，自由安排。因文學家不是史學家，所以作家雖選取歷史爲題材，其表現仍應著重於文學趣味，以動人的文筆去撰寫。

(八)學理性的題材：人類求知的欲望，是與生俱來的。我們從小就對許多問題發生興趣，要求了解。看見弟弟誕生，小孫子會問他們的媽媽說：「弟弟是從那裏來的？」看到家中許多東西，他就會問：「爸爸，這是什麼？」「叔叔，那是什麼？」「姊姊，這做甚麼用的？」求知的欲望，隨年齡而增長，宇宙間我們所不了解的事物多得很，人人對於自己不了解的問題，多少都想了解它。我們了解了日常接觸的人事物，又要了解自然環境，了解生活內容，了解道德，了解人生，了解各種專門性知識。人類世界，就靠這不斷求知的欲望，促使它進步，所以有關各種專門學術的著述，由專門學者根據各種學理不斷寫成，貢獻人世。至於短篇專門而通俗性的文章，如談肺病、談婚姻、談生育、談遺傳、談插花、談茶道，談藝術，談音樂，也是靠專門學識、學理寫成的作品，學問淵博的文學作者也常常撰寫這類的文章，多半運用深雋趣味的文字來表現它，使讀者能夠在輕鬆閒適不花腦筋的狀態下讀完它，吸收了寶貴的專門知識。如培根散文集中許多文章都屬於這類的作品。此外一般的論文，如談政治，談教育，談經濟，⋯⋯⋯⋯之類問題，或報紙上的社論，個人的意見、方案之類，也都是屬於專門學理性的文字，然而却未必是有文學價值的作品。

四、散文的新界說

方祖燊

「散文」這種文體，由來很久了。曾國藩認爲三代兩漢的古文就是散文的高曾祖。散文，雖興起得很早，但因包括的範圍最廣，而且內涵隨時代而變更，所以它的界限、特質却是最難分辨得清楚。過去所謂散文，旣是指和駢文對稱的文章，又是指和韻文對稱的文章。

在沒有說明過去散文的界說以前，我們先解說駢文是怎麼樣的一種文體。在漢魏時代，曹操父子崇尚文學，駢文於是興起，盛行於南北朝。駢文是一種講究四六句法、對偶文辭、平仄相間的文體。到了唐朝，由於韓愈、柳宗元反對這種只重駢儷形式而缺乏內容的文學，提倡改革回復爲秦漢的古文，——這就是後代所謂「散文」。它是跟駢文相反，不受一切「聲律」「句法」「對偶」形式的羈束。據清桐城派散文家劉大櫆在「論文偶記」裏的說明，可以知道作散文的準則，是以「神氣」行文，講究「自然」；字句的長短，聲調的抑揚高下，以及辭義的排比，都沒有一定的規律，只要求參差而多變化，用字用詞一定要自己鎔鑄，不用古人的陳語。過去的文章，都不出於這駢、散二類。但是現代語體文學中的散文，跟過去文言文學中的這種散文，在寫法的準則上說，大體相類；但在性質與範圍上說，已經略有不同。過去的散文可以包括小說；現在的散文却已經不包括小說在內（小說已經從散文駢文中獨立出來，成爲與散文並立的文學），範圍稍窄。過去的散文，是和駢文對稱；現在語體文學中的散文，却已因沒有駢文這類文體，所以性質也略有變動。

其次，我們再解說與散文對稱的韻文。世界各國都認爲有韻的文字是韻文，無韻的是散文。各國的文學作品，粗略的大都是這樣的畫分爲兩類。他們是從文字排列的形式上說，韻文有一定的規律聲調韻律，所以又稱作律語（Verse），以詩歌爲代表；散文是沒有規律可說的，以小說爲代表。我國過去有韻的詩歌、詞曲、辭賦、頌贊、箴銘、哀誄、祭文都是韻文；無韻的小說、論辯、序、跋、史傳、雜記……等等，都是散文。這種以「不押韻」來定「散文」的界限，原是很妥當的。但是現代不押韻的小說、話劇，都已經另立門戶，不包括在散文之內；而且在詩歌中也有不講韻脚的詩。所以在語體文學中，散文若專從押韻不押韻爲標準，也是不恰當的。

總之，關於現代散文，我們必須也應該給它另下一個新的界說。

散文，既沿用舊的文體名稱，當然也受著這個名詞傳統涵義的影響。說文林部：「散，分離也。」是取它的「離散」的意思，原與駢文相對；又以過去世界各國文學作品來看，散文是指無韻的文字，與韻文（詩歌）相對。所以從歷史性的涵義上說，現代所謂「散文」應該是指無韻而句式不整齊的文章。可是現代散文又受時代意義的影響，所包容範圍與過去不同；如果從時代性上說，現代所謂「散文」，應該把「小說」與「戲劇」除外。因此，可以對現代散文下一個最簡單的界說，就是：

「散文，就是無韻而句式不整齊的文章；除小說、戲劇外，議論、抒情、說理、敍事、記物、寫景、傳人、應用等文字，都可以說是散文。這種散文，從寫法上，又可分爲二種：一種是文章性的散文，一種是文學性（即文藝性）的散文。它們的作法各有所偏。文章性的散文，必須做到『言之有物』『載有道理』，有實用的價值；文學性的散文，必須求臻於『有欣賞價值，能使人產生美感的最高境界』。」

這裏所說的文章和文學兩個詞，我覺得可以用蔣伯潛氏在「文體論纂要」中的譬喻來說明。他認爲文章猶如用磁土製成的飯碗、菜盤、酒杯、茶壺，文學猶如磁製花瓶。碗、盤、杯、壺，這些磁器都是用來盛東西的，而所盛的必須是有用的東西，如飯哪，菜啦，酒哇，茶呀，而且這些東西又要做得可口，有營養。磁花瓶雖也有所盛，而所盛的却是花兒，只供人賞心悅性罷了，所以要插得好看而藝術。文章和文學都是用文字寫的，但寫文章必須「言之有物」，所言「物」又必須「載有道理」。從前散文家有「文以載道」的說法，平心而論，不能說他們講錯話。所以我們作文章性的散文，也是這樣，必須有所言所載，一如杯盤碗壺之類的磁器有所盛一樣。但這裏所謂物與道，不是指骨董店中的古物，也不是指前賢昔聖之道，而是指作者文章中所傳的人，所記的物，所寫的景，所敍的事，所抒的情，所說的理，所議的論；而在這些「人」「物」「事」「情」「理」「論」之中，載出了從作者的思想之海、情感之泉中流出的「道」，是代表每一位作者「見仁見智」的道。這種物與道，讀者看了讀了，必有所獲、所得。至於文學性的散文，也有所言；而所言之物，却要注意到美。這猶如磁花瓶不單本身講究色澤、描金、式樣、圖案的藝術美，而且瓶上的花也要插得能動人心魂；所以它不在於能給人實用的東西，而在於能供人欣賞，給人美感、快感。

文章性散文，是普通一般的傳人、記物、寫景、敍事、抒情、說理、議論、應用的文章，能够做到辭達意舉，明晰精采，能够充分表現出作者的觀點看法也就够了。文學性散文。則偏於用想像力與觀察力，用精鍊峻拔的文字來表現它。在這類文章中，充滿着文藝的氣息。作者需要有高度的文學修養，以一刹那的靈感，去捕捉最深的情、最美的景、最精采的事、最透澈的理；用七寶玲瓏的藝術家的筆，作動人的描寫，在文字上放射出特異的光采，刺進讀者的心靈和頭腦，引起情感的共鳴與理智的覺悟。這種文學性散文，跟西方人所謂（Essay）之類的作品，可以相當。像培根（Bacon）、愛迪生(Joseph Addison)、斯蒂爾(Sir Richard Steele)、藍姆(Lamb)、斯蒂文生(R.L.Stevenson)寫的散文、隨筆、漫談，或研究問題，或表達見解，或刻畫人生，或發表學識，或描寫人物，或抒發情感；都寫得津津有味，優美感人。這種文學性散文，可長可短，內容自由，不受任何束縛，成為有特別風格、耐人欣賞的文字。各家文學性散文，給人的感覺也不同；有的非常空靈，有的是非常警拔，雋永、瞻雅、瑰麗。而他們解釋人生，記敍事情，推論道理，描寫風景，介紹人物，抒發情感，都有作者的個性與風味存在。這種文學性的散文，「美」是它的第一義。近三四十年來，文學性散文已逐漸成為獨立的文學。它和新詩、小說、戲劇等並稱為新文藝。

五、散文的體類與作法

甲、遊記文學

方祖燊

人類，是從自然界中出來，對自然的喜愛，可說是由於天性。住在農村中的人們，喜愛自然的純樸恬靜，優美秀麗，自不必說；就是住在城市中的人們，也欣賞大自然的美景，時常高呼回到大自然的懷抱。像在春天花季裏，人們的結隊郊遊；在清明時分，上墓踏青；在夏日豔陽下，湧向溪河江海，嬉水弄潮。又有許多佳節，像端午的看龍舟，中秋的賞月，重陽的登高；此外像遊園、爬山、滑雪、露營；這一切都在接近自然，欣賞自然的美。因爲自然景色能使人的身心得到休息、安慰、鬆散，可以洗滌心靈的塵垢，可以忘却人世的煩囂，及平時工作的勞累啊！所以孔子說：「智者樂水，仁者樂山。」實在有道理啊！

一、遊記文學的發展

由於人類本來是生活在大自然中，對自然美的欣賞，論理應該很早就成了寫作的題材與對象；但是因爲受文學本身發展的限制，所以古代的文人很少專爲欣賞自然，而描寫自然；在先秦的文學中，也就找不出專門描寫景物的作品了。孔子說：「學詩可以多識鳥獸草木之名。」可見詩經涉及自然景物的地方不少；可是查詩經除葛覃篇第一章寫景外，其他的寫景都只不過是借自然之景，作描寫人類生活的背景，或作比喻，襯託情感與思想的工具罷了。例如：

「昔我往矣，黍稷方華；今我來思，雨雪載途。」（小雅出車）

這寫出征的軍人回來時的傷情。從前，我走了，黍稷剛剛開花；如今，我回來了，已是白雪飄滿路上的時節，悲傷離鄉長久的感情，在今昔不同的景色中表現了出來。這種借景襯情、起興的詩篇，在詩經中特別多。人的情思和自然的動靜聲息，常常交感共鳴。自然界的景色，常用作人們內心的活動的象徵。這種寫景的方式，成了後代詩文小說中常用的藝術手腕。

眞正拿自然界的景物做題材的作品，興起得比較晚一些。漢賦中雖然有寫景的地方，但是賦家專事文辭的修飾，如班固兩都賦、張衡三都賦，以都市爲中心，寫山川的形勢；司馬相如上林賦、揚雄羽獵賦，敍天子的遊獵，用自然作背景；其中模山範水，寫物圖貌，都是極盡鋪陳的能事。嚴格說起來，其處理方法，只是對景物作廣泛性及典型性的描繪。例如上林賦說：

「蕩蕩乎八川分流，相背而異態，東西南北，馳騖往來，出乎椒丘之闕，行於洲淤之浦，經乎桂林之中，過乎泱漭之壄，汨乎混流，順阿而下，赴隘陿之口，觸穹石，激堆埼，沸乎暴怒，洶涌澎湃，………。」

寫諸水流經山間、洲浦、林中、大野，疾速混流，順山阿，赴隘口，觸大石，激曲岸，沸騰怒響，洶湧澎湃的各種形狀聲勢，都是典型性的描寫，任何一條急流大河，都可以有這一種景象。這跟現在學生作遊記一樣，不是說「一路上鳥語花香，風景宜人」，就是說「山巒起伏，麥浪迎風」。這一種賦中兼及的寫景，只是那時候士大夫的干祿的筆墨，博識的地志罷了，不能算作眞正的寫景文字。

我國眞正寫景的詩文，是從魏、晋開始，建安諸子所作的公讌詩之類，可說是初期的作品。如曹植公讌詩：

「公子敬愛客，終宴不知疲。清夜遊西園，飛蓋相追隨。明月澄清影，列宿正參差。秋蘭被長坂，朱華冒綠池。潛魚躍清波，好鳥鳴高枝。神飇接丹轂，輕輦隨風移。飄颻放志意，千秋長若斯。」

雖然是一首遊宴詩，寫景却佔最大的部份。他描寫西園中夜景的美麗：明月放出清輝，羣星正在閃爍，秋蘭開遍長坡，紅荷冒出綠池，潛魚掠過清波，好鳥啼叫枝頭，把像彩畫似的美景一幅幅呈現在讀者的眼前，寫得非常靈動優美。這才是描寫欣賞自然美的作品，但是還沒有能完全做到寫一地景物的特色，抓住代表一地，一時最有名的、最美妙的景物來寫。不過，山水文學從此漸盛，晋孫綽、陶淵明、謝靈運的詩賦，北魏酈道元的水經注，東魏揚衒之的洛陽伽藍記都是在這種新風氣下產生的成功的作品。孫、謝用巧密的手法，刻劃山水的形勢；淵明用印象的手法，描寫田園農村的生活；揚衒之追記佛寺的建築與故蹟；酈道元詳敘各地的山川地理、民俗風情、傳說舊事，遊記文學才逐漸發展成了一種專體。

其實，所謂「遊記」乃是一個人在目觀心賞一個地方的風光之後，而將這地方的「自然美景，人文實況，以及個人的感想」記述描寫了下來，使他自己的遊蹤留下一點紀念的痕跡，正是「在雪泥上留下一爪兒雁影」，使沒有到過這地方的人，讀了你的遊記也能分享你的樂趣，可以從你的文章中，彷彿親歷了你的見聞。於是後人有的登山臨水，描寫麗景壯觀；有的吟風弄月，歌詠春豔秋色；有的因身逢佳節，而徜徉風光；有的因客遷邊荒，而寄情勝境；有飄遊萬里，而錄心影萍蹤；有出使列國，而載奇物異風；有留學海外，記所見與所聞；有觀光異域，述文化與文明；記遊的範圍逐漸拓廣。現在遊記文學不只限於自然景物的描寫，而且兼涉到人類文化各方面的報導了。

二、遊記的體裁

我國遊記的體裁，大略有下列幾種：有的用小品文體，如唐柳宗元永州八記、明袁宏道西湖雜記，都是一篇遊記寫一個主題，力求文字的精鍊簡潔，雋美有味；這也是一般作者最常用的一種寫法。有的用日記體，如南宋范成大吳船錄、陸游入蜀記，按日記他的遊事，多用寫長途的遊程，不只是記一時一地的風景。有的用雜感體，當我們流觀景物，心神沈醉，心境與物境常常融而爲一；這就是柳宗元所說到了「心凝形釋，與萬化冥合」的境界。這時作者要是能夠把這種「渾然忘我」或「物我交融」的情境描寫出來；而寫出來的就是「情以物遷，辭以情發」的遊記了。我的性格，我的情思，都沁進外界的物境中去了；外界的物境，又把我的情思，我的性格，再現了出來；在物境中，找回了自我。作者的人格、情感與思想，也都藉着這種寫法表現了出來，如宋朝歐陽修的秋聲賦、蘇軾的赤壁賦，今人已故的如徐志摩我所知道的康橋，前輩女作家謝冰瑩的愛晚亭，就是屬於這類的作品。近人更有用導遊體去處理遊記的，作者像一位導遊者，他用文字引導讀者去遊覽，一路上，把美景勝跡，介紹給讀者知道，幫助讀者欣賞。現代報紙雜誌，常刊有這一類遊記。

三、遊記的內容與取材

至於如何撰寫一篇遊記？該寫些什麼？這是很難用三言兩語說得明白的。該寫些什麼？過去名家是各有所偏；有的偏於記述事情，有的偏於描寫風景。像梁啓超的歐遊心影錄，就偏於記事，描述評介歐洲各國的政治、軍事、文化、歷史各方面的情形；像徐志摩、朱自清的許多遊記，就偏於寫景，多描寫一地的優美的風光，自己的感受。所以作一篇遊記該寫些什麼？我認為在撰寫之先，首要確定取材的範圍，然後才好下筆。遊記取材的範圍，可以從記述人類的文化與描寫自然的美景兩方面來着手的。二者的著眼點與寫作技巧是不同的。現在分述如下：

一、以記述人類文化為主的遊記：偏重於記事，可從經濟、政治、文化等觀點去尋找題材。從經濟的觀點看，可以介紹一個地方（或國家）的疆域面積，地形地勢，人口密度，特殊產業（農、礦、林、漁、畜牧、石油……），交通，工商業的發展情形，水利的設備，物價的高低，……等等。從政治的觀點看，可以介紹一地的吏治、財政、治安、社會風氣、選舉黨派、衛生醫藥、司法監獄……等等都是作遊記的好題材。從文化的觀點，可以介紹一地的教育設施（學校、經費、設備與成果），宗教信仰，不同的風俗（衣食住行、婚喪禮儀、職業工作、娛樂活動、歲時迷信），留存的古蹟（古物、建築、藝術品），文學、藝術及其他各種的成就等等。這種人文實況的報導，可以擴充讀者的常識，增加對各地方的認識與瞭解，也可作旅行的指導。尤其是交通與旅遊事業發達的今日，千里咫尺，東西隔鄰，遊記多用來介紹各地的文化與人民的生活，亦勢之所趨也。不過，遊記的記事也應講究優美生動，這跟撰寫一般的記事文不盡相同。

二、以描寫自然景物爲主的遊記：自然界的景物，如山水、節氣、天象、生物，都是寫作最佳的題材之一。一般人對於自然美與文學的關係，有一種特別的看法，以爲「風花雪月，鳥獸山水」之類自然景物是美的，寫這類題材的作品，就應該特別講究描寫的方法與修辭的技巧，所以又叫做「寫景文」。文人雅士，流連良辰，沈吟美景，作文紀遊，描寫勝境，大多是用美麗如畫，靈動如詩，宛轉而恰當的情辭，去描繪看到、聽到、感觸到的聲色形象。要表現的是自然萬象的美，所以作者應特別注意到「取景」問題；過去的文人，寫泰嶽的日出，黃山的奇峯，普陀的名刹，姑蘇的古蹟，大明的湖光，西子的花事，北方的雪原與平野，以及南國的秀麗明媚的水鄉漁村的風光，都是選取一個地方最精采、最美妙的風景入記的。寫各種自然景物要注意觀察與描寫的地方，各自不同。現將其要點，縷述如下，以供參考：

A、寫山：除了介紹山峰的位置、高度外，其他要觀察描寫的，有形態、色彩、聲籟。山峰的形狀姿態，由中國的山水畫，就可見出嶔奇偉麗，處處不一樣。有人說：「奇峰是移一步換一個形狀，秀水是隨流變更景色。」要想把山水的神態韻味寫出來，那是很難的；只有隨景變化，盡筆描寫，大概也可寫出七八成吧！所謂山的色彩，就是由山上的各種富有色彩的景物，如：樹木花草，雲霧泉瀑，巖石屋舍……等等所構成的瑰奇或清麗的景色。山的景色，不但隨景不同，並且是隨着氣候、光線（陰暗晴明，白天月夜）和遠近的不同而變化的。現在就拿「遠近」來舉一個例子，正如沈約所說：「近循則一巖異色，遠望則百嶺俱青。」他的意思，就是說：近看一座山，就是一塊巖石的色彩也有許多不同；若換做遠觀，就是百嶺千山，也不過是一片「青」罷了。所以對山色須仔細觀察，據實描寫。聲籟就是聲音，可以包括山中的雨落、風吹、樹搖、鳥啼、泉吟、瀑響、動物吼叫的種種聲音。描寫自然聲籟的文字，很少幾筆就够了，不要多。

B、寫水：和寫山不同，水是動的，山是靜的；動的變化多，難於捉摸，不容易寫好；所以寫水就要注意水的動態。寫山要注意形態、色彩、聲籟；描寫水便要注意水流的方向、河面的寬窄、水色、水景、水波和水聲。寫水面的寬窄，過去人多採用「估量」的語氣，如說：「河面不甚寬，兩岸相距不過十來丈寬的光景。」約略寫出它的寬度。寫山峰的高度，也多用這一種「約估」的寫法，如說：「山高萬仞」、「下臨百丈深淵」等等。現在因科學發達，人對數字的觀念逐漸嚴格，遊記的作家也常根據地理的常識，而用統計式的數字來寫了。如說「某河寬二百五十公尺左右」、或「玉山主峰海拔三千九百五十公尺，爲臺灣最高的山峰。」水色，水是透明的，色彩常隨其本身的流速、深度、水中物和日光、雲影、岸景而變，要用心觀察，把實際的水色寫下。此外要注意的是水景：一種是水中央的景物，像灘石的險惡，島嶼的矗立，水石的相激，船行的情形，倒影的美麗，水生的魚的泳態，沙棲的鳥的飛集，花花草草的點綴叢生……等等；一種是水外之景，如水邊岸上的花樹，巖石、屋舍、橋樑、村鎮、城市等等，常因地不同。還有朝烟夜霧，月夕黃昏，微雨濃陰，景色都時時刻刻在變換着，所以水景應該選取最精采的部份，最美麗的刹那，加以描寫。描寫兩岸、四周的水景，應以水流爲主，景物爲賓，以岸景渲染水色，寫岸景的時候，又必須時時連帶寫到水流的本身。還有水是流動的，它的波紋常隨風勢的强弱，水流的大小急緩而不同，有波平如鏡，有濁浪掀空，有漪漣的淸波，有湍急的怒濤，並無一定，都要用靈巧生動、細膩活潑的筆墨去描繪。還有對於水聲、水花的描寫，流泉、懸瀑、小溪、大河、長江、深潭、靜湖和海洋的水聲、水花，各各不同。水聲有的像千軍廝殺，萬馬奔騰，有的像環佩叮噹，彈箏敲琴；有的是淸越幽遠的聲音，有的是粗獷豪壯的聲音。水花有的像雪，有的似霧。我們應該用耳朶細聽，用眼睛細辨。寫水聲最好用狀聲詞，寫水花最好用譬喩法，給予確當而生動的描寫。

C、寫節氣和天象：一時的節令，像朱自淸的春寫春天，易家鉞可愛的詩境寫秋天；春天和秋天，原是抽象的；只有採用具體的表現法，將能够代表「春光、春情」「秋色、秋意」的種種景象抽繹描寫了出來，呈現在讀者的眼前；這樣，就是一篇好的作品。朱自淸就是從春天的山水太陽，小草花樹，鳥兒蟲兒，土氣草味花香，輕風流水，笛聲雨景，在雨天裏的行人、農夫，天晴時人們的生活，以及春天給人帶來的希望，來表現春天，描繪出了一個春天。至於描寫天象，像太陽、月亮、星星、煙霞、雲霧、風雨、雷電，還都是有實質和具象可尋的，我們的感官（眼睛、耳朶、鼻子、舌頭、皮膚）能够感覺得到的。例如：太陽、月亮的形彩光色，雖不易寫，仍然可以著筆。像李白的古朗月行寫道：「小時不識月，呼作白玉盤；又疑瑤臺鏡，飛在白雲端。」用「白玉盤」「

瑤臺鏡」來寫「月的形色」。像這樣的直接描寫天體的，只能說是描寫的方法之一；一般說來，這些天象大半也要藉他物來表現。如寫「月亮」，可寫在明月朗照下的種種景色與作者心境。描「日出」，可寫紅太陽從黑暗中出來前後的天空地面的種種光彩景色的變化。寫雲霧烟霞，則可以多著意於本體和有關的景物的描寫；因雲蒸霧集，烟飛霞彩，傾刻之間，變幻萬千，一定要聚精會神，攝其奇景，肆之妙筆！

D、寫生物：寫動物、植物，除了記遊的事情及感想外，另要著重「就物的描寫」。如蘇雪林記青島水族館，描寫水族館養魚池裏的種種海魚的詭質怪章，形形色色；如小默維也納之春，就描寫維城的出色的花兒的形態、顏色、香氣等是。

由此，可知遊記的取材不同，要寫的內容也就不同了。

四、遊記的作法

前人對於遊記，有一種誤解，以爲寫作遊記應該專尙文詞，極力雕琢，而忽略了感情、思想與學識的表現，濫用美辭麗藻，向壁虛構，因此寫不出眞景眞物，結果是「連篇累牘，盡是月露風雲之狀」，美固然很美了，可是也走上了俗濫空洞的路子。我們現在寫作遊記，要特別注意避免前人的這種錯誤，應該照實描寫景物，造辭要新穎靈動，切不可用套語爛詞。因爲套語爛詞，就是非常美，也自沒法兒表現出各地的不同景物的佳趣逸韻。梁任公說：「眞纔是美；所以求美先從求眞入手。」因此寫作遊記切重於實地觀察。不但觀察力要敏銳，而且還要像寫人物一樣的深入，沈醉在景物中，這樣才能發現一地景物的特性，才能够把眞景實物的印象描寫下來，決不可以臥遊虛構。要想寫出一地之景的特色與個性，寫長江必須是長江，斷不能移到黃河；寫玉山須是玉山，斷不能移到陽明山。不可以用浮光掠影、走馬看花的方式去寫遊記，那樣只能寫寫景物的表面光，不能「寫景如在目前」，自然不能使讀者讀了遊記，如同「身歷其境」，跟你一起「目遊心賞」了。牧童農夫雖然整天生活在大自然中，許多人終年住家在都市裏，但他們對於身處環境、周遭之物，都未能深入觀察，是過眼雲煙，從眼幕上飄過，從未會心妙賞，所以不能寫出一篇好遊記來。胡適之先生說劉鶚最擅長的是描寫景物的技術。其因無他，蓋劉鶚氏能够實地觀察，和能把握住一地景物的個性與特色，再加以自鑄優美的新詞，因此所作「老殘遊記」終能成爲傳世的名作。劉鶚描寫黃河的結冰，大明湖的風景，都是靠實地觀察作根據的。他自己評黃河結冰這一段，說：

「止水結冰是何情狀？流水結冰是何情狀？小河結冰是何情狀？大河結冰是何情狀？河南黃河結冰是何情狀？山東黃河結冰是何情狀？須知前一卷所寫是山東黃河結冰。」（見十三回原評）

胡適之先生接着說：

「這就是說，不但人有個性的差別，景物也有個性的差別。我們若不能實地觀察這種種個性的分別，只能有攏統浮泛的描寫，決不能有深刻的描寫。不但如此，知道了景物各有個性的差別，我們就應該明白：因襲的詞章套語決不够用來描寫景物；因爲套語總是浮泛的，攏統的，不能表現某地某景的個別性質。」（老殘遊記的文學技術）

我們從前人的作品，可以歸納出一些寫作遊記常用的方法，像記敍、譬喻、誇張、摹狀、比擬、透視等等方法，能巧妙運用這些作法，就能寫成了生動的遊記。現在，分述如下：

一、記敍：是在偏重介紹人文的遊記中，常用的寫法之一。因為這類遊記，主要在報導一個地方的情況，所以只要將當地的情形，有條理地分做若干方面，用生動的文字記敍了出來，介紹給讀者，就達到寫作的目的了。我們在「讀者文摘」中，時常可以讀到這種遊記。例如報導瑞典一篇，分成若干小段（每段短的數十字，長的一百多字），列載瑞典的人種、位置、交通、糧食、小麥產量、其他食物、國會、軍隊、國王、船隻、發明物、合作社、斯德哥爾摩城建築物、海港、水道等情形（瑞典—光明之鄉）。但也有全篇遊記只記一件事情，像梁啓超歐遊心影錄倫敦初旅中，記倫敦之遊，一篇一題目，專寫一事，如「戰後霧中之倫敦」、「下議院旁聽」等是，每篇大約長幾百字到二、三千字不等。這種集中重點、筆觸細膩而深入的介紹，和前者內容廣泛、文字簡略而多方面的介紹，寫法當然是不大相同的，一種詳細而集中，一種簡括而分散。至於在偏重描寫自然美的遊記中，雖說偏於寫景，但記事仍然是不能缺少的，如遊覽的動機、時間、路線、同遊者，旅途見聞、以及一些閒話，都是寫景文的記事部份；還有寫景中也常常配合地記一些有關的人事，也都是必要的。

二、譬喻：一地的人事景物，給我們的印象和感受，有時是很抽象的，因此要想把所見所聞，明明白白地再現於文字，可也不是一件容易的事。事物的現象，心靈的感受，都是很難寫得清清楚楚的。譬喻的方法，可以解決這種困難。我們讀李白遙望廬山瀑布詩：「飛流直下三千尺，疑是銀河落半天。」用銀色的天河從半空中飛落，來譬喻廬山的懸瀑直下成千尺的情況，不但能明明白白地寫出這種情景，而且非常生動；所以遊記的作者常用具象的事物，來比喻抽象的情景。例如：

「山峰的形狀，千奇百怪，有筆管一般的尖峰，有圓錐形的，三稜形的，上豐下銳的，上懸下削的，扁形平頂的像門扇的，像城闕的：總之，不是我們平時懸想得出。」（東行遊記）

山峰的形態是很難描寫的；前人常用譬喻法來描摹它。這裏用筆管，以及圓錐形、三稜形、門扇、城闕種種物形，譬喻山峰的種種形狀。又如：

「河水綠得很，深處如黛，淺處如碧，如果把一件白衣裳放在水裏，眞可以染成青苔和綠草一樣的顏色。」

水的色彩，也是很難寫出的。這裏用「黛」、「碧」，分喻深淺處水色的不同。又用「如果把一件白衣裳放在水裏，眞可以染成青苔和綠草一樣的顏色」，來比喻水的綠。又如：

「新雨之後，蒼翠如濯的山崗，雲氣瀰漫，彷彿罩着輕紗的少婦，顯得那麼憂鬱、沈默；潮聲澎湃猶如萬馬奔騰，遙望波濤洶湧，好像是無數條白龍起伏追逐於海面羣峰之間。」（鍾梅音鄉居閑情）

作者用「如濯」寫出雨後山崗的蒼翠；又用「彷彿罩着輕紗的少婦」，寫出山上雲氣瀰漫的朦朧；「猶如萬馬奔騰」，寫出她聽到浪潮澎湃的轟轟音響；「好像是無數條白龍」，寫出遠處海面波濤起伏洶湧的狀態：都是用譬喻的方法寫成的，都能給人明晰而生動的印象。又如：

「每個房間給一斗多碎煤，算是一日二十四點鐘的燃料，電力到處尅減，一盞慘綠色的電燈，孤孤零零，好像流螢自照；自來火的稀罕，就像金剛石，我們有煙癖的人，沒有鑽燧取火的本領，只好強迫戒掉了。」（梁啓超戰後霧中之倫敦）

這寫第一次大戰後倫敦缺煤的情形，影響到電燈的暗淡，自來火的供應不够；作者用流螢自照，來比喻這種暗淡的燈光，用金剛石來比喻稀罕的自來火。又如：

「王小玉便啓朱唇，發皓齒，唱了幾句書兒。聲音初不甚大，只覺入耳有說不出來的妙境，五臟六腑裏，像熨斗熨過，無一處不伏貼；三萬六千個毛孔，像喫了人參果，無一個毛孔不暢快。唱了十數句之後，漸漸的越唱越高。忽然拔了一個尖兒，像一線鋼絲，抛入天際，不禁暗暗叫絕。那知她於那極高的地方，尚能迴環轉折；幾轉之後，又高一層，接連有三、四疊，節節高起，恍如由傲來峰西面攀登泰山的景象：初看傲來峰削壁千仞，以爲上與天通；及至翻到傲來峰頂，纔見扇子崖更在傲來峰上；及至翻到扇子崖，又見南天門更在扇子崖上；愈翻愈險，愈險愈奇。那王小玉唱到極高的三四疊後，陡然一落，又極力騁其千迴百折的精神，如一條飛蛇，在黃山三十六峰半中腰裏盤旋穿插，頃刻之間，周匝數遍。從此以後，愈唱愈低，愈低愈細，那聲音漸漸的就聽不見了。滿園子的人，都屏氣凝神，不敢少動。約有兩、三分鐘之久，彷彿有一點聲音，從地底下發出。這一出之後，忽又揚起，像放那東洋煙火，一個彈子上天，隨化作千百道五色火光，縱橫散亂。這一聲飛起，卽有無限聲音，俱來並發。那彈弦子的，亦全用輪指，忽大忽小，同她那聲音相和相合；有如花塢春曉，好鳥亂鳴，耳朵忙不過來，不曉得聽那一聲的爲是。正在撩亂之際，忽聽霍然一聲，人弦俱寂，這時臺下叫好之聲，轟然雷動。」（老殘遊記明湖居聽書）

作者這裏用「抛鋼絲、登泰山、飛蛇，放煙火、花塢春曉、好鳥亂鳴，及熨斗熨臟腑、毛孔喫人參果」種種譬喻，來描寫他聽王小玉的說大鼓書聲音的美妙，自己的感受的痛快，寫得非常生動，非常成功。

三、誇張：文學家寫遊記，跟畫家一樣的，都注意描繪。畫家畫畫，要畫得色彩優美，氣韻生動；文學家寫遊記，也要有一枝如繪的彩筆。畫家用線條，用色彩，畫出美麗的畫面；文學家也必須運用富有色彩和線條的文字，去描繪景物的特點。像前人寫山，常用「遠山如黛」一語來形容。其實，天邊的遠山跟古代的女人描得一痕彎彎綠綠的眉毛，能說是大體相像。用「黛」寫出山的色彩，用「眉」寫出山的線條，只不過是作者個人對遠山的印象的捕捉；這就像畫家的描寫自然，是印象的描寫；文學家寫景寫物也是這樣的。正如前人所說：「要在繁複的景物中，摘取它可代表這景象性格的特點，加以描寫渲染。」既然是印象的捕捉，所以這種描寫多多少少都帶有一些誇張的成份在內；尤其是「色彩」印象的描寫，畫家採取誇大與强烈的表現方法。天地間的萬物萬象，在肉眼看來，都有它的色彩，寫景寫物的遊記文學，也應該特別著重色彩的描寫。近人在「繪畫與文學」中說：「文學用言語當作顏料，只能描寫色彩大體的印象，非誇大不行；因此描寫景物的『色彩』，都用誇大的形容。」所用的字眼，都要用富有色彩性的詞。例如「燈紅酒綠」，其實，不過是微紅微綠罷了。要是用顏料據實際情形來調配，一定比不上所用的「紅」「綠」兩個字，那麼「紅」，那麼「綠」。亞洲人的皮膚稍帶黃色，稱做黃種人；跟「黃牛」一比，則相去遠矣。夜間稱「黑夜」猶可，旁晚稱「黃昏」，卽未見其「黃」，這不過是處在夕陽西下，晚霞滿天的時候，在印象裏，略覺得有一些黃罷了。又如「紅樓翠館」，樓館的色彩，一般說來都比較複雜，包含有各種顏色；現在只提「紅翠」，是因爲「紅翠」二色，佔比較多罷了，就將這種色彩大體的印象寫出。像這一類都是對於色彩印象的誇張的寫法，與實物實景，未必盡合。遊記中對景物色彩描寫，也多用誇張的寫法，使景物的色彩，能够顯明而美麗地表現在文字間。例如：

「到了鐵公祠前，朝南一望，只見對面千佛山上，梵宮僧樓，與那蒼松翠柏，高下相間；紅的火紅，白的雪白，青的靛青，綠的碧綠。更有那一株半株的丹楓，夾在裏面，彷彿宋人趙千里的一幅大畫，做了一架數十里長的屏風。」（劉鶚大明湖）

這裏用「蒼」「翠」「紅」「火紅」「白」「雪白」「青」「靛青」「綠」「碧綠」「丹」這些富有色彩性的字眼，誇張地描繪千佛山上的佛寺僧房，松柏楓樹。因爲是用富有色彩性的字眼，來描寫渲染，所以我們讀來就像讀一幅大水彩畫，看一架彩色鮮麗的畫屏，而留下了深刻具體的印象。又如：

「玫瑰汁，葡萄漿，紫荆液，瑪瑙精，霜楓葉——大量的染工，在層累的雲底工作，無數蜿蜒的魚龍爬進了蒼白色的雲堆，一方的異彩，揭去了滿天的睡意，喚醒了四隅的明霞。」（徐志摩泰山的日出）

用「玫瑰」、「葡萄」、「紫荆」、「瑪瑙」、「霜楓」這些富有色彩的東西，來描寫太陽將出來前雲間濃濃的紅色紫色的色彩。

「一路兩峽壁立，愈轉愈深，樹木倒懸其間，作濃綠色；鳴鳥上下，如迎異客；河水紆迴，一片碧色。險灘礁石矗立，……水激其間，悉化作白色泡沫。」（蔣維喬菲律賓百震亭瀑布遊記）

這裏用「濃綠色」、「碧色」、「白色」點染出了山光水色。

我們要想描繪宇宙間各種景象，就必須利用色彩性的詞彙，去誇張萬物的色彩。

四、摹狀：各種景物都有它的形貌，它的聲音。我們怎麼樣才能夠描寫出了它的形貌與聲音？修辭學中所謂「摹狀格」，多利用重叠詞、雙叠詞、鑲叠詞、聯緜詞、狀聲詞，摹寫物的形貌，擬狀物的聲音，這也是寫作遊記常用的一種措詞法。也就是劉勰文心雕龍物色篇所說的「寫氣圖貌，既隨物以宛轉；屬采附聲，亦與心而徘徊。」所以用「灼灼狀桃花的鮮豔，依依盡楊柳的形貌，杲杲寫日出的容光，瀌瀌擬雨雪的狀態，喈喈摹黃鳥的鳴音，喓喓學草蟲的叫聲」。他這裏舉的都是「重叠詞」，有的寫物貌，如：「灼灼」、「依依」、「杲杲」、「瀌瀌」是；有的狀物聲，如：

「喈喈」，「喓喓」是：使物之「情貌無遺矣」。後人有用雙疊詞的，如用「蓊蓊鬱鬱」，寫樹木的茂密狀；「滴滴答答」，狀下雨的單調聲。又有用鑲疊詞，就是在疊字的前面，再鑲上一個單字，如：冷颼颼、香噴噴、白茫茫，靜悄悄、撲騰騰、骨碌碌之類是。鑲疊詞在通俗文學中常用，對於寫景狀聲，也是一種極有力的措辭。此外，還有用聯緜詞，就是由兩個字聯綴成的複合詞，如：砰湃、參差（雙聲），錚鏦、洶湧（疊韻）息颯、嵯峨（非雙聲疊韻）：都是聯緜詞。這也是我們常用的形容形貌，描摹聲音的詞兒。這幾類詞，當然都不止是限於寫遊記用的；只是因爲遊記特別著重景物的形貌與聲音的描寫，所以遊記就特別多應用這類的摹狀辭，以求能够摹出物的貌，狀出物的聲，寫成了一篇有形有聲的文字，能達到「寫景則在人耳目」的境界。朱自清在「荷塘月色」中的一些文字，可作很好的例子看。例如：

「沒有月光的晚上，這路上陰森森的，有些怕人。今晚却很好，雖然月光也還是淡淡的。」

陰森森，鑲疊詞，形容路上的陰暗怕人。淡淡，重疊詞，形容月光。又如：

「曲曲折折的荷塘上面，彌望是田田的葉子。葉子出水很高，像亭亭的舞女的裙。層層的葉子中間，零星地點綴着些白花，有嬝娜地開着的，有羞澀地打着朶兒的；正如一粒粒的明珠，又如碧天裏的星星，又如剛出浴的美人。微風過處，送來縷縷清香。」

曲曲折折，雙疊詞，寫荷塘的形狀。田田，形容荷葉浮出水面的狀態；亭亭，寫舞女挺秀玉立的樣子；層層，寫荷葉密疊的情形；縷縷，寫花香接連不斷吹送過來的現象；這些都是單疊詞。零星，是疊韻，描寫一些白色荷花，在層層葉子中，零零落落開着的狀態；嬝娜，是雙聲，寫已開的白荷花柔美的形態；羞澀，是非雙聲疊韻，寫含苞未放的花朶兒含羞畏澀的情態。零星、嬝娜、羞澀，都是聯緜詞。又如：

「兩邊荷葉荷花，將船夾住；那荷葉初枯，擦的船嗤嗤價響。那水鳥被人驚起，格格價飛。」（劉鶚大明湖）

嗤嗤、格格，都是重疊狀聲字。嗤嗤，狀荷葉擦過船邊兒的聲響。格格，狀水鳥拍擊翅膀兒的聲音。

「瀑勢自峭壁懸空而下，砰轟之聲，可聞數里。」（蔣維喬百震亨瀑布遊記）

砰轟，狀聲詞，摹寫瀑布下墜，碰撞水面的聲音。

「梅雨潭是一個瀑布……走到山邊，便聽見花花花花的聲音。」（朱自清綠）

花花花花，狀瀑布的聲音。

聲音，也是最有力量的一種表現方法。我們從上面幾個例子看來，可以知道用「摹狀辭」，描寫景物的形貌和聲音，用重疊詞、雙疊詞、鑲疊詞、聯緜詞、狀聲詞，摹寫景物形貌，加以藻飾；擬狀景物聲音，加以采繪；自能達到「巧言切狀，如印之印泥；不加雕削，而曲寫毫芥」，使萬象的形貌，栩栩在目；千籟的聲響，泠泠於耳；自然成了奇采絕妙有聲有形的文字了。

五、情景交融與比擬寫法：遊記文學，有時和抒情寫景的詩歌一樣，有所謂創造「情景交融」的境界。情是情思，也就是心境；景是景物，也就是物境。王國維在人間詞話中說：「境非獨謂景物也，喜怒哀樂亦人心中之一境界。」但是如何才能寫出眞景物、眞感情，造成情景交融自然的妙境？這個也是我們這裏所要討論的問題。晉陸機說：「遵四時以歎逝，瞻萬物而思紛，悲落葉於勁秋，喜柔條於芳春。」（見文賦）。因爲外物的刺激可以使人生出種種情思。我們在遊觀景物（物境）的時候，心靈也常常會受景物的激蕩，產生了種種不同的情思，就是心境。心境，也可以說是物境的反映，所以能將心境中種種情思抒寫了出來，便能使景物顯得格外鮮明動人，而作者的情感與思想，也能靠這表現了出來。寫法有二：

A、卽景生情寫法：就是一邊描寫着景物，一邊卽將心中因看了此景而產生的情思，同時描寫了出來，而造成情景交流的境界。這原是寫景常用的一種寫法。例如：徐志摩「再別康橋」中的兩節。其一說：

「那河畔的金柳，
是夕陽中的新娘；
波光裏的豔影，
在我的心頭蕩漾。」

前兩句，寫景，寫河畔垂柳的美豔，有如夕陽中的新娘；後兩句，寫情，寫見了映在波光裏柳影，而引起心波的蕩漾，寫出自己看了這美景後的心境。其二：

「輭泥上的青荇，
油油的在水底招搖；

在康河的柔波裏
我甘心做一條水草。」

前兩句，寫景，寫青荇在水底飄動；後兩句，寫情，寫自己看了柔波裏青荇所產生的心思——「我甘心做一條水草」。

這種「由景生情，情因景生」的寫法，使景更顯得美，詩人當時的心聲也將藉此展露了出來。寫景的遊記，在描寫過物境之後，當然也要特別注意到心境的描寫。不過，遊記和詩歌不同，詩歌多用抒情，遊記情餘事也；所以遊記抒寫心境的部份，多用寫遊賞景物之後所引起的觀感，如對景物的評價，自己的感想等等，比較屬於理智；當然感情豐富的作者，仍將多寫他的情感的反應。現在舉例說明如下：

「塔高九層，有級可登，翹角玲瓏，頗為壯麗。」（陳醉雲姑蘇散曲）

頗為壯麗，就是作者陳醉雲對於塔的觀感；由此一評語，使高塔的優點，顯豁而出；蓋前人常一邊描寫景物，一邊夾敘一兩句自己的觀感。又如：

「棹小舟入湖，山色如娥，花光如頰，溫風如酒，波紋如綾；纔一舉頭，已不覺目酣神醉，此時欲下一語描寫不得，大約如東阿王夢中初遇洛神時也。」（袁宏道初至西湖記）

自「棹小舟入湖」以下「山色如娥」四句，描寫西湖的山色，花光，溫風，波紋；自「纔一舉頭」至「有如東阿王曹植夢中初遇洛水女神」的一段，是袁宏道抒寫他自己當時酣遊沈醉於美景之中驚喜的心境。至於像王安石遊褒禪山記，因爲大家遊深洞，不敢深入，半途而出，出，又後悔，而有一大段文字，寫他當時的感想，說：

「世之奇偉瑰怪非常之觀，常在於險遠，而人之所罕至焉。故非有志者，不能至也。……力足以至焉而不至，於人爲可譏，而在己爲有悔。盡吾志也，而不能至者，可以無悔矣。」

王氏簡直是藉遊記的文字，來發表他心裏對做人做事的看法了。梁啓超先生的「歐遊心影錄」，許多地方也都是這一類的寫法，藉記事寫景發揮議論，發表他對政治、財經、軍事各方面的觀感與看法。

B、因情生景寫法：這就是近代美學家所說「移情作用」，畫家所說「遷想」，修辭學家所說「比擬」。當我觀賞景物，有時心凝神釋，忘記了物、我的分別，和萬物合做一體，於是就把我的感情、知覺、趣味、移注於物，於是無生命、無情感的景物，也就染上了我的感情、知覺、趣味的色彩，而構成了情景交融的境界。這就是修辭學上所說，「把物當做人來寫」，或「把人當做物來寫」。遊記運用這種寫法，能表現出景物的生命、情趣與靈氣，作者的情思也能藉此再現於物境。遊記作家須能沈醉景物，對於所處物境，有濃烈的感情，或深刻的理解，或自己的心裏原有深深的感觸，才能造出這種情境。像愛晚亭作者謝冰瑩教授說：「愛晚亭，我眞太愧對你了。十五歲的那年，當我還是梳着兩條小辮子的時候，我和你結因緣，一直到今天，我沒有一時忘記過你！」所以她才能把愛晚亭的自然境地，看作有生命的對象，才能夠寫出心境物境交流融合成爲一片的名句：

「我願永遠安靜地躺在靑楓峽裏，讓血紅的楓葉，爲我做棺蓋，潺潺的流水，爲我奏淒切的輓歌。」

又如陳醉雲姑蘇散曲：

「山徑上冷淸淸，祇有漫山的紅葉相迎，我左顧右盼，彷彿滿身滿心已與楓葉同醉。」

也是擬人的寫法，紅葉能够相迎，自己能與楓葉同醉。又如徐志摩我所知道的康橋，是他淸朝傍晚常去的地方。他常在那裏坐地欣賞，他對它有愛人一般的深愛，所以他能寫下這樣富有感情的文字：

「康橋，我敢說是全世界最秀麗的一條河水。……爲聽鳥語，爲盼朝陽，爲尋泥土裏漸次蘇醒的花草，爲體會最微細最神妙的春信。啊，那是新來的畫眉，在那邊凋不盡的靑枝上，試牠的新聲！啊，這是第一朶小雪球花掙出了半凍的地面！啊，這不是新來的潮潤沾上了寂寞的柳條！」

自然物成了作者的老朋友，都是有靈性、有生命的人物，鳥的語，花草的蘇醒，春的信息，畫眉在試新聲，小雪球花掙出了半凍的地面，潮潤沾上了寂寞的柳條；寫鳥、花草、畫眉、小雪球花、柳條，都是用「擬人修辭法」來寫的。

遊記的作者觀賞描寫景物時，需要深入的觀察，詩人的情思，比擬的修辭，這樣才能「發現自然的生命，而與自然神晤默契」，才能寫出生趣靈動的遊記作品了。

六、透視：景物距離人有遠近高下。學寫生畫的，必須學習透視遠近高下的法則。寫作遊記文字，也要注意景物的遠近高下。遠景有遠景的寫法，近景有近景的寫法，遠的景顯得很小，近景比較大。近景因爲可以觀賞非常仔細，寫近景的筆墨，應該精密細膩而濃厚，可以據實描寫，比較容易；寫遠景，因爲距離遠，視界闊，但看不清楚，聽不清楚。凡物距離愈遠，其形愈小；寫時候應多注意遠、闊、小、朦朧這些方面，要用畫家的透視法來分別景物距離的遠近與平面，輕描淡寫幾筆。如董作賓飛渡太平洋：

「窗外還可以看見舊金山的燈火，密如繁星，……機身平穩了，下面已看不見新大陸，窗外，月明如畫，參星正在南天，機下飄着幾朶白雲。」

飛機在空中位置很高，下視舊金山，距離很遠，所以舊金山的燈火小得像繁星；距月亮反比平日近了，天空中的月兒更加明亮，有如白晝，更接近天星，高過白雲了。又如陳醉雲姑蘇散曲說：

「塔上四面有窗，每層都可眺望；尤其是站在頂層，最宜高瞻遠矚。試瞧城內，萬家屋瓦，鱗鱗滿目，炊烟時起，嬝娜有致，雞聲與人語，亦隱約可聞。」

這寫蘇州北寺塔的高。塔高九層，寫由這高塔頂層，眺望城內，所見的景，歷歷在目，惟細鱗的屋瓦，嬝娜上升的炊烟，尤其寫出「雞聲與人語，亦隱約可聞」，則塔的高，不喻而知，且使人有脫離人世之感。又如吳敬梓寫馬二先生登上杭州城隍山一段：

「走到山岡上，左邊望着錢塘江，明明白白；那日江上無風，水平如鏡，過江之船，船上有轎子，都看得明白。再走上些，右邊又看得見西湖，雷峰一帶、湖心亭，都望見；那西湖裏打魚船，一個一個，如小鴨子浮在水面。」（見儒林外史第十四回）寫馬二先生遙望東邊錢塘江「都看得明白」，西邊西湖「雷峰、湖心亭都望見」，又說「西湖裏打魚船，如小鴨子浮在水面」，這眞有「登泰山而小天下」之意了。

乙、傳記文學

方祖燊

一、傳記的產生演變與種類

在這個繁榮進步的地球上，一切文化的產物，都是由聰明傑出的人物所創造。鋼骨水泥的建築物，四通八達的交通網，林立的工廠，各式的學校，完善的醫院，肅穆的寺廟，藏書數十萬册巨型的圖書舘，列有數千年名蹟古物的博物院，一望無際的菜碧稻香而風俗淳樸的鄉野，還有燈明如晝的不夜之城市；這一切都是平凡和偉大的人類完成的傑構巨作。所以有人說：文化是人類建立的，社會是人類組成的，歷史是人類創造的；在這世界上，無論精神、物質、現實世界、虛幻世界，都是人類一手所創造。尤其那震爍古今、名聞千秋的人物，更是這人類世界中的中心分子。他們往往是某時代、某地域的學術、藝術、文學、科學、道德、宗教、教育、政治、企業或軍事的偉人，而有許多可讚、可頌、可歌、可泣的事蹟。即使一些平凡的人，他們悲歡離合的變化，生老病死的際遇，也有許許多多使人悲憐、哭笑、贊歎與思慕的事情。所以人類很早就用文字記載人們活動的事蹟，反映人生的現象，因此產生了傳記文學。

所謂「傳記」，是記載一個人一生或片段的事蹟。這類的文字，在我國的典籍中，藏量非常豐富，而且起源極早。像左史右史記天子的言語行動，可說是這類作品的濫觴。子書中的晏子春秋，摭拾晏子相齊景公時的行事和他諍諫的言論，雖然沒有傳記的名稱，實際已具有傳記的一種形態。又如：經書中的論語、孟子，記載孔、孟和門徒的言行，包括他們的思想和學說，嚴格說起來，都是孔子、孟子傳記的史料。到了漢司馬遷作史記，創「列傳」體，約佔全書分量十分之四。可說傳記體起源於司馬遷的史記。劉知幾說：司馬遷作史記的紀、傳、是模仿春秋的經、傳。本紀以編年爲主，按年按月，記敍天子、國家的大事；這好像春秋的經。列傳列述人臣的行狀，所記的事蹟比較委曲詳盡；這好像春秋的傳。春秋三傳是用來解釋經文的，史記列傳是用來解釋本紀的（見史通本紀篇與列傳篇）。這種說法大概有七八分可靠，春秋的三傳對司馬遷創「列傳」一體，應該有很大的啓示與關係。至於「傳」的意思，劉知幾認爲「傳」就是流傳，傳之來世後代的意思；又含有轉播，轉授無窮的意思（見史通六家篇）。所以在史家筆下列傳所記的人物，都是記載一代偉大著名的人物最精采的事蹟，俾能流傳後代，轉播無窮。一般文人替人作傳記，尺度較寬，就不大注意到「傳」字的本義了。

我國歷史悠久，傳記文學的發達是必然的現象。二十五史中除了志、表、書外，各種列傳固然是傳記，而「本紀」記載帝王，「世家」記載諸侯的事蹟，也都可以說是傳記。像史記的「項羽本紀」、「孔子世家」，其筆調尤其和傳記相類似。縱觀二十五史中的列傳，除了記載王侯公卿將相大臣后妃公主的傳記外，還有儒林（博士、學者）、文苑（又有文學、文藝）、循吏（又有良吏、良政、能吏，記官吏的政績）、酷吏、宦者（又有閹黨、內侍）、外戚、藩鎭、孝友（又有孝義、孝行、孝感）、忠義（又有節義、誠節、死節、死事）、獨行（又有一行，記品行特殊者）、逸民（又有高逸、逸士、隱逸）、烈女（記女德）、貨殖（記工商企業界人士）、方術（記醫藥科學界人士）、道學、釋老、刺客、遊俠、滑稽、伶官、龜策日者（記占卦卜筮者）、家人、義兒、佞幸（又有恩倖、倖臣）、姦臣、流賊、叛臣（又有逆臣、僭僞、賊臣）、貳臣（仕二姓的臣子，清史有貳臣傳一百二十餘人）、降敵國者、土司（記蠻夷邊區的土官）、外國蠻夷等傳。由此可見正史中列傳寫作範圍之廣。正史的編纂，從沈約奉敕編宋書以後，就成了官書，所以後代許多出名人物的傳記，都由國史館主辦。明清以來，飾終之典，以「宣付史館立傳」爲莫大的恩榮。

至於民間私人各種各類傳記作品，更可說是「汗牛充棟」。有些人想把自己一生奮鬥的精神、努力的經過、創業的本意、待人接物處世的道理遺留下來，訓勉子孫，昭示後裔，就有「自敍」、「自述」和「自傳」的撰作。有些人爲了追思父母的親情，或是表揚祖德，光耀門第，就有「皇考先妣事略」、「阡表」以及「家牒」、「譜記」之類的家史式傳記。有些人款請名士文人撰寫「壽序」、「墓誌」、「行狀」、「神道碑」，更有不少爲生者捧場，阿諛死人的溢美性的傳記文章。有些人爲記載一鄉一地的名人、才士、學者、賢達，又有「耆舊傳」、「先賢錄」、「人物誌」之類的郡書縣志的傳記。有些人爲記載某一學派的名儒、學說、源流及影響，就有「學案」、「學派淵源錄」、名學者的「言行錄」之類的傳記。有些人爲補正史的不足、缺佚，就有記載一時有名人物的瑣言、軼事、遺聞之類的「雜傳」。此外記載孝子、忠臣、高士、良母、商人、政客、名釋、道眞，又有各種「別傳」。記載爲國死難、殉節的烈士、貞女、英雄人物，又有「英烈記」、「節婦傳」。此外像教徒爲自神其教，或達士爲諷喻人世，又有張皇鬼神，稱道靈異之類的宗教式的傳記。文人爲鋪衍故事炫耀文采，又有像漢武帝、趙飛燕、楊太眞「內、外傳」之類的小說式傳記。有一些理想家借傳記體裁，發揮議論、感想，批評社會的風氣，警戒勸導世人，信行自己的主張，寫出寓言性的傳記作品，例如韓愈的「圬者王承福傳」。又有些人爲選文、編教科書，簡單地介紹作者的生平事跡，寫成傳略性的傳記。有些學者爲評議大政治家事業的功過，大文學家、藝術家作品的好壞，大哲學家學說的是非等等，作成「評傳」式的傳記。有些人爲研究古人前賢的一生，按年代次序，考訂編載他的行蹟，產生「年表」、「年譜」式的傳記。

由此可見，傳記的文字因爲它範圍廣，內容繁簡與形式不同，所以體類非常叢雜，在文學裏佔著極爲重要的地位，而是時常用到的一種文體。

二、傳記的材料的蒐集與處理

史學家撰寫文獻，記載史實的時候，首先要做到眞實正確，沒有偏私，也沒有成見。傳記是歷史中的一體，所以作者必須恪守撰史的道德觀點，做到忠實；記載一個人的事蹟行誼，務求絕對客觀，有依據。這跟畫人物的肖像一樣：畫鬼神可以靠想像來畫，畫人像必須畫得逼像那個人；傳記也必須寫得正確忠實才有價值。怎樣才能寫得正確忠實？第一步工作，是從蒐集資料下手，一言、一行、一事都必須有眞實可信的材料作根據。例如寫胡適之先生的傳記，胡適是安徽績溪人，你不能憑想像把他記到差不多的安徽桐城去，胡適卒於民國五十一年，你不能靠記憶把他約略記到五十年或五十二年。你記不清楚，想不起來，必須去找可靠的資料，資料找不到，還可以去問人；問不出所以然，還可以寫信向他的家人詢問。這種歷史性傳記，其價值就在於正確可信，可供人參考採用。因此材料的蒐集，是一樁很重要的事。也可以說：傳記的基礎奠定在材料上，材料越正確、越完備，寫出來的傳記也越有價值。

甲、蒐集：一般說來，材料蒐集的路子很多，現在列述如下。

㈠寫自己深知熟識的人物，只要蒐集你所知所見的材料就够了。像司馬遷寫當時俠士郭解傳，名將李將軍傳，大概大部份都是依據他自己所看見、所知道的材料撰寫的。因爲郭解、李廣和他都是漢武帝時人；而且李廣的孫子李陵跟他還是很要好的朋友。所以他在傳後附的贊語中說：他見過郭解「狀貌不及中人，言語無足採」；李廣也「悛悛如鄙人，口不能道辭」。根據自己所看到、所知道的材料來寫傳記，當然是最眞實可靠的了。寫自己熟悉的人的事蹟，大抵要比別人來寫親切正確得多了。

㈡寫自己不相識的人物，無論是古人還是今人，可以從各方面去蒐集材料。蒐集的路子，大概有下列幾種：

1. 直接採訪：這跟現在記者寫名人訪問記一樣。要寫某人的傳記，你可以約期訪問他本人，或他的家人，或認識知道他的人。這種以採訪方式蒐集材料，最是可靠。如司馬遷寫漢高時祖功臣樊噲傳，就上沛縣，訪問當時的遺老，參觀樊噲家鄉的故居，並且和樊噲的孫子他廣，談他祖父等人的事功。又如寫淮陰侯韓信傳，他到淮陰訪問實蹟，淮陰人告訴他韓信爲布衣時的事蹟。又如刺客列傳寫荆軻刺秦始皇，是由公孫季功（弘）董生（仲舒）來的。公孫季功、董生和秦始皇當時「目睹其事」的侍醫夏無且相識，所以「具知其事」，再給司馬遷「道之如是」；所以史記寫荆軻刺秦始皇一幕，不但眞實，而且非常生動。

2. 訪求遺蹟：用直接訪問的方法來蒐集傳記的材料，只能用於寫同時或近代的人。時代悠隔的古人，我們當然無從採訪；但是，假使他有遺蹟留下的話，我們也可以訪求他的遺蹟。像司馬遷寫孔子世家，就到魯國參觀仲尼廟堂看車服禮器；寫春申君傳，就到楚國國都看春申君黃歇遺留下來的故城宮室；寫屈原傳，就南下汨羅江畔尋找他抱石沈淵之處；寫蒙恬傳，就往北方邊區參觀他所建築的長城亭障；寫信陵君傳，就到大梁城廢墟間，求問當日信陵公子爲侯嬴駕車執轡的夷門。看了他們的故物遺蹟，可以想及、印證當日他們在某些方面的成就。所以我們現在要寫鄭成功傳：可以到臺南，看看荷蘭人留下的紅毛城殘蹟；再到赤嵌樓，看看當日鄭成功的故物，以及後人所蒐集的史料、畫片。又像寫胡適先生傳，可以去南港胡適紀念館，看看館中陳列的遺物舊蹟，得到一些可貴的材料。既想望其人，又親見遺物，就可以觸發你的靈感，加深你的才思。

3. 閱讀和筆記：利用閱讀、筆記方式去蒐集材料，這是一般人著書作文章常用到的一種方法。要內容充實，就要材料豐富；要材料豐富，就要勤於閱讀、做筆記—抄書。蒐集傳記材料，更需要在這「讀」與「抄」兩方面下手。但從那裏去讀、去抄呢？像司馬遷寫某人的傳記，就熟讀這個人所著的書，或有關記載這個人的文字和傳記，他寫商君傳、司馬穰苴傳、孟子傳，就閱讀商君開塞耕戰書、司馬兵法、孟子等書。他寫仲尼弟子傳，就採用論語弟子問中的材料；寫伯夷傳，就採用前人所撰傳；寫管仲、晏嬰傳，就採用了管子、晏子的軼事。現在，我們蒐集傳記的材料，也可以從閱讀某人的著作文集（序、跋、詩、文章、日記、書信、回憶錄……附錄等）下手。也可以從別人編撰整理研究有關的文字下手，像：報紙雜誌上介紹、報導此人的文章，別人爲此人撰寫的事略、壽序、墓誌銘、神道碑、傳記，公家檔案中有關此人的資料，史館與家祠中收藏的行狀、行述，或正史中的本傳，雜史中的別傳，文集後附錄的各種傳記文字，或選集、教科書、人名辭典、郡書方志中，附錄列載的小傳，或前人筆記，小說中留存下來的遺聞軼事，或後人編的年譜、紀念集，或學者撰述的專著、論贊、評傳等等。這些都是我們蒐集材料的寶庫，可以放眼涉獵，任心抄錄，摘取你需要的資料。

上面談到的這種蒐集材料的方法，有些地方不容易做到的；可是旣然要寫傳記就應該儘可能在蒐集得到的範圍去蒐集、組織及運用材料，然後寫出一篇像樣的傳記來。

乙、取捨：當動手蒐集的時候，我們常會發現材料紛然雜陳，琳琅滿目。但是哪一些該記下，哪一些不要？這時候就要講究材料的取捨。一般說來，材料的取捨完全根據內容而定；內容需要一些什麼，就專抄些什麼。內容一般都是決定在寫作之先。譬如編教科書，寫作者簡傳，當然所需材料就少，而且偏向某幾方面；翻翻辭典或本傳，也就够了。假使是專介紹某人的事蹟，要寫比較詳細的傳記，這時候所需要的材料當然就要多。寫的範圍有的廣泛，有的專集中某一方面；那麼取捨選擇的尺度也就不同了。所以說：「根據要寫的內容，定取捨材料的標準」；記住這話，是不會錯的。並不是抄得越多越好；因爲多而無用，等於浪費。寫一小傳，閱讀百書，大可不必。當然，有時內容也受材料的限制；原想寫怎樣怎樣的一篇傳記，結果因材料缺乏而改變的也有；這也是沒辦法的事。但切不可用想像、揑造材料來充實內容。

丙、整理：材料經初步選擇，摘記在紙上後，假使東一條，西一條，亂七八糟，沒有次序，不成系統；這樣材料，仍難運用成篇。那麼，這時候就要注意材料的整理。一般人整理材料，大都採取分類法，把所蒐集的材料，按類分開，一條一條排列，然後再通篇連貫起來。所用的標準有二：一種按年代分，一種按事情分。

㈠按年代分法：就是以「年代」爲中心。按年次下來，把各年次材料，分列該年次的下面。這樣，這個人的一歲事實怎樣，兩歲怎樣，……十歲……二十歲又怎麼樣？三十、四十、五十、六十，又怎麼樣，死時又怎麼樣？我們一看，就可以知道他一生的經過情形了。

㈡按事情分法：就是以「事情」爲中心。在沒有整理材料以前，先定幾個事類，如：家庭、做人、學問、事業成就、思想、著述……等；然後按此事類，把所蒐集的材料，分列出來。這樣，我們就可以知道這個人在這一方面怎樣，在那一方面怎樣了。

用分類法來整理材料，是最好的一種方法，能够幫助你把頭緒紛繁、亂七八糟的材料，找出一個條理，使它清楚明白，一目了然。

丁、鑑定、刪略、標明：材料整理好，頭緒也理清了；應該是可以動筆寫了。事實不然；這時候還應該把材料從頭到尾再細閱一番，簡選一次。鑑別這一些材料的可靠性，看看它有沒有溢美過惡，誇張失實；是不是後人的誤傳揑造，武斷附會。像司馬遷寫荆軻傳認爲當時傳說材料：「燕太子丹命天雨粟，馬生角」，「荆軻刺傷秦王」，太過荒誕，不是事實，而不採用。又像有關「漢武帝見西王母」的種種傳說：「西王母至，乘紫車，玉女駕馭，青氣如雲……母下車，上迎拜，延請不死之藥。」這類材料，寫文學性的漢武故事是可以採用的；如果用歷史性的眼光去寫漢武帝傳記的話，雖然其事瑰麗奇美，但因荒誕不眞，就不可以附會取用。因爲傳記文字要寫得眞實可信，才有價値。當然我們也不能因爲個人的喜歡或厭惡，對某人作過譽或歪曲的傳述，所以，碑誌鐫刻之金石，壽序染翰於絹帛，却也不能增加它的分量，不免受人的譏評，就是因爲過份溢美的緣故。

大概材料來源越接近被傳者的越可靠，文字的內容越客觀的越眞實可採；經過鑑定之後，可以把不可信靠的材料勾掉，留下可信的。刪去重複無用的文字，再特別標明重要的地方。這時候，就可以動筆撰寫了。

三、傳記的寫作方法

如何才能把傳記寫得得體生動？這就要講究材料剪裁，辭采鎔鑄的技巧和方法了。但是這種技巧和方法，各體不同。像作傳略和記軼事不同；記軼事又和撰傳記不同。撰傳記和編年表不同；編年表又和造寓言性雜傳不同。造寓言性雜傳和揮揮洒洒地寫一篇文學性的傳記不同；寫一篇文學性的傳記，和小說家筆下描寫一個人物的方法又不同。我們可以就各種體例，分析它們各自不同的技巧與寫法。現在分述如下：

甲、傳略的寫法

傳略是傳記寫法的最簡單的一種，也叫做事略。這種事略，只記述一個人一生中最重要的一些事蹟，使人對這個人各方面有個大略的認識罷了。因此我們在寫傳略的時候，要特別注意到一點，就是文字要儘量做到簡潔扼要；但是記述的範圍却要廣泛，方面要多。通常包括的項目，有姓名、字號、籍貫、生卒年、學歷、經歷、事業、著作，以及他在社會上或歷史上的地位、影響等等。偶然也可以涉及兩三項關於這個人的才能、道德、言語、行爲、文辭、容貌、服飾、個性、思想、情感、學說、人生觀、師承、交遊，和家世、配偶、子女、遭遇及其他的事蹟，而仍不失爲傳略體。

這時假使記事稍爲詳細一點，就要變成小傳、簡傳；再詳盡一點，就是傳記；假使寫成了一本書，那就是長篇巨傳了。因此，我們說：「傳略，是傳記的基本形式。」所以要想寫好一篇傳記，第一就得把傳略練習寫好。寫傳略，看來似乎簡單得很；但是習作的時候仍然不可「掉以輕心」，而要「鄭重其事」。現在選錄「胡適先生的傳略」如下：

胡適傳略

胡適，字適之，安徽績溪人，生於清光緒十七年。曾經留學美國哥倫比亞大學，得到哲學博士的學位。回國後，歷任北京大學教授、文學院院長。抗戰期中，擔任我國駐美大使。勝利後，回國任北京大學校長。大陸淪陷後，到美國講學。民國四十七年回國，任中央研究院院長。五十一年，逝於南港。他是新文學創導者，提倡白話文。著作有胡適文存、中國哲學史大綱、白話文學史、留學日記、嘗試集、四十自述等。

我們讀了這篇傳略，可以知道這裏所寫的就是前面所列的幾個項目。「胡適」是他的姓名，「適之」是他的字。「安徽績溪人」是他的籍貫。「生於清光緒十七年」，和下文「民國五十一年，逝於南港」，是他的生和卒的年代。「曾經留學美國哥倫比亞大學，得哲學博士學位」，寫的是胡適先生的學歷。「回國後，歷任北京大學教授、文學院院長。抗戰期中，任駐美大使。勝利後，回國任北京大學校長。大陸淪陷後，到美國講學。後回國任中央研究院院長」，寫的都是他的經歷。至於結尾寫「他是新文學創導者，提倡白話文」，這是他的成就，在歷史上的地位。「著作有胡適文存、中國哲學史大綱、白話文學史、留學日記、嘗試集、四十自述等」一，列舉出他重要著作的名稱。

胡適先生是我國現代一個偉大不朽的思想家、大學者，可記的事蹟極多。過世之後，就拿書店出版的紀念集來說，內中所收各家所寫的各種傳記，就非常豐富，可資作傳記者參考。可是這裏只限於寫他的傳略，所以僅是簡簡單單的幾筆，勾出胡適之先生生平事蹟的輪廓，專記他最重要的事蹟而略他許多次要的事蹟。這就是寫作傳略剪裁材料的方法。就拿學歷來說，胡適五歲就開始在他四叔父家塾裏讀書，前後九年，讀過四書、詩、書、易、禮等經。又喜歡看紅樓夢、水滸傳等白話小說。十四歲，到上海入學校。十六歲，在中國公學讀書。宣統二年(一九一〇)，二十歲，考取庚款公費生，赴美入康南耳大學留學。畢業後不久，又進紐約哥倫比亞大學。民國六年，二十七歲，獲得哲學博士學位。──作普通傳記，當然可以詳細記他這些求學的經過。但這裏只寫事略，所以就得注意到材料的重要、次要或不重要的分別，而選擇那些屬於最重要或比較重要的事蹟來記。所以只記他「留學美國哥倫比亞大學，得哲學博士學位」這項在學歷上的最高成就，其餘都省略掉。寫經歷、成就、著作各項，也是如此。胡適的著作，有中文書二十多種，英文書三種，中文論文約四百四十篇，英文論文約八十篇，未定稿、未刋印的，尚不計在內。這裏僅舉流行而重要的數種。他的成就，也是多方面的。思想方面，他介紹了西方的實驗主義，自由主義；對於中西文化，他特別宣揚西洋的科學；對於文學，他倡導寫白話文，使語體文風行全國；對於政治，他主張自由與民主，以法治來保障人權。這裏單記「他是新文學創導者，提倡白話文」一事。因爲提倡白話文，是胡適之先生對現代中國一個大貢獻，也是最能使他個人不朽的一項成就。在經歷方面，胡適先生曾擔任過更多的職務，這裏只略記他「擔任北京大學教授、文學院院長、校長、中央研究院院長」，幾個和最高學術有關的銜頭，及一個代表國家的「駐美大使」。至於其他的小事經歷，一概不再詳述。由此，可知傳略的作法：留其菁華，只寫一個人最重要的事蹟。因此，我們讀古今人的傳略，常見寫道：「累官至禮部侍郞」，或「官至宰相」，或「歷任臺灣大學、師範大學教授」，其實這些人也曾經作過許多小事，掛過許多小小銜頭，但作者都省略不擧。另外還要注意一點，寫傳略還要有偏重地寫。譬如：記一個外交家，就偏記他辦外交的事。他當外交官的材料，我們採用；至於偶然在大學裏教幾小時的課程，可以不提，除非他在這方面也有極傑出的成就。像國父從事革命，我們可以記他革命的事蹟，至於他曾當過短期醫生，那在傳略裏也可以不提。所以寫傳略要在「材料剪裁」上下工夫，「擇其要而寫」。至於文字，因爲篇幅短，要盡量簡鍊，做到每一個每一行字都是必要的，沒有廢詞贅語。能把握住這兩個要點，寫傳略也就差不多了。

乙、軼事的寫法

軼事，又稱逸事、佚事、遺事。這種文體，根據劉知幾的說法，就是前代歷史書所遺漏，後人蒐求其他異說，添益補記的一種文字。劉氏認爲國史的責任，在記事記言；所見所聞，不能完備，一定有一些遺漏；於是好奇的人士就補充他的缺佚。像葛洪西京雜記的補充漢書，和嶠汲冢紀年的補充春秋。由劉氏的說法看來，所謂「軼事」就是補充前代歷史沒有記載的事。至於國語辭典說：「軼事，謂正史未載之瑣事。」這個解釋却有點錯誤，「正史」二字，應作前史才對；因爲實際上正史列傳記人軼事的很多。像史記管晏列傳，太史公就說「祇論其軼事」；五帝本紀，太史公也說「尙書」不記黃帝，「獨載堯以來事」；「其軼（指黃帝的軼事）乃時時見於他說」，「余擇其言尤雅者，著爲本紀」。由此可知正史也常採用軼事作爲寫傳記的材料。宋劉義慶世說新語，三十八篇，專記後漢到東晋，高士名流的逸事佳話。尤其是寫魏晋人浪漫的生活，曠達的思想，則機趣橫溢；音容笑貌，妙語奇行都活躍紙上。後來唐人編撰晋書列傳，就多採錄世說新語的記載；細讀阮籍、劉伶、石崇、王祥、周處等人的列傳，就可以知道。所以軼事可以說跟寫歷史傳記有很大的關係；軼事是補充前代歷史的缺佚，但後人編寫歷史却又採輯軼事作爲史料。史記所以成爲名著，就是因爲它採用許多軼事作史料；所以我們要想把傳記寫好，先要寫好軼事。

現代人對軼事的觀念，都認爲是短章小語的作品，所記都是人們的瑣屑小事。其實「軼事」起初只用指人的遺事，無所謂大小。如史記五帝本紀，記黃帝戰神農氏於阪泉，擒殺蚩尤於涿鹿，諸侯推尊，立爲天子，以及他治民的政績，娶妃嫘祖等軼事，都是記載黃帝的大事。這些有關黃帝的重要事蹟，前代史書—「尙書」不加記載，而散見其他各書。索隱說：「黃帝遺事散佚，時時旁見於他記。」又如史記管晏列傳記載的是管仲和鮑叔牙相交的事，以及他在政治上所謂「倉廩實而知禮節，衣食足而知榮辱」一些低調子的主張，還有管仲爲相後家境富有，生活奢侈的一些小事；而不詳記他做齊國宰相，九合諸侯，尊周室，攘夷狄，使齊桓公成爲五霸之首的這些大事。記晏子也只記他爲越石父贖罪，薦自己的車夫作大夫這些瑣瑣屑屑的小事；而不記他相齊景公，使齊國再度稱霸天下的大方面。由五帝本紀及管晏列傳記載的軼事，有大有小，可以知道軼事在古代只是用稱「散失的事」，而不論所記事的大小。西方的軼事名著「泰西三十軼事」、「泰西五十軼事」，也是大小事都記的。我想後來軼事所以逐漸趨向於專記瑣言小事，這大概是由於後代正史立傳，多詳記一個人的大事，結果遺佚下來的就都是一些小事，於是「軼事」所能補充的也就是這些小事罷了。像世說新語，片段短語，數百餘則，可作代表。

梁啓超先生說：「凡眞能創造歷史的人，不但要留心他的大事，卽小事也當注意。」專記名人大事，雖能使人明瞭他一生重要的事蹟；但是却容易流於千篇一律，猥雜枯燥。可是人們的一些小事，其實却常是最能表現這個人的性格、嗜好、思想，以及平常的言語行動的。司馬遷寫史記就注意記人的小事。如廉頗傳，記廉頗的大事，三回伐齊，兩回伐魏，一回伐燕，只用三四十個字，就算寫過；不寫他怎樣作戰，怎樣克敵，因爲這些戰功戰術，是良將所通有的，不大容易表現出廉頗這個人來。倒是記藺相如完璧歸趙，澠池立功之後，廉頗怎樣妒忌，經藺相如退讓之後廉頗又怎樣肉袒負荆請罪；晚年在外思念故國，當趙王派專使去看望他，他又怎樣「一飯斗米、肉十斤，披甲上馬，示尙可用」。寫這一些小事十分詳細，讀了就知道廉頗做人的短處在氣量褊狹，長處在重義氣，識大體；以及他「思爲趙將」的心理都能够活生生的刻畫出來。此外，如記司馬穰苴殺監軍莊買，孫武練女兵殺吳王寵姬，可以看出二人治軍的嚴正。記吳起的母喪不歸，殺妻求將，可以見出吳起的功利思想太過濃厚，趨於少義寡恩。記信陵君親自替侯嬴執轡，迎接他在衆人廣坐之中，可以看出信陵君的禮賢下士的情形。記平原君，因爲美人笑跛子，跛子要求殺美人謝罪，平原君終於殺了美人，却表現出平原君濁世翩翩的佳公子，但終究有些不識大體。史記因爲能够多記這些名人的小軼事，比起後代史書單記大事的，要寫得生動成功。

從上面的說明，我們曉得軼事的性質和歷史傳記的關係。現在再進一步探究它寫作的方法。因爲軼事是補充歷史傳記的遺漏，所以歷史傳記能够寫到的一般事項，如鄉籍、學歷、經歷等等，寫軼事就都可以不必細寫。又因爲軼事是用來表現一個人片截兒的性格、思想或生活，所以它又跟寫事略、寫傳記不一樣，不在於材料的剪裁上下工夫；因此，寫軼事不必廣泛地顧及一個人種種方面的事蹟，只在於如何去把握住一個人的一件遺事，加以描寫；凡是能够表現出這個人的某一種性格或思想、生活、成就的瑰奇的行動，雋妙的言語，我們就要盡量把它把握住，用簡潔的文字，用趣味的筆調去表現，但也可以委曲詳細地描寫。成功的軼事，能够使傳中人的形貌聲容，躍然紙上。

現在，再節錄三篇古今中外的軼事作例子。

㈠謝安賞雪（語譯自「世說新語」）

謝太傅在寒冬下雪的日子，集合家人，和兒女講解討論文義。不久，雪下得很大。太傅歡喜地說：「白雪紛紛何所似？」他的姪子胡兒說：「撒鹽空中差可擬。」姪女道韞說：「不若柳絮因風起。」太傅大笑樂。

這片段文字，僅寫謝安和他的姪子賞雪的一件軼事，而表現出謝安及他家人的風流儁雅。所以晋太元八年，肥水大戰前夕，苻堅率八十七萬大軍南下，聲勢極盛；晋人震動，而謝安還能够不動憂色下棋遊山，指揮若定，當是這種性格的反映吧。

㈡吳稚暉拒收車馬費

民國三十三年春天，吳稚暉先生參加教育部國語會舉行專門委員會議，擬製析音符號。會開過後，部中備函派人送去車馬費二百元。結果他原款退還，並且在信封後面批說：「既沒坐車，又沒騎馬，車馬費何爲？」

這段文字僅寫吳稚暉先生不受車馬費的一件軼事，却正刻畫出吳稚暉先生的清廉高潔的人格。

㈢瓦特與茶壺（節摘自中譯本「泰西三十軼事」）

一個蘇格蘭的小孩兒，坐在他祖母的廚房裏，看着爐中的紅色火光，沉思各種事物的原理。「我想這壺裏一定還有些什麼東西，在推動着蓋子，使它發出聲音來。」那個孩子拿了蓋子，瞧瞧裏面，看不見什麼東西，只有滾着的水。那水汽非等到從壺裏噴出來後，是看不見的。「從這一點兒水生出來的水汽，力量就那麼强大。那麼，從更多的水中生出的水汽。爲什麼不能產生更强大的力量呢？爲什麼不能舉起更大的重物呢？爲什麼不能轉動車輪呢？」一天又一天，他總想着這個問題；一晚又一晚，他總是坐在廚房裏，看着水壺裏噴出來的薄白色水汽。

這個思想跟着他一起成長起來。他經過長期的研究，終得到一點結論。他一次接着一次試驗，一次接着一次失敗。但是在每一次失敗中，他總學到一些新的知識。詹姆士瓦特終於成功地製造一個蒸汽機的模型。從研究這樣一個最簡單的東西—茶壺，却產生現在最有用的發明物。

這篇文字是專就瓦特因爲看見茶壺的水開了而發明蒸汽機一件事；原來的全文寫得非常詳細，重點集中於瓦特和他祖母一段有關水汽的對話；由對話中，描寫出瓦特從小就是一個喜歡探究事物原理的人，刻畫出一個發明家成功的地方。如果是寫歷史性傳記事略，記瓦特發明蒸汽機一事，可能只要寫如下面一行文字：

「瓦特，英國技師，發明蒸汽機。」

就可以了。稍爲詳細一點，也可能寫成：

「瓦特，英國蘇格蘭人，格拉斯哥大學數學儀器製造員，蒸汽機的發明家。因爲小時候見水沸而壺蓋振動，悟及汽力原理。專心研究，終於西元一七六四年，發明凝結汽機。後來，又發明汽壓表，汽動錘，火車頭及雙動機等。蒸汽機各主要部分，到瓦特時代，才告完備，開拓晚近工業的新紀元。」

這些記載，雖然能够使我們瞭解瓦特的事蹟與成就，但却看不出詹姆士瓦特的研究精神，和他所以成功的地方。但是從瓦特的軼事，我們却可以知道瓦特所以成爲蒸汽機發明家，實在是由於他從小具有探求物理的研究精神與毅力。由瓦特軼事，可見軼事也可以就史傳中已有的事蹟，加以鋪敘描寫；但是它的目的，不在於記載這個人的事蹟，給人一些歷史的知識；主要在就這一軼事來表現這一個人的性格、生活罷了。

最後，要附帶說明一點，軼事仍屬於歷史傳記體的一種，所以寫作的態度，一樣要注意到「眞實」二字，應當有事實作依據，不可以僅靠掇拾傳聞，加以虛構，以至於眞僞不分，是非相淆。

丙、歷史性傳記的寫法

司馬遷創列傳體，後代正史都沿襲這種體式，列傳幾成爲中國舊歷史不可少的部分，這跟西洋「歷史」、「傳記」分家的現象是不同的。不過史記、兩漢書、三國志，還是私人的著述，這時文士私下替人寫傳記還很多。但是從晉書之後，歷朝設立史館，規定官修正史，由皇帝命令史官在國史立傳，爲人作傳記逐漸成了史官的專職。不是史官，就不能替人作傳。文人私撰的傳記，只限一些默默無名的小人物，如果要替有名的人物作傳記，只能寫行狀、家傳、逸事、神道碑、墓誌銘、事略、外傳、評傳、年譜，不能稱做「傳」。像柳宗元作段（秀實）太尉逸事狀，而不稱「段太尉傳」，由於柳宗元不是史官的緣故。清劉大櫆說：「古之爲達官名人傳者，史官職之；文士作傳，凡爲圬者、種樹之流而已。其人既稍顯，卽不當爲之傳；爲人行狀，上史氏而已。」圬者指韓愈作圬者王承福傳，種樹指柳宗元作種樹郭橐駝傳。不過古代正史立傳，不甚拘品位，記事也很詳細。後代史館設立，做官不是賜謚或死事的，不得作傳。清乾隆四十年，更規定一品官才賜謚（見姚鼐古文辭類纂序傳狀類）。人死了後，根據生前的行誼，評定善惡，頒賜謚號，這種人物，畢竟不多；

那麼一代的人物能立傳正史的，就沒有幾人了。因爲史例嚴格，宋以來文人私撰的家傳漸多。民國成立，史官撰傳的專職打破，現在私人撰的各體傳記紛然雜陳了。所以由寫傳記者身份看來，傳記可分做兩類：史家作的傳記和文人作的傳記。史家的傳記所寫的，都是有名的，在歷史上值得一傳的人物——記他的善，可以垂範後代；記他的惡，可以警誡世人。至於文人寫的傳，專憑個人的私意而作，不問這個人的事蹟有沒有可傳的價值。

史學家和文學家的觀點不同：史學家認爲傳記要流傳後代，應該寫「功冠一時」，或「遺臭萬年」的人物；所以「爲惡縱暴，其罪滔天；或累仁積德，其名蓋世」者，這一類才是史家筆下要替他寫傳記的人物。梁啓超說：「每一篇傳記都應該有深意，從全社會或全時代着眼，用人物做一種現象的反影。」史記每一篇列傳就代表某一方面重要的人物。如：伯夷列傳，寫的是古時候高士賢者的典型；管仲、晏嬰、商鞅、范睢列傳，寫的是春秋戰國時代政治家的代表；孔子世家、老子、莊子、申不害、韓非、孟軻、荀卿列傳，寫的是先秦最重要的學者和思想家；田單、樂毅、廉頗列傳，寫的是當時各國的名將；司馬穰苴、孫武、吳起列傳寫的是傑出的兵法家；蘇秦、張儀列傳寫的是當時合縱連横兩大派外交家的領袖人物；孟嘗、平原、信陵、春申四公子列傳，寫的是當時的新貴族；貨殖列傳代表當時企業的發展，經濟的成長的勢力；遊俠、刺客列傳代表在當時特殊的風氣下產生的人物。從歷史家的觀點，去寫一個人的傳記，必須這個人在歷史上有相當的分量。由於他的活動，而創造新的歷史，或者能推進歷史的巨輪前去，或者能反映出這一個時代生活的影子。

思想的巨流；或者是在某一方面有他個人的一點一滴的成就；或者是一時窮凶極惡的人物。史學家作傳：記善則在表揚人的大善，記人的嘉言懿德，或高風異節，卓行偉績，忠烈貞義，慈孝友悌，仁智賢明，才力技藝，把他發揚光大，使他和太陽月亮高山大河一樣的長存宇宙。記惡則揭露人的凶暴邪惡，或姦佞不肖，或爲禍人類，或出賣國家的行爲；這些人往往關係一國一代的存滅興亡，記他的行跡，可作誡示世人的鏡子。正史中酷吏傳、姦臣傳、叛逆傳，就是由於這個觀點而存在的。

歷史性傳記與文學性傳記寫法是不同的。劉知幾說：「國史之美者，以敍事爲工；而敍事之工者，以簡要爲主。」（見史通敍事篇）。因此史學家作傳記，也都比較着重文字的簡潔，記事的扼要，勾畫一個人的生平要做到清晰得體。文人作傳記，文學的意味比較濃厚，寫人寫事，常常就簡單的史料而運用豐富的想像，加以鋪敍繁衍，俾能寫得栩栩若生，飛動感人。一簡單，一繁富，這是歷史性與文學性敍事不同的地方。當然成功的史學家筆下的傳記，也常常是完美的文學作品。如司馬遷的荆軻傳、信陵君傳，班固的李陵傳、蘇武傳都是。現在將作歷史性傳記，應該注意到的事項和方法，闡明如下：

⑴姓名、字號、籍貫、生卒年代：這是一般傳記應該寫到的項目。前人常取有許多字號。如：「馮夢龍，字子猶，一字猶龍，又自號姑蘇詞奴，顧曲散人，墨憨子，茂苑野史。」詳細記載他的字號，可以幫助讀者對馮氏在其他方面的了解。像今古奇觀序說：「墨憨齋增補平妖。」平妖傳張無咎序說：「蓋吾友龍子猶所補也。」古今小說，綠天館主人序說是「茂苑野史家藏通俗小說」刻

印。假使我們沒讀過馮夢龍傳中所記的這些字號，就不會知道「墨憨齋」、「龍子猶」、「茂苑野史」究竟是什麼人物？如果馮夢龍傳不詳記這些字號，後人也就無法考出「墨憨齋」、「龍子猶」、「茂苑野史」是誰了！也就不知道「平妖傳」和「古今小說」，是馮夢龍所補所編的了。又字號常常是自己取定，而寄有別意。由馮氏的別號「姑蘇詞奴」、「顧曲散人」，又可以知道他不單是小說家，而且是江蘇吳縣的詞客和戲曲家。（據新傳奇品，著錄有墨憨齋傳奇「萬事足」「風流夢」「新灌園」三本，並評價他的作品說，如「芙蓉映水，意態幽閒」）。由此可見字號在傳記中，雖然是很小的一項，但也是很重要的。至於記人的「籍貫」，「生卒年」，則可便於人了解這個人的地域和時代的背景。譬如我們知道詩人屈原是楚宣王二十七年到楚頃襄王十四年（西元前三四三—前二八五）間人。當時，楚國歷史是親秦派的得勢，國運的衰弱；那麼我們讀他的「離騷」、「哀郢」、「懷沙」，其中所抒寫的滿腹牢騷、哀念、絕望也就更容易理解了。又如晉陶潛生在潯陽柴桑（今江西九江附近），他的家面對匡廬山，又稱南山，，風景很美；那麼我們讀到他寫的「采菊東籬下，悠然見南山」，「種豆南山下，草盛豆苗稀」這些詩句，不但倍感親切，而且可以增添許多趣味。所以籍貫、生卒年代，也是作傳記必須記錄的一項。過去史傳往往不重生卒年，以致後人不能窺見他正確的時代背景，這對於一個人事蹟或作品的了解，就有種種隔膜困難了。記人籍貫的方法要注意到「原籍、出生地和古今地名的不同」；所以記古人的籍貫，不單要記出當時的地名，還要用「夾注號（）」，注出現在的地名。記古人的生卒年代，也是這樣，要記出當時年代，而且也要注出西元年代。俾能對照。

(2)學歷和家庭：對於做人和事業的影響是很大的。一個學者的成功往往奠基於他的努力求學。譬如孔子的求學：問禮於老子，聞樂於齊太師（論語作魯太師），學琴於師襄，刪詩三千多篇，去其重複，晚年喜歡讀易，至於韋編三絕，又因魯史作春秋；所以孔子能以詩書禮樂易春秋六藝傳授弟子，成爲萬世師表。史記孔子世家，詳細記載孔子這些爲學的事蹟，是有道理的。家庭和個人的關係也是很密切的，好家庭自然產生優秀的人物，壞家庭自然是製造社會敗類的淵藪。如孟子因他母親三遷的教養，終於成了儒家的亞聖。又如漢朝人郭解因爲父親是個不惜命的俠客，所以他從小成了就长良的少年，後來雖然改過，終難逃國法的制裁。孟、郭二人的成敗，都和早年的家庭教育及環境有關。因此我們作傳記，也應該注意到一個人的學歷、出身，求學經過，師承淵源，朋友交遊，家世以及其環境等等。不過這類材料入傳與否？要注意到一個人事蹟的連貫性與因果關係。譬如寫孔子傳，就要詳寫他的求學的事；因爲他是一代哲人，學問對他的偉大成就有相當大的關連。寫郭解傳，就不必詳細記他求學的事；因爲他只是一個俠客，學問對於他游俠的事蹟，是無關重要的。

(3)才能、德性：才能對人的事業成就有關，德性的修養對人立身氣節，處事態度有關。像左傳襄公三十一年說：鄭國大夫子太叔「美秀而文」；意思就是說他長得漂亮，才幹優秀，辭令儀容文雅；這都是天賦、才能，所以他出使國外，應對賓客，鮮有敗事，成了春秋時著名的外交家。尙書堯典稱帝堯「允恭克讓」，說他的德性是眞能做到恭敬謙讓的地步。他後來禪讓天下給虞舜，應當是這種德性的表現吧。白居易生來六七個月，就能認識「之」「無」兩字，五六歲就會作詞，九歲就懂聲韻，十六歲作古原草詩，說：「野火燒不盡，春風吹又生。」爲當時的作家顧況所激賞。作白居易傳，記敍他早慧作詩的天才，自然可以幫助讀者了解他後來在詩歌上的成就與造詣。記人的才能、德性，目的在彰顯人的事蹟。特殊的形貌，有時也可以偶記一筆，前史如記隆準、日角、重瞳、飄髯是。

(4)言語文章：一個人的情感、思想，常在他的言語及文章中表露出來。老子、莊子都是代表道家的思想家，但老子僅做過周守藏室史，莊子做過蒙縣漆園吏，事蹟平凡，沒有什麽精采的功業可記。所以我們作老子、莊子的傳記，應該偏重記他們對人生、道德、政治、宇宙種種學說；這樣的老、莊傳記才有價值。史記老、莊列傳，僅簡單記他們的事蹟。後人讀這篇傳記，實在無法了解這一些偉大思想家學說的內涵，卓越的地方，所以可以說是寫得很失敗啊！又如賈誼是漢朝青年政治家，但是他懷才不遇，又不幸夭逝，在事功上也沒有什麽可記的；但他的政論却是值得一提。當時他在政治上眼光的遠大，對封建、對匈奴、對風俗都有精確的見解。班固漢書在處理賈生的奏疏方面，確比史記高明一些。像這類有關一個人學說、思想、見解的文章，我們應該摘要或轉錄入傳。「對話」可以表示人的情思、個性、事蹟；傳記記人事蹟也常常配合上對話。如漢書蘇武傳，記蘇武罵衞律投降匈奴、畔主背親一段，和拒絕好友李陵勸降的一段話，不但寫出蘇武拒降的事蹟，同時也顯示了蘇武大義凜然堅定不移的心志。還有的專記些別人的言語，來反映被傳的人的性格與爲人。如後漢書黃憲傳就是彙輯同時人荀淑、戴良、陳蕃、陳舉、郭林宗對黃憲的觀感評價的話，如「可以作我的模範表率」，「實在很難了解測度他的偉大」，「只要個把兩三月間，沒看到黃先生，粗鄙貪得的念頭，又充滿內心」，「他是又深又大的，就好像千頃大的池沼，……眞是不可測量的啊！」用這些話反映出黃憲是一個道德完美天性純全的人物。至於怎樣引用文辭，史漢以後，引用詩文言論入傳，繁富爲多，常將長篇巨幅文字引入。這常使披閱者，感到懵然厭煩，除非作專史（如：哲學史、文學史、政治史），一般的傳記記敍言語，採用文章，只宜取其有關事蹟的言論與文字，加以簡縮，撮其要點入傳，務要做到繁簡合宜。否則連篇夾注，也會破壞行文的氣勢。載文繁富，雖有保存史料的價值，但却非成功的傳記。史記所以成功，在這記言載文方面，有它合理的配合。譬如項羽本紀，寫垓下之圍，項羽和心愛的虞姬死別之際，插進項羽別虞姬的「力拔山兮氣蓋世……」的歌辭，於是寫盡了一代英雄末路、慷慨悲歌的心曲。又如荆軻傳，記荆卿的入秦，燕太子和賓客餞送易水邊，這時插入荆卿的悲歌：「風蕭蕭兮易水寒，壯士一去兮不復還。」於是在干雲的猛氣中，却也透出一絲斷魂的別緒。言語和事蹟如何配合，這在寫傳記是很重要的一種技巧。傳記記言語、文章，一般都是和事情秉記的。至於引用詩文，則以引原文爲主，不可隨意改竄。如上面易水歌，就不必再譯成白話，以致失去原有的情味。至於記言語，因爲現代的人作文應用語體文；作古人的傳記，因爲有許多是文言的史料；所以我認爲可用翻譯方法，揣摩語氣語意，改用現代白話寫出，不必再抄襲古代語了。司馬遷作史記，引用尙書中古語，常把它改成漢時語。至於我們記當代人的口語，可以據實而寫，或稍加精鍊、潤色，而絕不可失它梗概，這樣才能傳達出言語的風神。所以我們讀史記留侯世家，至「漢王怒酈生曰：『豎儒，幾敗乃公事！』」當日劉邦的口吻如見。現在寫這句話，可改用白話，寫如：「豎儒，幾壞了您老子的事！」也未嘗不能顯出當日劉邦的口吻啊！

(5)事蹟：傳記最主要的一項是事蹟。所謂「事蹟」，包括行事、經歷、功業、成就等等。劉知幾說：「史之美者，以敍事爲先」，「事美者其書亦工。」可是世上英雄賢俊不多，未必常有奇事異聞可記。作傳的人如何，伸展才華，敍事成章，把繁雜的史料，縱橫的事實，連貫整理，成爲有條理有系統的傳記；又怎樣修飾詞句，闡顯深旨，寫成「文而不麗，質而非野」的篇章；使傳中的人物能夠流傳千秋萬世，使讀者能夠由樂意讀它，而得到了完整的知識。這一些都要靠作者敍事得體。一般記事的方法，有「編年」和「紀事」二體。

A編年的體裁：始自春秋經，以年代（或年歲）爲中心。敍述人一生大小事蹟，完全依照發生的前後，按年逐月，編寫下去，不可有絲毫更動。其形式，是某年，幾歲，有什麼經歷，作有什麼事。這種體裁的缺點，在形式呆板，有如帳簿，讀來比較枯燥乏味；好處在能將一人的平生行事，鉅細不漏，首尾畢見的列舉出來，撮要舉凡，存其大體，使讀者能瞭然一個人多方面的事蹟，以及事蹟和時間的關係。這種寫法，便於人查考研究用。如梁容若先生記「歐陽修在宋仁宗天聖九年，任西京（洛陽）留守推官，和詩人梅聖俞交遊」；那麼，當我們讀到歐公集中書懷感事寄聖俞詩，說：「三月入洛陽，春深花未殘，……逢君伊水畔，一見已開顏。」根據上面記載，可以考定這首詩，是歐、梅二氏始訂交時的作品。編年體傳記常可供人線索，作爲研究作品之用。所以寫文學家傳記，用這種編年體較佳。如寫歐陽修的傳記：

「歐陽修字永叔，號六一居士，是宋代的古文大宗師、政治家、詩人，吉州永豐（江西永豐縣）人，生於眞宗景德四年（公元一〇〇七）六月。他四歲喪父，母親鄭氏立誓守節，帶他到湖北隨縣，依靠叔父曄生活。家貧，由母親親自授讀，沒有紙筆，就用荻莖畫地學寫字，因爲聰明過人，努力讀書，少年就有名。仁宗天聖八年（一〇三〇），二十四歲中進士甲科。次年到西京（洛陽）任留守推官，與古文家尹洙（師魯）詩人梅堯臣（聖俞）交遊。二十八歲回京，任館閣校勘，飽讀中祕典籍，參與編輯崇文總目。三十歲因爲寫信痛罵諫官高若訥依附權貴，昧於是非，被貶官作夷陵（湖北宜昌）縣令。以後作過乾德（湖北光化縣西部）縣令，武成節度使判官，滑州（今河南滑縣）判官。慶曆三年（一〇四三）知諫院，以直言見知於仁宗，參與修起居注，知制誥。五年（一〇四五）因流言誣陷，貶官知滁州（安徽滁縣），在滁州自號醉翁。徙知揚州、潁州（安徽阜陽），留守南京（河南商丘）。至和元年（一〇五四）升任翰林學士，奉命重修唐書。次年出使契丹，因爲他的文名震動鄰國，很受優待。嘉祐二年（一〇五七）知貢舉，全力排抑險怪奇澀的太學文體，拔取蘇軾曾鞏等，使當時的文風一變。次年知開封府。嘉祐五年（一〇六〇）新唐書修成，因功拜禮部侍郎，兼侍讀學士。尋升樞密副使，次年八月任參知政事。當時宰相爲韓琦，兩人同心輔政，雖然仁宗衰老，英宗繼位又多病，而六七年中，作到天下清平。治平四年（一〇六七）神宗即位，修力辭繁劇，遂以觀文殿學士，出知亳州（今安徽亳縣）。次年轉知青州（山東益都），又二年轉知蔡州（河南汝南）。熙寧四年（一〇七一）七月，以太子少師告老，歸隱於潁州（安徽阜陽）。五年（一〇七二）八月病卒，年六十六歲，贈太子太師，諡法文忠。」

寫歐公的家世、求學、經歷（如任留守推官）與行事（如與古文家尹洙，詩人梅堯臣交遊），係採編年體裁，按年代先後而寫。

有時，我們也可以用編年體，專記一個人某方面的事蹟。如蔡元培是教育家，可以按年代專記他求學與教育的事蹟，其他不記。若將年代提高，並頭排比，就成了年表式的傳記。

B紀事的體裁：始於史記列傳，這是以事蹟爲中心的。它記人事蹟，但順着行文的方便，或作者注重之點，提上按下，自由撰寫，而不必依照事情發生的先後。每個人的志趣、事業都有所偏，所以要想爲一個人作傳記，只要選他一生中一兩件最值得、最能够代表這個人的重要事蹟爲中心，加以記述。如史記信陵君傳，主要寫信陵君救趙的事蹟就以「救趙」一事爲中心，記他如何禮賢下士，結交侯生、朱亥；又如何在魏安釐王二十年，秦兵圍困趙國首都邯鄲時候，採用侯生的計策，倫盜了魏王的兵符，和朱亥前往軍前，椎殺了魏軍統帥晉鄙，而率領魏軍，進擊秦兵，而保全了趙國；趙王又如何感激他，想報答他解圍之德。但他終因矯傳魏王之令，奪晉鄙之兵，獲罪於魏王；後來雖率各國諸侯大軍，破秦救魏，終不能獲得魏王的諒解，終以毀廢不能伸其大志而卒。記信陵救趙一事始末，非常詳細。這種體裁的好處，可以使讀者對一個人重要事蹟的因果，經過的情形，有個連貫透徹的了解。至於一個人的事蹟方面很多，就要多方面的記述。這時，可以分成若干段（或若干章）來寫，每段（或每章）以一件事（或一方面事，或一時期事）爲中心，並分別其事的輕重，重的多寫，輕的少寫，輕重相等的，就平均分配。這種寫法，如張蔭麟子產執政一篇，就是把子產的事蹟分成五段來寫：第一段寫子產的革新鄭國的內政。第二段寫子產對輿論的態度。第三段寫子產的貫徹政令。第四段寫子產的破除迷信。第五段寫子產對外交問題的處理。由子產這五方面的事蹟，寫出子產在鄭國執政的情形。用這種寫法，就是極繁富的事蹟功業，也可以將他整理得井井有序。

傳記寫人事蹟的方法，不外上述兩種。但是在記事蹟的時候，還要注意到一點，就是時代背景的插入。時代背景與人事常有關係，如顧炎武雖然少作政治活動，但他的生涯却完全受政治影響，他的言行都和明朝的滅亡，清人的入主中原的時代背景有關。所以作顧炎武傳，記他行事、言論、思想若不附記時事，就不能了解他的全人格和學問的內容。所以時代背景在記人事蹟時候，也要隨時恰當地配合寫入。

(6)配偶、子女及其他事蹟：在事蹟後有時也可以附記一二筆。

(7)作品：學者、思想家、作家、畫家、詩人、音樂家、工程師、科學家，或有他們的著述或作品、畫幅、譜曲、建築物、發明物的流傳，所以寫這些人的傳記，在傳末應該列述他們重要作品的名稱，並注明流傳的情形。寫專史傳記，如：文學史還要轉錄他的代表作品，繪畫史要插入名畫的圖片，並加介紹，評價。

(8)影響：一個有成就的人物，並不因他生命的過去，而終止他對人類的影響。如唐朝王維創了水墨渲染的畫法，就風靡了文人畫界，歷代繼承他的畫風的名家極多，於是形成我國山水畫的一派—南宗畫派。像這種影響深遠的人物，寫他傳記，最好在作品之後，能附記他對後代影響的情形。

(9)評價：有成就的人，常引起後人批評他的價值：或褒揚他的成功，或指出他的缺點。成功地方，引人效法；失敗地方，使人警戒，不蹈覆轍。愈偉大的人，遭到的批評就愈多。並且常會引發後人的研究興趣，評論得失，解釋凝滯，辯析疑惑。所以過去史傳中間或傳末，每附有論贊性的文字，而且各家有他專名。如：春秋左氏傳每發議論，常借用「君子」的名義，來發揮自己的意見；其他二傳用「公羊子」「穀梁子」；史記用「太史公」；漢書用「贊」；荀悅漢紀用「論」；陳壽三國志用「評」；王隱晉書用「議」。現代人雖有批評，却不用這種專名了。他們有的人寫在傳記的開頭，常作攏統扼要的讚辭，說明這人的成就，在歷史上的地位，目的使讀者在未了解這人事蹟以前，對這人先有一個概括的觀念，以引起閱讀下文的興趣。它的寫法，短的三言兩語，長的一大段。但一般大都是寫在傳末，作蓋棺論定的評價。使人在了解這人的事蹟後，又了解他的事業的功過，學說的是非，行事的得失，作品的好壞，種種價值。對他行事疑惑的地方，由作傳者的論議，也可以完全釋然了解了。還有一種是寫在傳記的中間，用夾敘夾議的方法，一邊記人事蹟，一邊就加小評，處處加以指點。如史記伯夷傳、屈原傳，就是用這種寫法。批評的態度，一種是主觀的批評，一種是客觀的批評。客觀的批評，是以他人的批評為批評。他人對某人的批評如果很妥當，是可以代表某一部份人士的觀感與意見的；那麼我們就可以轉錄引用，作為對某人的批評；這種叫做客觀批評。主觀的批評，是根據作者個人的印象、觀感、意見，來寫批評性文字的。如梁容若作「歐陽修先生的生平與著作第三段」，就是批評的文字：

「文忠為人剛正無私，主持清議，排佛老，倡節義，傾動朝野。因為嫉惡如讎，也常為奸人所中傷誣陷。早年熟讀昌黎文集，思想上文章上深受韓愈的影響。盛倡文章為「載道」「致用」之說。他的作品委曲紆徐，神韻縣邈，說理剴切，敍事簡練，抒情眞摯，羣推為兩宋第一大作家。三蘇父子、曾鞏、王安石等作古文都受他的影響，也因為他的提攜讚美，才名滿於當時。王安石批評他說：「形於文章，見於議論，豪健俊偉，怪巧瑰琦，其積於中者，浩如江河之停蓄；其發於外者，爛如日星之光輝；其清音幽韻，淒如飄風急雨之驟至；其雄詞閎辨，快如輕車駿馬之奔馳。」蘇軾也說：「著於禮樂仁義之實，以合於大道，其言簡而明，信而通，引物連類，折之於至理，以服人心。」他的詩以清新自然為特色。詞則宛約清麗，瀟灑纏綿，無不曲盡其妙。在說經、辨偽，考古等學術方面，也有不少新的貢獻。」

這一段爲批評性文字，介紹歐公的爲人、行事、得失等等，以及思想、文章的淵源。並對他的作品風格與成功的地方，加以贊揚。又指出歐公對當時三蘇父子、曾鞏、王安石等人的影響。又引用王安石、蘇軾二人對歐公的評語。最後作者又分別介紹歐公詩、詞的風格，以及他在說經等方面，也有貢獻。使讀者對歐陽修各方面的成就，有所認識。引用王安石、蘇軾對歐公的文章做人評語，是客觀的批評。至於其他批評與說明，則是作者梁先生自己主觀的評語了。史傳的批評文字，有時很難寫得很妥當。如班固的深排賈誼，范曄的虛美隗囂，陳壽謂諸葛亮不及管仲，魏收稱爾朱可方伊尹，有評論失實，有比擬不當；所以應該非常公正，絕無成見，還得有卓越的史識，才能寫得好史評，下得好斷語。

上述九項，並不是說作傳記時，項項都要寫到。大抵第一項是必須寫到的；其他八項，則視人事而定。人的事蹟千變萬化，而且各有所偏，所以作傳記也要屈曲多變，以適應各人的事蹟，通常是偏重的記人的一部分：或事業、成就最偉大的方面，或才能、德性最高的方面，或思想、文章最卓越的方面，或言談、行爲最飄逸獨特的方面。所以有的寫這幾項，有的寫那幾項，運用之妙，存乎一心，而不應被常例所拘。

丁、文學性的傳記的寫法

文人替人作的私傳，當然也可以從史學家的觀點，專去爲名人、偉人作傳的。如西方人所寫的政治家林肯、小說家托爾斯泰、詩人拜倫、戲劇家莎士比亞、畫家梵谷、雕塑家米蓋朗、音樂家蕭邦的傳記；這些人都是世界上不朽的人物，所以拿他們作作傳作記的對象，結果都成爲傳記中的名著。這類歷史性的人物，自是鳳毛麟角一樣的少，一代不過那麼幾個人罷了，文人的筆觸不得不擴及到周圍的小人物中傑出者，記他們的片善微功，細德小才了。或是借傳記中人物的言行來寄託作者個人的對人生、社會、政治等等觀點。近代一般文士寫的傳記，大都是這兩三類的作品。

西方文學性的傳記比較發達，寫傳記著名的也很多；如法國大作家羅曼羅蘭一個人就寫了貝多芬、彌蓋朗基羅、托爾斯泰等三大部傳記，用美妙的文字描寫他們不朽的事蹟與偉大的成就，使我們認識了他們人生的價值。

但文學性傳記跟歷史性傳記一樣，都不是憑空虛造的，都要根據史料來撰寫；最大的分別是後者求歷史的眞實，前者求文學的眞實。歷史性傳記完全要依據所蒐集的史料，撰寫所知道的史蹟，態度要客觀不可添油加醋，矯揉造作；行文愈忠於史料，愈能符合史實，可取信的價值也就愈高。所以寫歷史傳記，要做到每一行的文字都得有來歷，盡可能忠實地保存事象的原來面目——這就是所謂「歷史的眞實」。文學性傳記，雖然也是拿史料作寫傳記的根據，但却不是十足地依照史料來寫的，作者可以就史料事實，別出心裁，作新安排新綜合；還可以運用辭藻，描繪鋪敍，使它成一完美的藝術的作品。它不只是給人歷史知識，還要能够敲動人的心弦。所以，在文學家筆下的傳記，大都摻入了作者自己的觀點與想像力。羅曼羅蘭評托爾斯泰的作品說：「他對於他的父母是不大熟知的，大家知道他的『童年時代』與『少年時代』中的可愛的敍述，極少眞實性；他的母親逝世時候，他還沒滿兩歲。」又說：「托爾斯泰失怙正是九歲，但他却把這喪父悲痛的回憶，變成追寫他母親的死與安葬的事了。」（見托爾斯泰傳二）。這種以舊事情作新安排，是很好的文學的手法。梁容若先生也把他寫仁聖吳鳳傳的經驗告訴我們，他說：「打算以我們的觀點，把吳元輝（鳳）的故事教材化，代替日本小學讀本留下的歪曲印象。」又說：「原文從吳鳳廟敍述起，可是那時候事實上我沒有看過吳鳳廟，只是就得到的照片，碑文。參考他人的記述，想像改寫成篇罷了。」（見嘉義吳鳳廟巡禮）。由此可知「想像」對寫作文學傳記的重要性。

近代有些文學理論家提出「文學的眞實」，作爲寫作的依據。所謂「文學的眞實」，和寫歷史所求的眞實不同。歷史家追求的是事象上的眞實，所以要盡力寫出事蹟的眞相與當日的實情。文學家所講求的眞實，是訴於人類的心靈意識上的眞實；實際上未必「眞是如此」。所寫的事，可以依據作者的想像來撰寫。但這種憑想像的撰寫，仍然是以現實的一切爲基礎，務要寫得合情合理，這樣才能使人感覺它是眞實的。譬如清代無名氏作「蝴蝶夢」一劇，又名「大劈棺」，演莊子試妻的故事。莊子新喪；他的學生楚王孫前來相訪，得知莊子已死，就要執喪百日，以盡其情。楚王孫生得面如傅粉，唇如塗朱；因此新寡的莊子的妻子，遂生情愫，論及婚嫁。正在這時楚王孫心痛舊病復發，快要死了，需要用人的腦髓作藥。莊子的妻子因爲熱愛楚王孫，就劈棺取腦。這個故事當然純屬「子虛烏有」，只不過是作劇者由莊子中寓言「莊周夢爲蝴蝶」（齊物論），「莊子妻死了，鼓盆而歌」，「莊子看見空髑髏，不樂爲人」（以上見至樂篇），增益衍化而成，以表現莊子對人生的看法。但在舞臺上演出，却常使世上的愚夫愚婦以爲「眞有其事」，而咒罵婦人心性狠毒。看戲替古人擔憂，讀小說而隨情節哭笑無常，都是因爲在意識上感覺這是眞的，相信這是眞事，才有這種反應。又如「三國演義」，是七分實事，三分虛構；可是過去許多人却常以爲「三國演義」所記的全是眞人眞事，甚至在文章裏認眞引用。由此我們可以進一步了解「文學的眞實」一語所包蘊的意義，純是由意識上去體會，而感覺它眞實。所以我們若用文學的筆調去寫一個人的傳記，作法必然要和作「歷史性傳記」有些不同。「文學傳記」除了根據史料、史實之外，還容許作者加上想像，稍加變動或增添，甚至有些地方還加以虛構；在寫法上說，除用記敍的寫法，還可以摻以描繪鋪張的技巧，將這個人的內在的心理狀態，外表的行事，都描寫得入情入理。所以它介紹一個人的一生不只是像幻燈那樣放映出一幅幅生活的畫面，而是像一個大導演安排下的傳記影片，來介紹一個人多采多姿的事蹟，其中有許多極細膩的描寫，彩繪的畫面，魅人的詩意，精微的情感，活生生的對話，悲泣歡笑的行事，構成一篇有血有淚有光熱有生命的文學性的傳記。

但是我們在寫文學性傳記的時候，必須先從整理材料，安排全篇的大綱重點下手；然後再依據重點，運用豐富的想像力，從多方面斟情酌理鋪敍他的事蹟，要注意的不是歷史上是否有過這麼每一個事實，而是在文學上是否能使人覺得眞實，衡情度理是否應該如此。這樣寫，若能使人意識到眞實。那就是成功的文學性的傳記了。吳敬梓在儒林外史裏描寫王冕的少年時代，就是這一類的作品。

王冕的少年時代

吳敬梓

元朝末年，出了一個嶔崎磊落的人。這人姓王名冕，在諸暨縣鄉村裏住。七歲上死了父親，他母親做些針黹供給他到村學堂裏去讀書。看看三個年頭，王冕已是十歲了。母親喚他到面前來，說道：「兒啊，不是我有心要躭誤你。只因你父親亡後，我一個寡婦人家只有出去的，沒有進來的；年歲不好，柴米又貴；這幾件舊衣服和舊傢伙，當的當了，賣的賣了；只靠着我做些針黹生活尋來的錢，如何供得你讀書？如今沒奈何，把你僱在間壁人家放牛，每月可得幾錢銀子，你又有現成飯吃。只在明日就要去了。」王冕道：「娘說的是。我在學堂裏坐着，心裏也悶；不如往他家放牛，倒快活些。假如我要讀書，依舊可以帶幾本去讀。」當夜商議定了。（第一段）

第二日，母親同他到間壁秦老家。秦老留著他母子兩個吃了早飯，牽出一頭水牛來交與王冕，指著門外道：「就在我這大門過去兩箭之地便是七泖湖。湖邊一帶綠草，各家的牛都在那邊打睡，又有幾十棵合抱的垂楊樹，十分陰涼。牛要渴了，就在湖邊飲水。小哥，你只在這一帶玩耍，不可遠去。我老漢每日兩餐小菜飯是不少的，每日早上，還折兩個錢與你買點心吃。只是百事勤謹些，休嫌怠慢。」他母親謝了擾要回家去，王冕送出門來，母親替他理理衣服，口裏說道：「你在此須要小心，休惹人說不是。早出晚歸，免我懸望。」王冕應諾，母親含著兩眼眼淚去了。（第二段）

王冕自此在秦家放牛，每到黃昏，回家跟著母親歇宿。或遇秦家煮些醃魚臘肉給他吃，他便拿塊荷葉包了來家，孝敬母親。每日點心錢也不用掉，聚到一兩個月，便偷個空，走到村學堂裏，見

那闖學堂的書客，就買幾本舊書，逐日把牛拴了，坐在柳樹蔭下看。彈指又過了三、四年，王冕看書，心下也著實明白了。（第三段）

那日正是黃梅時候，天氣煩躁，王冕放牛倦了，在綠草地上坐著，須臾濃雲密布，一陣大雨過了，那黑雲邊上鑲著白雲，漸漸散去。透出一派日光來，照耀得滿湖通紅。湖邊山上，青一塊，紫一塊，綠一塊。樹枝上都像水洗過一番的，尤其綠的可愛。湖裏有十來枝荷花，苞子上清水滴滴，荷葉上水珠滾來滾去。王冕看了一回，心裏想道：「古人說：『人在畫圖中』，其實不錯。可惜我這裏沒有一個畫工，把這荷花畫他幾枝，也覺有趣。」又心裏想道：「天下那有個學不會的事？我何不自畫幾枝？」（第四段）

自此聚的錢不買書了；託人向城裏買些胭脂鉛粉之類，學畫荷花。初時畫得不好，畫到三個月之後，那荷花精神顏色，無一不像，只多著一張紙，就像是湖裏長的，又像才從湖裏摘下來貼在紙上的。鄉間人見畫得好，也有拿錢來買的。王冕得了錢，買些好東西去孝敬母親。一傳兩，兩傳三，諸暨一縣都曉得他是一個畫沒骨花卉的名筆，爭著來買。到了十七、八歲，不在秦家了，每日畫幾筆畫，讀古人的詩文，漸漸不愁衣食。（第五段）

吳敬梓筆下的王冕的少年時代，可說是根據明史卷二八五王冕傳中的一部分材料改寫成的。現將傳中有關的文字，摘錄在下面：

「王冕字元章，諸暨人。幼貧，使牧牛(1)。竊入學舍，聽諸生誦書(2)。返忘其牛，父撻之。已而復然，母曰：『兒癡如此，曷不聽其所爲⑶。』冕因去依僧寺，夜坐佛膝上，映長明燈讀書⑷。……後攜妻孥隱九里山，樹梅千株，桃杏半之，自號『梅花屋主』。善畫梅，求者踵至，以幅長短爲得米之差⑸。」

我們拿這段文字，來跟吳敬梓所寫的比較一下，可以看出吳敬梓沿用王冕傳裏材料的痕跡。上面王冕傳的內容，主要寫了五點：

⑴王冕從小家貧，曾經被派去放牛。

⑵他在放牛時候，曾經偷入村學堂，聽人讀書。

⑶母親贊成他喜歡讀書的行爲。

⑷晚上，他坐在僧寺佛膝上讀書。

⑸後來，他在隱居的處所種了許多梅花。當他成爲畫家時候，就以畫梅花出名。求他的畫的人接踵而來。

這五點材料，到了吳氏的筆下，就改動了；尤其是⑷、⑸兩點，改變得最爲厲害。他就每一項材料，根據實際的生活情形，用想像力加以鋪衍。譬如：

⑴、⑵、⑶三點，吳敬梓寫起來，就變成了第一、第二段，寫他七歲上死了父親，後來他母親無法供他到學堂讀書，就送他到隔壁秦老家牧牛一大段的文字。細寫他母親如何喚他到面前，說明要送他到隔壁牧牛。又寫第二天帶他上秦家；秦老留他們吃早飯，並牽出水牛來，吩咐他一些有關

在湖邊放牛的事；然後又寫他母子倆離別的事，寫得很詳細。

這些都是作者依據上面這些簡單材料，而運用他的想像力鋪演出來的文字。

第⑷點，說他「在僧寺，夜坐佛膝上讀書」；吳氏就寫成王冕偷空到村學堂「買幾本舊書，逐日把牛拴了，坐在柳樹蔭下看」的一段—第三段。

第⑸點，說他「善畫梅」一事，吳敬梓鋪敍成了第四、第五段：一天大雨過後，王冕在湖邊牧牛時候，看到雨後湖光和湖裏荷花的美，因此引發了他學畫的心意。於是他就「託人向城裏買些胭脂、鉛粉之類，學畫荷花」。經過三個月努力，終於成爲「一個畫無骨花卉的名筆」。許多人「爭著來買，因此不愁衣食」。吳氏把這部分鋪敍描寫得非常詳細。

⑷、⑸兩點的改寫，全然是爲求整篇文章的統一性，以「放牛畫荷」爲中心的想法安排出來，使全篇文章各段的內容連串成一氣，而且寫得合情合理，正好能表現出一個畫家所以成功的原因。

這種根據舊材料作新安排的寫法，靠想像來鋪敍，文字盡量美化，正是寫文學性傳記的一種典型的寫法，值得我們參考、模倣。

最後我們要談的是散文家筆下的寫人文字，散文家和傳記家的寫人文字是不同的。對一個人的評價，傳記家常從歷史的立場去衡量，所以他大都記名人偉人的精采事蹟；散文作者常從文學的觀點去衡量，因此他大都刻畫人性的光輝—分析發掘人類的性格心理、情感意欲—。所以散文家筆下所寫的却不一定是什麼了不起的人物。也許只是一個非常平凡，極其普通的人，沒有什麼顯赫的事功，超人的成就可記；就是有一些瑣屑的事情，也不見的值得動筆一寫。但是像這樣平凡的人物，在他們的悲歡離合，生老病死的際遇中，從發揚人性美的方面來看，也許有一兩樁非常感人的行爲產生，表現着完美的人格，足以爲人典範。那些眼光敏銳的散文作者，往往能够緊握住這人性，在那一刹那間，在這廣漠的世界上，閃爍過的微光；把它表現了出來，就是一篇篇能够使人讀了後產生贊歎，或思慕、或悲憐、或歡笑的作品了。像朱自清的「背影」，袁昌英的「樸朗吟教授」，就是這一類的作品。

他們所寫的，都只是一個人一刹那間、一片段的感人事蹟。「背影」，作者寫車站和父親離別時，他的父親處處照顧他，替他去買橘子，爬上月台，那一種吃力的背影；在這一舉動中，表現出父愛的偉大。「樸朗吟教授」，作者寫她的老師樸朗吟教授，第三個兒子又爲國家犧牲了；但是還能斂神忍痛，照常上課；在這一件事上，表現出樸朗吟是一位盡責任，忠職守的教師。這類表現父親偉大的慈愛，教師完美的人格的作品，是可以激發洗鍊人類的天性，使趨於完美。這也是文學家的使命，可以使人類從自私自利，偏頗頹廢中，提高到正確的人生路上去。這兩篇都是感人很深的好作品。

丙、抒情小品

邱燮友

抒情小品，就是抒寫情感的小篇散文。小品是指篇幅短小的文章，在字數上，也沒有一定的限制必須短到多少字才稱爲小品，僅是一種概略的劃分罷了。這類作品，往往跟詩一樣，多少帶有幾分詩意。作者要表達一段濃烈的情感，便用直接吐抒的方式，訴諸讀者；或者借一些事實、景色、人物，構成一些情節，來烘托他的情感，描寫人間悲歡離合的遭遇。使人讀後，產生激昂慷慨，欣喜欲狂的情緒；有時也能使人黯然神傷，低徊不已。所以它的感人，在於情節的眞實；它的動人，在於訴之吾人高尙的情操。因此，抒情散文主要的關鍵，便在一個「情」字上，在文章中，確實做到「眞情的流露」。

抒情的英文是Lyrical，是從七絃琴（Lyric）演變來的，這些作品，必須具有音節上的美感，帶點音樂性，以自然爲美，不以雕琢爲奇，才能達到行雲流水，清新流利的境界。

一、抒情散文的發展

我國最早的抒情散文，應首推屈原的「漁父」和「卜居」。由於他的含忠履潔，遭致小人的讒謗，流離江渚，借問答的方式，以抒發他憤激的情感，是最動人的抒情文。後人雖把他的作品歸入辭賦類，其實是無韻的抒情散文詩。至於比屈原更早的抒情文，今多保存在經、史、諸子中，當時創作這些作品，只是附麗在學術著作中，作者想借動人的情節，表現某些思想和哲理罷了，而不是純粹的抒情文。例如莊子徐無鬼的那段：

莊子送葬，過惠子之墓，顧謂從者曰：「郢人堊漫其鼻端若蠅翼，使匠石斲之；匠石運斤成風，聽而斲之，盡堊而鼻不傷。郢人立不失容。宋元君聞之，召匠石，曰：『嘗試爲寡人爲之。』

匠石曰：『臣則嘗能斲之；雖然，臣之質死久矣。』自夫子之死也，吾無以爲質矣；吾無與言之矣！」

這段文字，莊子在感傷他的老朋友惠施已死，便借匠石能表演特技寓言故事，慨歎老搭擋的謝世，作無言的悲傷。

先秦像這一類抒情的文章不少，借一些富有情趣的情節，表現一種思想，不能視爲完整的抒情小品。

漢魏以後，因爲辭賦與駢文是當時主流文學，而抒情小品多屬於辭賦或駢文，已近乎韻文的體製。像王粲的「登樓賦」，曹植的「洛神賦」，江淹的「恨賦」、「別賦」，潘岳的「哀永逝文」，以及陶潛的「歸去來辭」，謝莊的「月賦」便是。純用散文的形態來抒情的，只有一部分保留在書信，或史傳、筆記中。像司馬遷的「報任少卿書」，曹丕的「與朝歌令吳質書」，裏面都有動人的情，眞性情的話，就拿「與吳質書」來說，曹丕傷悼建安諸子的凋零，感念舊遊，致敘近況，全然是一篇好的抒情書簡。至於史傳、筆記中的，「世說新語」可以代表，其中有不少精悍的抒情小品。例如任誕篇中的一節：

王子猷，居山陰。夜大雪，眠覺，開室命酌酒，四望皎然，因起彷徨，詠左思招隱詩。忽憶戴安道，時戴在剡，卽使夜乘小船就之，經宿方至，造門不前而返。人問其故。王曰：「吾本乘興而行，興盡而返，何必見戴？」

也是一篇頗富情趣的抒情小品。

唐人提倡古文運動，散文又再度的抬頭，抒情的作品，有陳子昂的「弔塞上翁文」，李華的「弔古戰場文」，都是弔古傷逝的好文章。李白的「春夜宴桃李園序」，更是情款意濃，清新飄逸。韓、柳的崛起，散文始定於一尊，於是抒情的作品，也就多了。韓愈的散文重說理和應用，像「祭十二郎文」、「送董邵南序」，也相當抒情。柳宗元的山水遊記和寓言小品，堪稱雙絕，由於他謫居永州（今湖南零陵縣），處在蠻夷瘴癘的地方，更是把他鬱悒的情感，融冶在山水遊記中。

唐宋以來，歷代的散文作家輩出，宋有歐陽修、三蘇、王安石、曾鞏；晚明小品作家，有歸有光、三袁、張岱；清代有袁枚、桐城派諸家，他們或多或少寫了一些抒情的散文。值得一提的，是沈復的「浮生六記」，雖是自傳式的散文，卻大半屬於抒情的。如抒寫夫妻情趣的「閨房記樂」，描寫人生道苦的「坎坷記愁」，描寫髫齡舊夢，早年蒔花怡性的「閒情記趣」，都是上上品的抒情文。

在散文作家中，擅寫抒情小品的，有徐志摩、朱自清、郁達夫、周作人、許地山、林語堂、蘇雪林、謝冰瑩、馮至、朱湘、冰心等作家。在風格上，文如其人，各自不同。像徐志摩的情感濃烈，他有一篇「濃得化不開」的散文，便是自我作品的評介，其他像「自剖」、「想飛」、「北戴河海濱的幻想」等篇，足以代表他情采濃烈的抒情文。朱自清有他深遠的一面，作品平實入微，像「別後」、「給亡婦」、「槳聲燈影裏的秦淮河」，都能雋永縣密，自成大家。郁達夫是疏朗曠達的，他的「還鄉記」、「一個人在途上」等篇，可以代表。周作人的抒情文，帶有濃郁的鄉土味，像他的「初戀」、「苦雨」、「烏篷船」，眞摯之情，猶如面語。許地山是以樸質見稱，作品也像「落花生」一樣，他的「債」、「補破衣的老婦」，代表了樸實無華的風格。林語堂的作品，視野開闊，跌宕成趣，他的「秋天的況味」、「阿芳」足以代表。蘇雪林和謝冰瑩，是五四以來出色的女作家，但不屬於閨秀派，蘇氏以清新流麗的筆調出色，謝氏以篤實慈藹的風格見稱。至於馮至、朱湘、冰心，是詩人兼散文家，抒情散文，帶有濃郁的詩意，其中冰心的作品，受泰戈爾的影響很深，作品的主題，以母愛爲中心，她的「往事」、「寄小讀者」，純眞雅麗，時有慧語。其後，新起的散文作家很多，實不勝枚舉。

二、抒情散文的題材及其處理

抒情文題材的來由，來自於情懷的發抒。情懷的發抒，是多方面的，就如禮記禮運篇所說的：「何謂人情?喜、怒、哀、懼、愛、惡、欲七者，弗學而能。」但在文人筆下所寫的，就不那麼單純，甚至連我們所感、所願、所欲、所思的種種心靈活動，都包羅在內。現在拿一般人常寫的題材來看：有的寫親情，寫愛情，寫友情，寫別情，寫離情，寫恩情，寫戀情，寫怨情，寫哀情，寫豪情，寫幽情，寫閑情，寫風情，寫思鄉之情，寫去國之情，寫憶舊之情，寫懷古之情，……眞可說是林林總總，柔情千種了。再說寫親情，還有母子之情，父子之情，夫婦之情，祖孫之情，手足之情等類別。寫別情，也有各式各樣的別離呀，像江淹「別賦」上所描寫的，別雖一緒——「黯然銷魂者，唯別而已矣。」但事有萬族：有去國之別，顯貴之別，遊俠之別，從軍之別，出使之別，遊宦之別，方外之別，男女之別，生死之別等種種別事，眞是非筆墨所能盡述。所以抒情文的題材是多方面的，包括了我們的生活面和心靈的活動。

有了文章的題材，進而如何來處理它，寫成一篇好文章。假使處理不當，豈不是糟蹋了好題材嗎？抒情文題材的處理，我想必須顧慮到這些問題：第一，是否做到眞實、率眞。第二，是否能引起美感。第三，是否能表現高尙的情操。所謂「眞實、率眞」便是文章的本色，求眞性情的流露，純眞自然，而不是虛情假意。像朱自清的「背影」，徐鍾珮的「父親」，固然是傳人的散文，其實也是寫兒女對父親的親情，其中感人的情節，便在於眞實。下面便是「父親」中的一段情節：

記得我第一次離家就學的那一天，清早去學校向父親辭行。他的學校還未開學，庭院寂寂，在空曠的宿舍裏，我看見父親孤零零的一張床，他的同事都有家，全回去渡假了。父親在帳子裏探出頭來，笑說：「是你。」我說：「我要走了，學校開學了。」他沈默半晌，才說：「你也要走。」在我低着頭走出校門時，父親突然從後面趕來，他一手扣衣，一手把幾張鈔票塞在我手裏，我趕快還給他。「我有。」我說：「你留着自己用吧！」他重又塞在我手裏：「拿着吧！你還是第一次用爸爸的錢。」他臉上依然堆着笑，但不是寬恕姑息的笑，卻是淒然歉然的笑。

好一段父女深情的往事，太動人了。父親惟一能得到慰藉的便是女兒給他的關懷，如今愛女也離開了。給錢的推讓，含着無限的親情。寫來自然眞實。王國維在「人間詞話」中，有一節詩評，他說：

「昔爲倡家女，今爲蕩子婦；蕩子行不歸，空牀難獨守。」「何不策高足，先據要路津，無爲守窮賤，轗軻長苦辛。」可謂淫鄙之尤。然無視爲淫詞鄙詞者，以其眞也。

古詩十九首中的「青青河畔草」和「今日良宴會」兩首題材，一首是描寫思婦的詩，詩中指出思婦的身世，是由「倡家女」成爲「蕩子婦」，蕩子在外遨遊忘返，在春光明媚的季節，那少婦憑倚樓窗，望着青青的楊柳和芳草，想着遠方的人，爲她的孤獨和寂寞而發出歎息。另一首是寫聽曲感心，託爲闡明曲中的眞意，發了一番議論。議論的內容是：人生短促，富貴可樂，不必長守貧賤，枉受苦辛，這些是感憤的言語。但不被視爲「淫詞」、「鄙詞」，便在於題材的率眞。

其次，如使文章的題材，造成美感。因爲抒情文，往往就是「美文」，美文便以情致勝。美感的產生，大半要憑藉想像力和組合的技巧。下面引林語堂的「秋天的況味」來說明：

大概我所愛的不是晚秋，是初秋，那時暄氣初消，月正圓，蟹正肥，桂華皎潔，也未陷入凜冽蕭瑟氣態，這是最值得賞樂的。那時的溫和，如我煙上的紅灰，只是一股薰熟的溫香罷了。或如文人已排脫下筆驚人的格調，而漸趨純熟煉達，宏毅堅實，其文讀來有深長意味。這就是莊子所謂「正得秋而萬實成」結實的意義。在人生上最享樂的就是這一類的事。

作者表面上在寫秋天成熟的景象，其實在運用想像力描寫人生由少年、青年、壯年的過程，由奮鬥到成就，而是人生的成熟季節，就如孔子所說的「三十而立，四十而不惑，五十而知天命。」在瞭解人生的變化，事物所以當然的道理後，那種快樂，是人生最高的享受。接着他又寫道：

此如酒以醇以老爲佳。烟也有和烈之辨。雪茄之佳者，遠勝於香烟，因其氣味較和。倘是燒得得法，慢慢地吸完一枝，看那紅光炙發，有無窮的意味。鴉片吾不知，然看見人在烟燈上燒，聽那微微嗶剝的聲音，也覺得有一種詩意。大概凡是古老、純熟、薰黃、熟練的事物，都使我得到同樣的愉快。如一薰黑的陶鍋，在烘爐上用慢火燉豬肉時所發出的鍋中徐吟的聲調，是使我感到同觀人燒大烟一樣的興趣。或如一本用過二十年而尚未破爛的字典，或是一張用了半世的書桌，或如看見街上一塊薰黑了老氣橫秋的招牌，或是看見書法大家蒼勁雄渾的筆跡，都令人有相同的快樂。

作者拿酒、烟、鴉片、紅燒肉、舊字典、書桌、招牌、書法，比喻人生成熟的美和快慰。組合這許多具象，造成美感，使人意味到秋天的況味和中年後的成熟和滿足。

然後，我們再談題材的處理，能否表現吾人高尙的情操。抒情散文，題材的取捨不妥，容易落於迂腐庸俗，趣味不高；高格調的文章，才能使人愛不釋手。文題的表現，我們需要的是明朗的，積極的，熱情的，健康的，代替那些晦澀的，消極的，頹廢的，曖昧的。像浮生六記中的一節：

是夜送親城外，返已漏三下，腹饑索餌，婢嫗以棗脯進。余嫌其甜，芸暗牽余袖，隨至其室，見藏有煖粥幷小菜焉。余欣然舉箸，忽聞芸堂兄玉衡呼曰：「淑妹速來。」芸急閉門曰：「已疲乏，將臥矣。」玉衡擠身而入，見余將喫粥，乃笑睨芸曰：「頃我索粥，汝曰盡矣，乃藏此專待汝壻耶！」芸大窘避去，上下譁笑之。

這種寫閨房的樂事，文字不涉於淫穢，又能表現深摯的情，自然是高格調的抒情文。其次像周作人的「初戀」，朱自清的「槳聲燈影裏的秦淮河」，都能表現高尚的情操。

三、抒情小品的體裁及其範圍

抒情小品常用的體裁，不外下列數種：一般最通用的體裁，便是雜感體，將心裏所感觸的，隨情而起，情盡而止，不拘形式地記敘，鋪述，自由地表達，或採用獨白式的，或其間雜以對話，做到如行雲流水，自然爲妙。在前代的散文中，像「辭賦類」、「哀祭類」、「雜記類」、「敘記類」的古文便是；今日的抒情散文，在形式上更爲自由，像朱自清的「兒女」、「看花」、「槳聲燈影裏的秦淮河」，徐志摩的「想飛」，蘇雪林的「收穫」，郁達夫的「一個人在途上」，盧隱的「咖啡店」，以及羅黑芷的「鄉愁」，謝六逸的「作了父親」，朱湘的「我的童年」，都是屬於這一類的體裁。其次，採用書信體的方式，作者將他的一段情，一些感受和遭遇，像面語似地向你傾訴，使人有格外親切的感受。因此，作者喜、怒、哀、樂的情，悲、歡、離、合的遭遇，如寫家書一樣，直據胸臆地表達出來。像朱自清的「給亡婦」，徐志摩的「愛眉小札」，周作人的「苦雨」、「烏蓬船」，謝冰瑩的「出發前給三哥的信」，豐子愷的「給我的孩子們」，冰心的「寄小讀者」，都是書信類的體裁，而且大部分是眞實的書信，因爲這些書信太感人了，被收到文藝的領域中。其次還可以用日記的體裁，來寫抒情散文，日記和書信，都是眞實的報導，說一些內心的眞話，所不同的：日記是獨白的，備忘的，自我反省的；書信是給人的，向人傾訴的。日記不一定全是抒情的，但記載一些離合、困頓、歡愉、感想、激情、傷懷……便成了抒情文。清人留下幾部好的日記，像李慈銘的「越縵堂日記」，曾國藩的「求闕齋日記」，王闓運的「湘綺樓日記」，譚廷獻的「復堂日記」，其間都有不少動人的抒情小品。近人的日記被發表的不多，像魯彥的「船中日記」，以及胡適的「留學日記」，徐志摩的「志摩日記」，都是眞實的，而頗富情趣。其他像亞米西斯的「愛的教育」，也是用日記體裁寫成的散文，其中有「拜杜的愛國少年」、「爸爸的看護者」等篇，是極感人的文章。吉辛的「四季隨筆」和屠格涅夫的「獵人日記」是採日記體裁，但痕跡不顯，並不標月日，因前後情節相連，故事完整，可視爲小說。「孽海花」的作者曾樸，死後有一部分的日記被人發表出來，他生前所記的往事，在日記中坦白地暴露報導，跟盧騷的「懺悔錄」一樣。如果這些日記在生前發表出來，恐怕還要吃上官司呢！因此有人說：寫日記的逃犯，最容易被抓到，而且他必定是較平和的罪犯，因爲他時常有反省的機會。

抒情小品的範圍很廣，只要是抒發情感爲主的文章，都包羅在內，人的情感是極其複雜，也極其普通的，人人都有，而作家所寫的情感，自然不會有甚麼特別，不外是那些喜怒哀樂、悲歡離合的情，可是他們寫得很細膩，很深刻，很美妙罷了。因此，舉凡寫景、思親、懷鄉、別離、憶舊、悼亡、傷懷、兒女之情，甚至對小動物，乃至於對一草一木的眷愛，都在抒情文的範圍內，也是抒情散文的好題材。

四、抒情小品的作法

金代元好問論詩的作法，寫了三首「論詩」，其中有一首是這樣的：

暈碧裁紅點綴勻，一回拈出一回新；鴛鴦繡了從教看，莫把金針度與人。

把繡好的鴛鴦任人欣賞，不輕易把金針的繡法告訴人。作家也是如此。因此，文章作法，便越發地玄妙不可測了。本來嘛，學寫文章不像學其他技藝那麼具體，文藝的「藝」，畢竟是抽象的，如何將「錦口繡心」的文章，具體地道出它的作法來呢？古人說：「文章本天成，妙手偶得之。」何況「文如其人」，各自的手法不同，文章的風格和作法，自然各有差異。作者只是借熟悉的事，眞摯的情，優美的景，組合成動人的情節，把個人日常的生活、想像、智慧，正確的判斷，深入的觀察，謹嚴的取材，表達出他的思想、情懷和人生觀。

這種順乎自然的表達，直覺的吐抒，就像山泉的噴湧，春花的怒放，那樣眞，那樣自然，我們能細細說出山泉是怎樣湧出的嗎？春花是怎樣開放的嗎？所以抒情文的作法，要順乎各人情感自然的發抒，那麼「自然的表達」，「直覺的吐抒」，便成了抒情小品最主要的作法了。

現在，我們從作品中，歸納出幾種抒情小品的作法來，分述於下：

一、鋪敘　單純的情感，是沒法抒寫的，它必須依附於敘事，構成情節，然後一邊敘事，一邊抒情，才能感人。假使單說：「我樂極了」，或「我眞傷心」，「我很思念父母」，就是寫上一百次，一千次，也不會感人。短篇的小品文，只要一個情節，便可以成篇；至於較長的，便要組合若干個情節，連綴成篇。這種採用鋪敘的方法寫文章，又可稱爲白描手法。由於情節的發生，有前後的分別，所以鋪敘的寫法，又可分爲直敘法，倒敘法和突起法。底下便是直敘法的例子，屠格涅夫的「乞丐」：

我沿着街道走，爲了一個衰老的乞丐，我停了脚步。充血可怕的眸子，青紫的嘴唇，襤褸的衣服，流膿的創傷……。啊，是何等可怖的窮困呑噬了這個可憐的生靈。

他向我伸出一隻紅腫骯髒的手。他呻吟着，他喃喃地要求周濟。

我開始摸我每一個口袋，沒有錢包，沒有手錶，連一條手帕都沒有，我拿不出一點東西來。這個乞丐仍然等待着……，他那伸出的手在無力地抖動。悵惘而羞愧的我，熱烈地握住他那汚穢抖動的手：「不要生氣，老兄，我沒有一點東西，老兄。」

乞丐用他那充血的眼注視着我；他的紫色的嘴唇微笑了，而且，他更緊緊地握了握我的冰冷的手指。「這算什麼，先生！」他喃喃地說：「這也要謝謝你，這也是一件禮物，先生。」

我知道我也從這位老兄處得了點禮物。

這是一篇直敘法的抒情文，前半描寫乞丐，記敘乞丐向他求乞的事，後半抒寫人間珍貴的同情心和諒解。這種直據胸臆的寫法，摯情最爲動人。

另外一種鋪敘的寫法，是倒敘法，情節的發生，用回憶、述往的方式寫出。例如朱自清的「背影」、「給亡婦」，周作人的「初戀」，郁達夫的「一個人在途上」等便是。「給亡婦」是這樣開頭的：

> 謙，日子眞快，一眨眼你已經死了三個年頭了。這三年裏，世事不知變化了多少回，但你未必注意這些個，我知道。你第一惦記的，是你幾個孩子，第二便輪着我，孩子和我平分你的世界，你在日如此；你死後若還有知，想來還如此的。告訴你，我夏天回家來着；邁兒長得結實極了，比我高一個頭。閏兒父親說是最乖，可是沒有從前胖了。采芷和轉子都好。五兒全家誇她長得好看；却在腿上生了濕瘡，整天坐在竹床上不能下來，看了怪可憐的。六兒，我怎麼說好，你明白，你臨終時也和母親談過，這孩子是只可以養着玩兒的，他左挨右挨，去年春天，到底沒有挨過去。

在這篇文章中，作者回憶三年來家中所發生的瑣事，向亡妻訴說，一言一事，都充滿了摯情。人在哀痛時，最好用鋪敘法，如果抒寫哀情，還用形容、比喻等拐彎抹角的方法來表達，未免不近乎人情。而倒敘法，適合於述往、憶舊，以增纏綿悱惻的哀情。

鋪敘的作法中，還有一種是突起法，是從眼前發生的情景寫起，然後切入一些回憶或述往，接着又回到眼前的情景發展下去，這種作法，便叫做突起法。在抒情小品中，也常運用這種方法來鋪敘，使文情變得複雜而生動。例如徐志摩的「北戴河海濱的幻想」、陳之藩的「失根的蘭花」便是。

「北戴河海濱的幻想」開端是說他的伙伴們都到海邊去了，只因他左眼發炎不曾去，獨坐在前廊幻想，於是想到人生的種種，對理想的尋求，其間插入回憶童年的眞，少年的希冀等情節，以及眼前所見的景象。結束是這樣的：

過去的實在，漸漸膨脹，漸漸的模糊，漸漸的不可辨認，現在的實在，漸漸的收縮，逼成了意識的一線，細極狹極的一家，又裂了無數不相聯續的黑點……黑點亦漸漸的隱翳。幻術似的滅了，滅了，一個可怕的黑暗的空虛。

「失根的蘭花」是旅美小簡中的一篇，作者從應顧先生的邀約到一所大學去看花寫起，接着想起北平公園的花，十幾歲離家飄泊在外的情景，於是又記敍旅美的一切，不時想起家鄉的事，小時跟叔父下田割麥的景象，想到祖國的山河，道出國破無家的苦楚。結尾點題，道出宋末鄭思肖畫蘭有根沒土的故事，現在連根都沒有了。

抒情散文中敍事，沒有固定的情節發展可尋，不像小說那樣結構完整；它的好處，便是隨情感發，行文自然。縱使是報導一些情節，也是瑣碎的，直爽的，天眞的，盡量做到眞正地表現自我的性靈。

二、對比　對比的寫法，把兩種相反的事物或情景，排比在一起，加以描寫，使兩者之間造成强烈的對照，產生特別的效果。對比的方式，是多方面的，不論是時間的、空間的、顏色的、內涵的、外形的、情緒的材料都可以作對比，像美與醜，善與惡，愛與恨，離與合，古與今，新與舊，貧與富，白與黑，大與小，遠與近，內與外，……抒情散文中，利用對比的手法，可以寫得更出色，更感人。例如蘇雪林的「收穫」，最後一段所用的對比手法：

天黑時我們到威尼先生家用晚餐，那天幫忙的人，同坐一張長桌，都是木爲圍裙的朋友，無拘無束地喝酒談笑，瑪麗女士講了個笑話，有兩個意大利的農人合唱了一闋意大利的歌，大家還請我唱了一個中國歌。我的唱歌，在中學時是常常不及格的，而那晚居然博得許多掌聲。這一桌田家飯，吃得比巴黎大餐館的盛筵還痛快。

拿中學時的唱歌和那晚的唱歌相比，拿田家飯和巴黎大餐館的盛筵相比，使人也分享了那晚收穫後田家飯的歡樂。

又如郁達夫在「一個人在途上」的一段對比的描寫：

院子裏有一架葡萄，兩棵棗樹，去年採取葡萄棗子的時候，他站在樹下，兜起了大褂，仰頭在看樹上的我。我摘取了一顆，丟入他的大褂斗裏，他的哄笑聲，要繼續到三五分鐘。今年這兩棵棗樹，結滿了青青的棗子，在風起的半夜裏，老有熟極的棗子辭枝自落。女人和我，睡在床上，有時且哭且談，總要到更深人靜，方能入睡，在這幽幽的談話中間，最怕的，就是滴答的墜棗之聲。

同樣是棗子成熟，去年作者採棗子丟給兒子，換來哄笑聲；今年他的兒子夭折了，卻讓棗子自落。淒冷之情，已流露在字裏行間。

像徐志摩的「翡冷翠山居閒話」，對自然的熱愛，也用對比的手法來寫：

自然是最偉大的一部書，歌德說：「在他每一頁的字句裏，我們讀得最深奧的消息。」並且這書上的文字是人人懂得的；阿爾帕斯與五老峰，雪西里與普陀山，萊因河與揚子江，萊茵湖與西子湖，建蘭與瓊花，杭州西湖的蘆雪與威尼斯夕照的紅潮，百靈與夜鶯，更不提一般黃的黃麥，一般紫的紫藤，一般青的青草，同在大地上生長。同在和風中波動——他們應用的符號是永遠一致的，他們的意義是永遠明顯的。

對比的寫法，有時是從相同處找出不同來，有時從不同處找出相同來，加以描寫，都能產生特別的效果。

三、暗示　暗示的寫法，在抒情散文中，多半是用在較沈靜、深思一類的內容上，已不是直抒胸臆的鋪敍法那般直說了。這種作法，比較含蓄，故時有絃外之音，含有些哲理在。

暗示的手法，不外巧妙地運用「象徵」或「比喻」，使文意深刻，令人難忘，這種感動，已不僅是情感上的感動，而是理智上的感動。在我國早期的作品中，也用過不少。像李白的「春夜宴桃李園序」云：「夫天地者，萬物之逆旅；光陰者，百代之過客。」暗示「浮生若夢」。歐陽修的「醉翁亭記」中云：「醉翁之意不在酒—在乎山水之間也。」又如周敦頤的「愛蓮說」，「蓮」暗示着「出淤泥而不染」的性格，是「花之君子者也」。在一般的文章中，用「鷹」象徵自由，「梅」象徵堅忍，「夜」象徵黑暗，「黎明」象徵希望和光明，「鹿」象徵吉祥，「烏鴉」象徵厄運，諸如此類，不外用「象徵」和「比喻」的技巧，有所暗示，以表達含蘊的情意。

但這種暗示的寫法，要不斷地創新，不宜因襲不求變化，例如用「風燭殘年」這樣的成語，便比不上邱吉爾所說的：「當酒店打烊時，我便要走了。」來得深刻、新穎。蘇東坡用「河東獅吼」比喻陳季常家有悍妻；蕭伯納說：「家有悍妻—便可以變成一個哲學家。」有異曲同工之妙。如果寫「沒有孩子的家庭，太冷靜了」，這句子太平淡，沒有效果，改用暗示的寫法，該是「沒有孩子的家庭，像屋子裏沒有窗戶」。所以暗示的寫法，往往可獲得意外的效果。像沉櫻的「春的聲音」：

「如果說花是春的顏色，那麼鳥應該是春的聲音了。」

王怡之的「綠」：

「苦澀，才是一顆甘美豐碩的果實的前身，一個可驕傲的成熟正留在來日。」

蘇雪林的「青春」：

「春不像夏的沈鬱，秋的肅穆，冬的死寂，他是一味活潑，一味熱狂，一味生長與發展，春是年青的。」

繆天華的「中年」：

「一個人到了中年，就像黑夜裏乘渡船，只覺得離開這邊的埠頭漸漸遠了，慢慢地接近那邊的埠頭；什麼時候是渡一半呢？誰也不會準確地知道。直等聽到船頭靠攏對岸的渡頭響聲兒，那時候才知道眞正地結束了人生的旅程。」

這段寫中年，跟林語堂的「秋天的況味」寫中年，所表現的境界不同，但表現的手法是一致的。

從前商湯伐桀，成了帝業，鑄了一個盤，在盤上刻了銘文：「苟日新、日日新、又日新。」暗示洗臉洗手時，要不斷地洗去舊染的污垢。如果用「請用肥皂洗手」等字樣刻在臉盆上，誰要買這種臉盆呢？所以暗示法的奧妙，不在直敍。

四、形容　抒情文是美文，自然需要適當的形容語，形容語多半用來描寫形象和聲音，運用形容語是經過嚴格而簡潔的選擇，謹愼地避免矯揉造作，以達到完美而正確的描寫。形容語的使用，極其普遍，方法也多，用誇飾、比喻、摹狀、排比等手法。在抒情散文中，尤其用得最多，可以用顏色字、數目字、事物來誇飾；可以用明喻、隱喻、借喻等手法來比喻；可以用疊詞、鑲疊等詞語來摹狀；可以用排偶並行、重疊句法來排比，總之：形容語的使用，要合乎文學的語言，表達眞實的美。例如：鍾梅音的「屬於詩人的」：

我想沒有一位畫家敢在尼亞哥拉瀑布之前誇耀自己的線條與色彩，那顏色是如此之清，清得晶瑩澄澈；又是如此之豔，豔得光華燦爛！從金黃、桃紅、乳白、淡紫、蓮靑、到粉紅、玉色、玫瑰紅、寶石藍、翡翠綠、象牙色……我這樣去描寫它實在太笨拙，我怎追得上那萬馬奔騰，氣吞河嶽的水勢呢？再加上霞蔚雲蒸，瞬息萬變，我忽然想起童年夢境—以爲只會天上有的，不圖竟在人間得見！

又如儒林外史第二回：

每桌擺上八九碗，……叫一聲請，一齊舉箸，卻如風捲殘雲一般，早去了一半。

朱自清的「槳聲燈影裏的秦淮河」：

在這薄靄和微漪裏，聽着那悠然的間歇的槳聲，誰能不被引入他的美夢去呢？只愁夢太多了，這些大小船兒如何載得起呀？

者殘遊記第二章：

從後臺簾子裏面走出一個男人，穿了一件藍布長衫，長長的臉兒，一臉疙瘩，彷彿風乾福橘皮似的，甚爲醜陋。

盧隱的「異國秋思」：

立時那些板葉都息息索索地顫抖起來，草底下的秋蟲，發出連續的唧唧聲，我的心感到一陣陣的淒冷；不敢向前去，找到路旁一張長木櫈子坐下。

用金黃、桃紅等顏色來誇飾尼亞哥拉瀑布的水；用一齊舉箸，早去了一半；以及夢太多，大小船兒如何載得起來誇飾。用童年、夢境來比喻瀑布的水勢霞彩；用風乾福橘皮來比喻那個男人的臉。用長長的、息息索索、唧唧，一陣陣等詞來摹狀，都能得到形容的效果。

其他像層層排比的形容，也能深刻描寫，帶來文彩。

如徐志摩的「想飛」：

啊，飛！不是那在樹枝上矮矮的跳着的麻雀兒的飛；不是那湊天黑從堂匾後背沖出來趕蚊子吃的蝙蝠的飛；也不是那軟尾巴、軟嗓子做窠在堂檐上的燕子的飛。要飛，就得滿天飛，風攔不住、雲擋不住的飛。

又如廬隱的「咖啡店」：

這是多麼奇異的音調，不像幽谷裏多靈韻的風聲，不像叢林裏淸脆婉轉的鳴鳥之聲，也不像碧海靑崖旁的激越澎湃之聲，……而只是爲衣食而奮鬥的勞苦掙扎之聲。

抒情小品是以抒情爲主的小篇之作，其中不免要道人、說事、寫景，組合成篇；有一點感想，便可以「直攄胸臆，如寫家書」一般地道出，天眞地、直爽地，順乎自然地流露，方爲上品。如同蘇雪林在「我的寫作經驗」中所說的：「我想作家之寫作都係受一種內在衝動催逼的緣故，好像玫瑰到了春天就要吐出它的芬芳，夜鶯唱啞了嗓子還是要唱；又好像志士之愛國，情人之求戀，宗教家之祈神，他們同是被一股神聖的火燃燒着，自己也欲罷不能的。」一切情感自然的抒吐，便是抒情散文最主要的關鍵。

丁、敍事散文

邱燮友

敍事散文，顧名思義，便是以記事爲主的散文。也就是當我們知道了一些事情，利用口述、或訴諸於文字，使別人也能知道。如果我們記述的事，只是一些平淡無奇的，自然不容易引人入勝；如果我們所記述的事，太荒繆離奇，也不一定能使人相信。那麼那些事情，是別人想知道的，那些事情，才是值得告訴別人的呢？寫敍事散文，怎樣去找適當的題材，是值得我們探討的問題。

一、敍事散文題材的來源

敍事散文題材的來源，大抵不出兩類：一類是寫實性的，一類是想像性的。前者是作者憑生活經驗的創作，題材的來源，來自日常生活中所見所聞的事，然後採擇其中值得記述的，介紹給別人也知道。後者是作者憑想像的創作，不一定是眞實的事，但它的來源，來自於作者心靈的構思和玄想，創造出一些動人的場面和情節，使人們也能嚮往其間，分享到一份快慰和啓示。

至於那些是寫實性的題材呢？仰觀宇宙之大，俯察品類之盛，社會的錯綜，古今的變化，無一不可讓我們知道，因此可記的事，着實太多了。作者如何從這裏面去尋找一些值得記述的題材，撰寫而成文章，譬如城居的人，想知道一些鄉村的事；村居的人卻想知道一些城裏的事。甚至山中、海上、森林、水澤、沙塞、原野，到處的民風土俗不同，到處有人活動，到處有事件發生；加以社會上各行各業不同，各人的境遇不一，形形色色，品類萬端，可記的事，也就多了。所以寫實性的敍事散文，題材的來源，來自於廣大錯綜的人生面，所記的事，也是一些眞實的事。如記大事，便有人間的戰爭、災害、運動、集會、建設、變動等事，像人類登陸月球的壯舉，萬國博覽會的盛事，以及國內外發生的重大事件。記小事，便有自我日常生活中所見、所聞的事，像往事、聊天、比賽、集會、冒險、災難，以及一些有趣的、傳奇的、難忘的事，都可入篇。

那些又是想像性的題材呢？人們除了記敍現實生活上的見聞外，還可以記述智慧上、心靈上所感、所思的事。人們可以運用驚人的智慧和想像力，創造出許多美好動人，海闊天高的事，不論是一段玄想、一場夢境、一種思想、一則寓言，都可以成爲敍事散文的題材。總之：敍事散文的題材，必須具有發人深省的力量，才是一篇文章的好題材。

二、敍事散文所用的體裁

有了適當的題材，如何使它成爲一篇作品，可採用下列幾種體裁來表達：

特寫的方式，也就是採用「記事本末體」。這是一種最普遍，最通用的體裁。在古代，史官們記述國家的大事，自然的災害，便按時間的先後，將事情的經過，詳加記錄，對重要的情節，詳加特寫。像「左傳」雖是編年體的史書，但其中有記事具見首尾的，如「鄭伯克段於鄢」，「秦晉殽之戰」，「齊桓公伐楚盟屈完」等節，便是記載戰爭，朝聘的事。「史記」雖是紀傳體的史書，也雜有記事本末的體裁，如「信陵君救趙」、「荆軻刺秦王」、「楚漢之爭」等，記事具見首末。在今日，報章雜誌對大事的報導，往往闢專欄加以特寫，記事之詳，使人如臨其境。文人記事，也可以採用這種方式。

其次用小品文的體裁來記事，像司馬相如的「上林賦」，鋪述天子畋獵的熱鬧場面，王羲之的「蘭亭集序」，記述三月上巳日，跟友儕集會修禊，曲水流觴賦詩的事，韓愈的「平淮西碑文」，記載宰相裴度率兵平討叛將吳元濟的事。古人往往用「辭賦類」，「序跋類」，「碑誌類」，「敍記類」的古文來記事，同屬於小品文的體裁。近人的作品中，諸如林語堂的「我的戒煙」，梁實秋的「握手」，葉紹鈞的「速寫」，趙麗蓮的「樂爲人師」等篇，也是採用小品文的體裁寫成的。而且用這類體裁來記事，更富有文學的意味。

其次，用日記體裁來記事，像胡適之的「留學日記」，郁達夫的「病閒日記」，徐志摩的「志摩日記」，雖稍嫌散亂，但不失其眞實的記錄。

還有採用寓言、筆記體裁來記事的，像孟子的「齊人有一妻一妾」章，吳均的「西京雜記」，記載西漢的舊事，洪邁的「容齋隨筆」，偶而也記載唐宋人的逸行雜事，周作人的「我的雜學」，記述他讀書寫文章的經過，以及報章上的方塊文章，亦有涉及記事的，都是屬於這類體裁寫成的文章。所以有了題材，如何選擇一種適當的體裁來表達，是不可忽視的，就如同某種酒，需要適當的瓶子和裝璜，更能顯示出它的特色，是一樣的道理。

三、我國早期敍事散文的幾種形態

我國早期的敍事散文，甚爲發達，如依記敍者的身份來分，約有三種形態：有史學家的敍事散文，思想家的敍事散文和文學家的敍事散文。

史學家的散文，出於史官之手。古代朝廷設有史官，專門記載國內外重大的事件。春秋時，孔子整理虞、夏、商、周四代的文獻史料，編成了「尙書」，筆削魯史，編成了「春秋」，都是利用史官所記的資料，編成的著作。史官分左史、右史，左史記事，右史記言，言爲尙書，事爲春秋，於是「尙書」和「春秋」，是我國最早的史學家的散文。其後，史籍中有紀傳體、編年體、紀事本末體的史書和政書，而紀事本末體的史書，便是名符其實的敍事散文。主要的作品：有「左傳紀事本末」，「通鑑紀事本末」，「宋史紀事本末」，「遼史紀事本末」，「金史紀事本末」，「西夏紀事本末」，「元史紀事本末」，「明史紀事本末」，「三藩紀事本末」，合稱爲「九朝紀事本末」。除此以外，史書不乏敍事的散文，都是屬於史學家的敍事散文。

思想家的敍事散文，出於聖哲和思想家之手。他們敍事的目的，是想借人間的事，作爲理論的佐證，而且有些記事，純然出於想像的創作，像列子中的「愚公移山」，莊子中的「庖丁解牛」，便是寓言。在先秦的經典和子書中，這類的敍事散文，更是層出無窮。後人雖將此類作品，視爲經書、子書，但依然可視爲好的文學作品。

文學家的敍事散文，出於文人之手。所記的事，不似史學家局限於當時發生的大事，不似思想家借記事來表現思想，於是題材的範圍便較爲廣闊，任憑作者靈思所致，隨興記事，或敍往事，或道身邊瑣事，或寫所見所聞，或記所思所感，無事不可入文，故無定型。像屈原的「九章」，記遭小人讒謗，被流放漢北、湘南的事。司馬相如的「子虛賦」、「上林賦」，揚雄的「長楊賦」、「羽獵賦」，描寫天子、王者出獵的事。陶淵明的「桃花源記」，記武陵漁夫誤入桃源，以及在桃花源所見所聞的事。韓愈的「送窮文」，記他和僕人備具祭品，想送走窮鬼，結果窮鬼始終送不走，只好邀他並肩而坐的事。張溥的「五人墓碑記」，記吳縣的五位義士，因抗拒魏忠賢的爪牙而被處死，後吳人爲紀念五人的忠烈，便利用魏忠賢的廢祠，替他們立碑，以表彰他們的義行。以上這些文章，有的是寫實的，有的是杜撰的，但都是傳誦千古不朽的敍事散文。

四、寫敍事散文的幾項原則

寫敘事散文，有三項原則：第一要清，第二要冷，第三要簡潔。

所謂「清」，就是要把記事的場面和情節交待清楚。文章中，人物活動的地點、時間，便構成了場面；每一場面，事情的進展和變化，便構成了情節。然後情節一個個接連着，將事情的經過交待清楚。例如吳敬梓在儒林外史中，記敘「王三姑娘的死」：

王先生走了二十里，到了女婿家。看見女婿果然病重，醫生在那裏看，用着藥總不見效。一連過了幾天，女婿竟不在了。王玉輝大哭了一場。見女兒哭的天愁地慘，候着丈夫入過殮，出來拜公婆和父親道：「父親在上，我一個大姊姊死了丈夫，在家累着父親養活；而今我又死了丈夫，難道又要父親養活不成？父親是寒士，也養活不來這許多女兒。」王玉輝道：「你如今要怎樣？」三姑娘道：「我而今辭別公婆父親，也便尋一條死路，跟着丈夫一處去了。」公婆兩個聽見這句話，驚得淚下如雨，說道：「我兒，你氣瘋了。自古螻蟻尚且貪生，你怎麼講出這樣話來？你生是我家人，死是我家鬼，我做公婆的怎的不養活你，要你父親養活，快不要如此。」三姑娘道：「爹媽也老了，我做媳婦的不能孝順爹媽，反累爹媽，我心裏不安。只是由着我到這條路上去罷。只是我死還有幾天工夫，要求父親到家替母親說了，請母親到這裏來，我當面別一別，這是要緊的。」王玉輝道：「親家，我仔細想來，我這小女要殉節的眞切，倒也由着他行罷。自古心去意難留。」因向女兒道：「我兒，你既如此，這是靑史上留名的事，我難道反攔阻你；你竟是這樣做罷。我今日就回家去，叫你母親來，和你作別。」親家再三不肯。

王玉輝執意，一徑來到家裏，把這話向老孺人說了。老孺人道：「你怎的越老越獃了！一個女兒要死，你該勸他，怎麼倒叫他死，這是怎麼話說？」王玉輝道：「這樣事，你們是不曉得的。」老孺人聽見，痛哭流涕，連忙叫了轎子，去勸女兒了。

王玉輝在家，依舊看書寫字，候女兒信息。

老孺人勸女兒那裏勸得轉。一般每日梳洗，陪着母親坐，只是茶飯全然不喫。母親和婆婆着實勸着，千方百計，總不肯喫。餓到六天上，不能起牀。母親看着，傷心慘目，痛入心脾，也就病倒了。擡了回來，在家睡着。

又過了三天，二更天氣，幾把火把幾個人來打門，報道：「三姑娘餓了八日，在今日午時去世了。」老孺人聽見，哭死了過去；灌醒回來，大哭不止。王玉輝走到牀面前，說道：「你這老人家眞是個獃子。三女兒他而今已是成了仙了，你哭他怎的？他這死得好，則怕我將來不能像他這一個好題目死哩！」因仰天大笑道：「死得好！死得好！」大笑着走出房門去了。

作者首先點出的場面是王三姑娘的婆家，情節是記述王三姑娘因死了丈夫，她的父親王玉輝和她的公公婆婆，都勸她不要殉節。第二個場面是王玉輝的家，情節是記述王玉輝告訴自己的妻子，女兒要爲夫殉節的事。第三個場面是王玉輝在自己的家裏，情節是描寫他的心情安定，「依舊看書寫字，候女兒信息」。因爲他認爲女兒能爲夫殉節，是可以立貞節牌坊的。第四個場面是王三姑娘的婆家，情節是記述王三姑娘的母親，也跑去勸她女兒不要殉節，竟然勸得自己也病倒。第五個場面是王玉輝的家，情節是記敍王玉輝獲得女兒已爲夫殉節的信息，竟說她能找到「一個好題目死」眞是「死得好」！這一篇諷世的作品，共分五個情節來記事，作者將地點、時間、人物、所發生的事，交待得清清楚楚，使人讀了，就如同這件事一幕幕發生在面前一樣。

所謂「冷」，就是記事要冷靜、客觀。在構思上，能別出心裁，在取材上，能獨具慧眼，然後把握事物的重要和特色，加以客觀地描述。下面是位記者——簡潤芝報導大阪萬國博覽會的陳列館巡禮的一段文章：

整個博覽會中，表現最淋漓盡致的是各國的建築藝術，及技術。但在一個普通觀衆而言，面對那麼多林林總總的建築物，只有覺得它怪，覺得它奇！

首先，在日本「主題館」的鋼鐵屋頂上挖了一個大圓圈而伸出來的「太陽之塔」，據說是象徵：「現在——調和的世界。」那個大怪物，身體像一個渾圓的大花瓶，高七十米，左右伸出兩個翅膀的東西，在頂端朝向天空的「金臉孔」，活像一個雷達網，但卻有兩個圓洞像眼睛，和中間堆高豎起來像鼻子似的東西，這樣加起來，則又像一隻金色的貓頭鷹。從外面看來看去，總看不出它的美在那裏？但據說則是日本建築界的怪傑們的作品。

澳洲館是怪的建築物之一，遠看像一隻恐龍吊着一把大傘。法國館像是四個大小不同而被切了一半的乒乓球，但是到了夜裏，圓型屋頂上則佈滿了藍色的星星，此起彼落的，實在好看。

韓國館用十四根大黑煙囪支起來的鋼架子，上面放幾個大白球，也有點叫人看得莫名其妙。然而，任何人都能够欣賞到「萬國博覽會」夜景之美。當夜幕低垂，全場燈光通明，如同白晝。瑞士館前的那棵「燈樹」，用三萬多個大燈球綴成，光明燦爛的矗立在那裏，那才眞是光明的象徵。此外各廣場間的大小彩色噴水池，路邊用小燈泡串成的小枝椏，全場是那麼一片火樹銀花，美得令你留連忘返。

最後，也來談談中國館。中國館的三角形建築，是座白色的建築物，但在會場中那許多「怪物」中間，特別是緊鄰韓國館那些醜陋的大黑煙囪的相形之下，你不能否認中國館是莊嚴的、聖潔的，有泱泱大國的風度。

這段對各國陳列館外形的報導，能客觀地，擇要地描述，使你也如親臨此盛會之感。所以敍事散文要達到「冷」的原則，便是做到「疏離」作用，使作者的情感，不介入作品之中，用客觀地、冷靜地敍事，讓讀者讀了，如親臨其境一般。

所謂「簡潔」，就是記事要洗鍊，其實任何文章都要求簡潔，不蕪雜、不累贅，有秩序、有條理，懂得如何剪接、割愛。古人寫文章，「惜墨如金」，便是這個道理。文心雕龍鎔裁篇說：「規範本體謂之鎔，剪截浮詞謂之裁。裁則蕪穢不生，鎔則綱領昭暢。」一篇文章有主題，雜辭不生，進而懂得開闔，前後呼應，便可以說合乎簡潔的原則。宋人的筆記「夢溪筆談」，「芥隱筆記」記載，歐陽修跟翰林院的同仁出遊，看到一隻狗被馬踩死，他要他們記述此事。有的說：

「馬逸，有黃犬遭蹄而斃。」

「有犬臥通衢，逸馬蹄而殺之。」

「馬逸，有犬死於其下。」

「有犬死奔馬之下。」

「適有奔馬，踐死一犬。」

以上各句，同記一事，但都不及歐陽修的：「逸馬殺犬於道。」來得簡潔明快。

五、敍事散文的作法

古人說：「文章以意役法，不以法役意。」又說：「不以文害意。」「意」指文章的主題、題材，「法」、「文」指文章的修辭、技巧。這說明了文章的修辭，寫作的技巧，是次要的；文章的主題、題材，才是精髓所在。文章作法，只是文學表現的技巧，沒有心靈去指揮，方法又有甚麼用處？文章靠內容來駕馭作法，首先重視主題、題材的建立和收集，其次佐以技巧、方法，以達到「有物有則」的完善境地。於是我們要想寫一篇好的敍事文，便得先從主題和題材上着手。

上下古今，縱橫中外，任何一件事無不可談，無不可記。我們可以從巷里發生的事談到戰爭，從人生談到窗外，從往事談到夢境，散文的好處，便在於無拘無束，他如談讀書、謀職、交友、工作、散步、冒險、災難，以及日常生活中所見所聞的事，何嘗不可入篇，但儘管題材如何，所記的事，必須有好的主題，也就是要有發人深省的力量，才爲可貴。

敍事散文的作法，除上述的三項原則外，尙可歸納爲下列數端：

一、鋪敍　敍事文是以鋪敍事情爲通篇文章的關鍵。對事情的鋪敍，著重情節的描寫。所謂「情節」？必然牽涉到「人物」、「時間」、「地點」，以及發生的「事」，由這四項組合成一段文章，便構成一個情節，然後組合若干情節，便成一篇文章。例如畢璞的「我與音樂」中的一段；

「在我自己的家裏，從來不曾有一個人喜歡過音樂。小時候家裏雖然有一部有一個大喇叭的留聲機，可是唱片少得可憐。我記得好像祇有一些平劇和粵劇的唱片，因爲我的父親喜歡聽梅蘭芳和馬連良，而母親卻喜歡聽薛覺先。在家裏，我從不曾接觸過西洋音樂。」

這便是一個情節，記敍作者小時候，在家裏，從不曾接觸過西洋音樂的事，同時，敍述小時候，所接觸的音樂，不外是平劇和粵劇罷了。

至於怎樣鋪敍情節呢？有兩種方式：

(1)直接鋪敍　以事情發生的時間先後爲序，也就是作者敍事按照事情本身的進展次第，加以記述，便如攝影機的鏡頭，對準事件的發生，從頭到尾加以記錄，這是最普遍，最自然的方法。像史記中的「項羽本紀」，記敍楚漢之爭的事，記項羽和劉邦的鴻門宴，接下記垓下之困，項羽的垓下突圍，到烏江自刎，便是順時間先後的次第而寫成的。又如葉紹鈞的「速寫」，記敍黃昏時，從石埠搭小帆船接駁到大輪船上的經過。

(2)間接鋪敍　比較複雜的情節，便不能依時間爲序，而是以情節的關連性爲序，其間或切入一些往事，更換一些場面，錯綜記敍，使情節發展成起伏性而有高潮。或是用暗示的方法來敍事，且有言外之意。就如同電影中拍攝某些情節，切入一些往事的鏡頭，使情節更具起伏性。像陳源的「西瀅閒話」，其中有一篇「哀思」，記敍作者親睹國父的靈柩從協和醫院移往中央公園時的情景。首先記述街頭所見道旁瞻望的人羣，然後切入一些國父神話式的傳奇，又倒敍作者兩次親眼看見國父的印象，以烘托國父人格的偉大，最後再回到道旁，他寫道：

「孫先生靈柩到我面前的時候，我正回想着民國元年的記憶。四周的人一擠，把我擠醒了。我正見八九個孫先生的老朋友，老黨員，抬着靈柩向前走着，我的眼淚眞要奪眶而出了。」

又如「儒林外史」中記敍嚴監生臨終的事，也是一段很好的情節，採用間接鋪敍的方法：

「話說嚴監生臨死之時，伸着兩個指頭，總不肯斷氣；幾個姪兒和些家人，都來訌亂着問，有說爲兩個人的，有說爲兩件事的，有說爲兩處田地的，紛紛不一，只管搖頭不是。趙氏分開衆人，走上前道：『爺！只有我能知道你的心事。你是爲那燈盞裏點的兩莖燈草，不放心，恐費了油；我如今挑掉一莖就是了。』說罷，忙走去挑掉一莖；衆人看嚴監生時，點一點頭，把手垂下，登時就沒了氣。」

這一段情節，在暗示嚴監生的吝嗇，又是屬於間接鋪敍的手法。

二、特寫　一篇敍事文中，對動人的情節，不宜輕易放過，都要詳加特寫。將重要的情節，細微的過程，細膩的描述，使人讀罷，如親臨其境一般，所以特寫是每篇文章中，幾乎不可缺少的作法。例如梁實秋的「握手」，其中有一段特寫是這樣：

「單就握手時的觸覺而論，大概愉快時也就不多。春筍般的纖纖玉指，世上本來少有，更難得一握，我們常握的倒是些多筍或筍乾之類，雖然上面更常有蔻丹的點綴，乾倒還不如熊掌。迭更斯的『大衛高柏菲爾』（即塊肉餘生記）裏的烏利亞，他的手也是令人不能忘的，永遠是溼津津的冷冰冰的，握上去像是五條鱔魚。手髒一點無妨，因爲握前無暇檢驗，惟獨帶液體的手不好握，因爲事後不便卽揩，事前更不便先給他揩。」

這一節特寫，作者進一步描寫握手時特異的觸覺，有些手好比春筍、多筍、筍乾、熊掌，甚至是濕津津的、冷冰冰的、髒的，這些手給人印象最深。尤其末了幾句，叫人拍案，妙不可言。

又如林語堂的「我的戒煙」中的一段特寫：

「自然，頭三天，喉嚨口裏，以至氣管上部，似有一種怪難堪似癢非癢的感覺。這倒易辦。我吃薄荷糖，喝鐵觀音，含法國頂上的補喉糖片。三天之內，便完全把那種怪癢克復消滅了。這是戒煙歷程上的第一期，是純粹關於生理上的奮鬥，一點也不足居奇。凡以爲戒煙之功夫只在這點的人，忘記吸煙乃魂靈上的事業；此一道理不懂，根本就不配談吸煙。過了三天，我才進了靈魂戰鬥之第二期。……試問讀稼軒之詞，王摩詰之詩而不吸煙，可乎？不可乎。」

這是一段很深刻的特寫，描寫戒煙後的感覺，生理上和心靈上的戰鬥，香煙的魔力，竟然有如此之大，這和竹林七賢中劉伶的「酒德頌」，對酒的嗜好一樣的，都有深刻的描寫。

三、排比和對比　排比是在敍事過程中，對所記的事，同性質或同一件事，作層層深入的描寫；對比是把不同的事類，連在一起，作强烈的對照，從相同處顯出不同來，或從不同處顯出相同來。這類的寫法，很容易得到效果，使文采滋生，佳趣湍發。排比的例子，如梁實秋的「男人」：

「男人令人首先感到的印象是髒，當然，男人當有亦不乏刷洗乾淨潔身自好的，甚至還有油頭粉面衣裳楚楚的，但大體講來，男人消耗肥皂和水的數量要比較少些。……有些男人，西裝褲儘管挺直，他的耳後脖根，土壤肥沃，常常宜於種麥；襪子手絹，不知隨時洗滌，常常日積月累，到處塞藏，等到無可使用時，再從那一堆污垢存貨當中揀選比較乾淨的去應急。有些男人的手絹，拿出來硬像土灰麵製的百菓糕，黑糊糊黏成一團，而且內容豐富。」

就男人的髒，做一層層深入的刻畫，將同一性質的事，排比在一起，便產生了文章的效果。

對比的例子，像豐子愷的「夢痕」：

「現在我對這些兒時的樂事久已緣遠了。但在說起我額上的疤的來由時，還能熱烈地回憶神情活躍的五哥，和這種興致蓬勃的玩意兒。誰說我左額上的疤痕是缺陷？這是我的兒時歡樂的佐證，我的黃金時代的遺跡。過去的事，一切都同夢幻一般地消滅，沒有痕跡留存了。只有這個疤，好像是『脊杖二十，刺配軍州』時打在臉上的金印，永久明顯地錄着過去的事實，一說起就可使我歷歷地回憶前塵。彷彿我是在兒童世界的本貫地方犯了罪，被刺配到這成人社會的『遠惡軍州』來的。這無期的流刑雖然使我永無還鄉之望，但憑這臉上的金印，還可回溯往昔，追尋故鄉的美麗的夢啊！」

文中拿「童年」和「成年」作對比，尤其以刺配充軍做比喻，從「兒童世界」犯了法，被刺配到「成人社會」裏來，永無還鄉之望，更是警句。

排比對比混合的例子，像趙麗蓮的「樂為人師」：

「不論我是在教幼稚園的孩子們唱遊中，或者是在大學教大學生，也不管是在講堂裏，或者是由空中，我仍不斷的由教書中得到樂趣。我教過從事各種行業的人們－其中有學徒，有遜位的皇帝，有正在走紅的電影明星，有世界聞名的男扮女裝的戲子，有小店員，有政府的高級官員，有計程車司機，有大使先生，也有生活忙碌的家庭主婦。」

這段記事，儘量從相同處找出不同來，從不同處找出相同來，本身是排比的寫法，但排比之中，又有對比。

至於修辭所常用的方法，如「比喻」、「夸飾」、「擬人」、「摹狀」等，在敍事文中，也依然可以用得上，在此不必詳述。只是在敍事散文中，應顧及事情的發展有連貫性，有統一性，能前後呼應，首尾圓合，便不失為一篇好的敍事散文。

戊、議論與說理

方祖燊

一、定義

議論與說理的文字，前人如劉勰稱之「論說」（文心雕龍），姚鼐稱之「論辨」（古文辭類纂序），曾國藩稱之「論著」（經史百家雜鈔序），今人如夏丏尊等把它分做「說明文」與「議論文」兩種體裁。其實，發表議論，先要說理；理能服人，其論才能建立；所以古人把「論與說」看作一體。後代由於各門學問的發展，學理的確定，傳播知識給人，大都只要單純地將事物的道理闡說明白，就够了，勿須再發揮什麼「議論」；因此這種單只說明事物的道理的文字，就從「論說文」中分家出來，獨成一體，叫做「說明文」；而將凡是發揮辯護自己合理的主張，或批評反駁別人謬誤的意見的文字，稱做「議論文」。議論文的功用，在分析事理，辨明是非，衡量利害，討論可否，判斷懷疑，以曉喻當世，開悟讀者，由於說明勸引，使人贊同信服而實行我的主張；這是跟說明文只重在說明道理，解釋疑惑，傳授學問，使人獲得種種知識的不同。為着討論方便起見，這裏將說理與議論合在一起研究。不過，以研究議論文的作法為主，說明文的作法為輔。

二、起源與種類

劉勰說：「聖哲彝訓曰經，述經敘理曰論。」（文心雕龍論說篇）。彝，常也。這是從徵聖宗經的思想出發的，以為「論」的文字，是用以闡述聖哲經義，敘明聖哲道理，發揚聖哲的思想的。因此孔子教訓世人的言論，由門人追記成書，就稱做「論語」。劉氏並以為論語是「羣論立名」的開始；並說：「論語以前，經無『論』字。」用這種說法，解釋論體，並不正確，其實書經周書：「論道經邦」中就有「論」字。雖有人認為「論道經邦」出於「偽古文尚書」，不足採信；不過，由此也可以推想「論說體」當早已存在。古時，國有大事，羣臣集議討論治國經邦的方法，撰之簡牘，備君採擇，就是論說體。周初，箕子引述夏禹的洪範九疇，向武王條陳治天下的九大法，就是一篇具有歷史性的論說文。幷才能的謀慮，兼賢哲的智慧，使事得其理，這是論說文的功用。

後來周朝衰落，時代動亂，百家紛起，學術發達；這時，諸子要遊說國君，要立言後世，發表政治的見解，哲學的思想，人生的看法，於是論說文就大大地盛行了起來。姚鼐說：「論辨類者，蓋源於古之諸子，各以所學著書詔後世。」（見古文辭類纂序）。曾國藩也說：「論著類，……經如洪範、大學、中庸、孟子皆是；諸子曰篇（如墨子非攻篇），曰訓（如淮南子修務訓），曰覽（如呂氏春秋有始覽）；古文家曰論（如韓愈爭臣論），曰辨（如柳宗元桐葉封弟辨），曰議（如柳宗元駁復讎議），曰說（如韓愈師說），曰解（如韓愈進學解），曰原（如韓愈原道）皆是。」不過，在老子、孔子時代，是我國哲學思想發育的初期，還沒有走上諸子爭鳴彼此辯論的時代，因此在當時的論說文裏，多是說理的形式，只要用那平鋪直敍的說明文字，便夠表明他們的思想。到了戰國，諸子爭鳴，思想的宣傳與鬥爭，蓬勃地發展起來，任何派思想家政治家外交家軍事家要發表文字，非帶着鬥爭論辯的形式不可了；於是在墨子、孟子、莊子、荀子、韓非子，……戰國策等各書裏，就產生了許多帶着論辯鬥爭形式的長篇大論（說取中國文學發展史）。從此之後，歷代雄辯名家，叠連蜂起；警策佳作，膾炙人口；於是各類論說文像武庫中的舌槍筆劍，鋒稜畢露，紛紛然陳列於卷帙簡策之中。其中有的辯證謹嚴，修詞明快；有的氣勢壯闊，波瀾反覆；有的諷寓巧喻，析理精微；有的智珠在握，見解特出；有的辭鋒犀利，聲氣奪人；有的詞藻華腴，風神甚美；有的縱橫捭闔，頗爲可聽；有的淵深宏博，引古證今；有的言簡語要，切中時弊。眞有所謂「一人之辯，重於九鼎之寶；三寸之舌，强於百萬之師。」依現在的流行論說文看來，議論的方式可以分做七種：

(1)理論：對某一件事情，有我的看法與主張，因此站在個人的立場或團體的立場，發表意見，說明觀點，分析是非利害，論議合理與否，提出恰當的主張與解決的方法，是爲理論。站在一般人的觀點來立論的，叫做泛論；站在專家的觀點來立論的，叫做專論。論政治的謂政論，論歷史的謂史論，論軍事的謂兵論，論經學的謂經論，論文學的謂文論……。還有站在大衆的觀點來立論，將大衆的意見作意見，把大衆要說的話作成公正的言論，就是輿論。

(2)辯論：這種議論文字，多半是爲了自己（或別人）的行事言論，被人誤會或非難，因此就事理上，加以維護、辯正、解說的，使人知道眞理的所在，是爲辯論。一般人對一件事情常常有不同的看法，卽使所發表的意見非常傑出卓越，也不免會受到他人的異議、反對與詰難，所以必須就自己的合理的立場，加以辯說，使人折服信行。

(3)駁論：社會上有一些人常發表謬誤歪曲、似是而非的言論。主張論點錯誤，推理不合邏輯，都是所謂謬誤；故意顚倒是非，指白爲黑，曲解情理，混淆視聽，就是所謂歪曲；立論出於穿鑿，修詞飾於詭巧，看來很有道理，然而一加推敲，錯誤立見，這就是所謂似是而非。駁論，就是要將這種謬誤歪曲似是而非的言論，一項一項，加以反駁推翻，使它不能成立，才算盡職。善於辯駁的人，常注意對方所論的重點，找他的縫隙，——謬誤、歪曲、似是而非的地方，加以駁斥。

(4)評論：這種文字與駁論相似，不過它不在於對他人言論的駁斥，而著重於對某一個問題（如某人的言行作品，社會問題，時局變化，政事得失。…………），作公正的批評，或加稱讚，或加評擊，或加比較，或加補充，或加判斷，是為評論。

(5)設論：這種議論所採用的形式跟辯論相近，不過辯論是與人對辯，這則為「獨白」；在一篇文章中，自己設立難題，自己為之答辯，如韓非定法篇，韓愈進學解是。目的在借這一種答問的辯論體，使題中的理蘊，格外明白突出，提醒讀者的注意，襯托出自己的觀點。這種議論，前人又稱做「設問體」。

(6)敍論：這種議論文，一半含有敍述的性質，就是一邊敍述事情，一邊發揮議論。如書序就是一邊敍述書的內容，一邊評論其價值。此外像宣言、發刊詞也都是這一類的議論文。

(7)諷論：這種文字是用譬喻的方法，婉曲的言語，談笑的態度，滑稽的文辭，來發揮議論，諷諫他人，以補益世教的，是為諷論。如史記滑稽列傳中，淳于髡的諫止齊威王「長夜之飲」，優孟的諫止楚莊王「葬愛馬」的文字，都是有名的諷論。

議論的方式，不外上述七種；有時全篇文字，用一種論式，有時用兩三種論式來立論的。

三、作者的修養

論說文是分析事理、論說事理的文章，作者必須先能參透至理，然後才能抒我卓見；因此作者的修養對於寫作論說文字的關係就非常密切。內容充實嗎？析理確當嗎？見解高超嗎？完全要看作者個人學識的高低，才思的精疏，及生活經驗的多少而定。所以我們要想寫好論說文，平日就應該從「博學」、「多看」、「精思」三方面來充實自己的修養。現在分述如下：

(1)博學：古語：「博學淵識。」這就是說：一個人讀書多，學問博，見識也一定深弘，高人一等。學識豐富的，就能「採故實於前代，觀通變於當今」，因此論習俗先要洞識禮制，評時弊先要懂得政治，談戰爭先要理解軍事，議訟案先要深通法律，倡科學先要精研聲光……。能够洞達事體，了解至理，然後當然能站定自己的立場，高倡確當的意見，暢發公正的言辭，做到論理不謬，談事不妄；否則專用泛論空談，舞筆弄文，穿鑿附會，雖然極騁才華，亦必爲事實所捐棄；設使偶得眞理，也必將給遊辭所埋沒了。

(2)多看：就是多觀察。討論一個問題。只憑書本上的知識，是不够的。有許多問題，須親身接觸觀察研究，才能够實際了解它的病根弊端，知道它的癥結所在；知道了弊病，才能求革新改進，對症下藥，才能就事實而陳說，不致用空理爭是非；才能發中肯的言論，擬議至當的道理，才不致被譏「迂遠空闊，不切實際之用」了。

(3)精思：除了博學，還要能精思。對所要討論的問題，據淵博的學識，實際的觀察，還要從各方面，加以精微的剖析，詳密的著想。沈祥龍說：「精思而無學，文必空疏；博學而不思，文必浮雜。」（樂志簃筆記）。蓋由於運思涉想的周到，內容才能貫一，條理才能嚴密，所論才能毫無語病了。

在個人修養上能够做到上面所說的三點，那麼發爲議論，自然合情合理，自然有獨見卓識，能够折衷羣說，疏人之未通，做到每一句話都能打通人的心竅，可以以一言決千古的疑難了。

四、「修辭與立意」的六大要點

我們寫論說文，能够使讀者採納你的意見，實行你的主張，大抵是由於立意正確，措辭得體，論理恰當；因此在「修辭與立意」上要特別注意下面六要點：

(1)要簡鍊明白，而不要繁瑣晦澀：寫論說文，如能做到文字簡鍊，詞意明白，論理得要，指畫分明，就可以使讀者一目了然，體悟深入；因此作論說文不以文繁辭縟爲巧，更忌枝節瑣碎。如果再加上立意浮泛，而不切題，陳詞晦澀，而不分明，說理攏統，而不完密，所論說又不切中事體的話，那麼沒有不被認爲迂遠疏闊，置而不聽的；所以「千言之論，略其意不過百名」，就不免要被通人所譏諷；還有些很平易很順耳的話，若詭更名實，故作難曉之言，這也不必；因此寫論說文要用清晰的文句，正確的數字，專門的術語，具體的事實來立言立說；切忌頭緒紛繁，綴附過多，否則就不能以一個中心思想來貫穿全篇的文字了。

(2)要平心靜氣，而不要謾罵歪辯：我們發表言論，舉陳事的得失，評論理的是非，態度要剴切溫厚，誠懇樸實，才能使人心悅誠服；同時不可固執己意，自己的看法錯了，就應該接受他人正確的見解；對別人錯誤的觀點，也不可譏諷顯斥，使人難堪；蓋君子所爭的是眞理不是意氣，因此切忌用謾罵誣衊的言詞來立論。謾罵誣衊，齒牙銳利，或能一快己意，煽動輿情，然而却不足以服人心，且徒有損自己的人格。卽使由於善駡，駡倒了對方，在理上却仍然無法折服人心，而且很容易引起世人的反感。像撒潑的婦女，市井的小人，亂駡誣攀，都是我們作論說文所要痛切戒絕的。誣駡式的動言，火氣辣辣，良知埋沒，並不能辯出公理婆理。同時强詞奪理，逃不過明眼人的耳目；詭辯曲論，文字雖巧，也沒法子欺罔天下的人。此外，我們還要注意到辯的原則：「疑而後辯」；已無疑問的事理，就不必再浪費口舌筆墨了；不要持門戶之見，不要作意氣之爭，已經勿需再辯的問題，若徒爲固執己意，而大辯特辯，這將有害社會，無益世教，大可捐棄成見，不必辯論。眞理雖說愈辯愈出，但有時却是愈辯愈渾。最佳的辯才，在於能够平心靜氣，發表公正的言論。言正理順，自然服人。

⑶要講究文采，而不要徒發偏辭：章炳麟說：「內發膏肓，外見文采。」我們作論說文也要顯揚才華，渲染彩錦的麗藻，馳騁機趣的辭令，展露至當的道理，多作巧妙的譬喻，警策的斷案，明爽扼要，透澈動人，自成論說文中的佳作。然而若只專講文辭的優美，邏輯的嚴謹，不管合不合理失不失人情？那也不是成功的作品。莊子說：「惠施能服人之口，不能服人之心。」大概所犯的就是這個毛病；所以說語妙藻新，彩爛似花，詞飾辯巧，細密如髮，可以膾炙人口，極盡文字欣賞的樂趣；然若徒發偏辭曲論，而不談正理大道，也就不是論說的能手啊！

(4)要有獨到的見解，而不要要陳腔爛調：作者缺乏眞知灼見，就不能寫出切實有用的論說文。作者需要憑藉讀書來充實自己的思想，高闊自己的眼界。因爲論說文所著重的是「立意」，對事理要體認得眞切，才能發精當的理論；見地不眞切，就不能放手立言；囫圇含糊，所論就缺乏力量；陳陳相因，人云亦云，就流於千篇一律；所以作論說文，不要說不相干的廢話，無關痛癢的閒言，老生常談的陳腔，鸚鵡學舌的爛調；必須對所論說的問題與事情，有卓越的看法，獨到的見解，眞切的意見，新鮮的觀念，才能使文字生氣蓬勃，撰寫成爲專論專說，才能有益社會與人類。

(5)要提出具體可行的辦法，而不要發迂闊不切實際的空論：現代人做事講究的是實效，不看重玄妙的空談高論，所以對某一問題的研議，最好能够很切實地提出切中事理可行有效而能解決問題的方法。如果對某一問題，只逞口舌之爭，評擊它的不當，絲毫不講求解決問題的方法，就不免要使人覺得他所言不切實際了。說說漂亮的話，發發高調，不管事理的是非，所謂「辭是理非」，這只能資人談助，雖有牙慧可拾，却無補事端的解決；因此論說最忌妄發無補於事的空論。拿議論來騁意氣，以空理來爭是非，書生做文章，可以；若要謀慮治國的政策，評論時政的得失，匡正社會的頹風，就不可以了；那就應該從實事上深切考究其理，研究問題的癥結、弊病與爭端的所在，而擬定可行的說法！

(6)要堅守自己的正確立場來發表言論，而不要過份揣摩世情、迎合人意，作隨俗上下、模稜兩可的言辭：一個人發言要力顧本位，對自己的正確主張，務要堅守立場，澈底發揮，毫кл放鬆。過去的人為使自己的言論與主張，容易為人所採納，多講揣摩迎合的談術，希望由於一言的投契，合人心意，使人喜悅，而採納其說，這原是無可厚非的做法；但過份揣人之情，摩人之意，往往就多不能堅定自己的立場，於是發言多變了質，成了隨事附和，飛長流短，都是在揣合人的心理，利用人的利害觀念，雖能得一時游談的便利，可是正義與眞理也將要受到損害與隱蔽。我的主張要是完全正確合理，就應該堅守自己的立場，逆抗時勢，扭轉狂流，不要為富貴所誘，威武所屈，而逃避自己的言責。還有一些人為求避免受人攻擊，力求言詞沒有破綻，多作模稜兩可之辭，所執全非不變的定理，這種不管心安與否？不尋求眞理的論說，也就更談不到使自己的言論影響世人了。

五、引討結三論

前人作論說文章都特別重視結構問題，有所謂「起承轉合」；明清人的八股文尤其謹嚴，不過八股文出題限於四書，代聖立言，而且把一篇文章分成八部份（註一）來發揮，其流弊是題目定型化，思想定型化，結構定型化，無論你有多少才學，也無法在這重重束縛裏馳騁發揮，成為文字的一種遊戲。現在作論說文仍然要注意結構，但不是「起承轉合」，也不分做「八股」，而大體是將全篇文章分做「引論」、「討論」、「結論」三大部分。每個部分段落的安排，討論的重點，完全可以隨作者的意思自由處理，所以沒有八股文那種思想結構定型化的弊病。現在，將這三部分的作用，略述如下：

⑴引論：就是論說文的「開場白」，一般的作法都是先切入題目，說破全題的要義，給讀者一

個概念，作爲引起下文討論中心思想——主題的預備，目的在引起讀者對你想討論說明的問題，產生興味，願意跟着你一起加入研討。「引論」中開頭的幾句話，一定要寫得好，才能吸引讀者讀了下去。

(2)討論：是論說文中最主要的部分，作者在這篇文章裏要說明要討論的各點都可以由這個部分發揮出來，主要的觀念也可以藉這個部分表達出來，所以他要用各種說理、推論的方法，來證明自己論點的正確，或糾正時論立說的偏差，或反駁他人意見的謬誤，而將讀者的思想一齊拉到他自己的思路上來，同時由文章的進展，使讀者一層一層地接受了他的觀點與見解。

(3)結論：就是結尾，大都不過一兩段罷，有時甚至濃縮成一個簡單的句子。它的作用，是將經過討論說明之後所得到的「結論」，——也就是作者對這問題正確的看法，或重要的觀念，或他的希望，用簡要有力的文字，把它勾畫出來，使讀者接納；同時也作爲文章的結束，爲全篇文字作一個回應，加深讀者的印象；所以在「結論」中，我們還要注意一點，不能寫「討論」中沒有論及說到的事。通常一篇論說文，如果沒有「結論」，就好像在一次會議中，大家紛紛發言，到了最後主席却不肯綜合各方的意見，尋出眞理，作一個結束會議的報告一樣的，使人有「沒有完就散會」的感覺。所以議論文大都要寫結論；有些說明文，當道理已經說得清楚明白了，也可以不作結論。

有人說：我們寫一篇論說文，就好像農夫耕種田地，引論是播下種子，討論是耕種灌漑，結論是收穫作物；但從播種到收穫，是一個連續不斷的整體工作，這三個部分都應該用心去作，才有效果，才能啓發讀者的思想，甚至改變了讀者的思想。「結論」尤其重要：好的結論，能將你主要的觀念，深深嵌入讀者的腦壁，成爲他的思想的一部分。

註一：八股文把一篇文章分成八部分：破題、承題、起講（又叫原起）、起股（又叫提比、前比）、虛股（又叫中比）、中股（又叫大比）、後股（又叫後比）、結束（又叫大結）；破題、承題、起講、結束，普通用散句；中間四股，要用同樣形式的偶句構成，所以稱做股和扇。四比成雙，所以也叫做八比。

六、論說文的準備工作

講到作論說文的準備工作，有「選定題目」、「建立主題」與「擬訂寫作的綱要」三步驟：

(1)選擬題目：一般說來，論說文的題目，大多是作者自己擬定的；然而也有許多時候並不能由自己擬定，例如當你是一個學生，就只能作老師出的題目；就是不做學生，像當報館的主筆，自由的作者，大學的教授，政府的主管，仍然往往要撰寫別人指定範圍的題目，不能自由選題；主筆時常要寫報社需要的時論，作者也往往要寫報紙雜誌的編輯希望你撰論的題目，教授與主管也常被指定發表或講演某一特定的專題；因此論說文題目的選定也常常不是完全可以自由的；所以我們選擬題目一定要注意到配合時機境地、讀者需要、自己修養、篇幅長短、撰說目的等等因素。例如在國家舉辦選舉的時候，你却撰擬「民主政治的缺點」之類題目，就不大適合時宜境地了；或在政治性刊物上，大談文學問題，就是沒認清對象，就不一定能引起讀者的興味；或勉強寫素無研究理解的論題，由於學養不够，當然不會寫得深入；或在小園地中，寫大題目，自無法將你的思想透澈地發揮；或本來想寫鼓勵肺病患者接受預防與治療，根除病苦，恢復健康的文章，却擬定像「肺病之危險」的題目，這必然會影響肺病者的心理，更趨悲觀害怕，致使病情加重，反而跟自己撰論的目的相違背了，不如用「肺病不難克服」或「肺病的預防與治療」作題目，比較能鼓舞病患者；因此選擇題目一定要注意到這些細節，擬定恰當的論題。平日應該多注意報紙雜誌上論說文的標題，也可以用小本子記錄下來，作爲選擬題目時參考。

(2)建立主題：論題擬好後，作者可以根據題目及自己的卓見，提出一個簡單扼要的主張，作爲全文所要發揮闡說的重心—主題；這樣所論說的才能不溢出題外，才能緊緊扣住題目。我們知道每一個論題，由於作者的立場不同，就可能有許多不同的意見要發表。例如「論都市的水患問題」，市民認爲政府要趕快解決水患，水利專家認爲要在都市的上游建築防洪的水壩，市政人員以爲要整治地下排水系統，財政當局以爲先要寬籌經費，以利解決水患方案的實施。立場不同，角度不同，意見也各自不同。若讓他們就這個「防治都市水患的問題」提出論說性的文字，假使作者是市政專家，那麼「防治都市水患，首要整建地下的排水系統」，可能就是他這篇論說文的「主題」，也就是他這篇文章所要議論的中心了。還有作者的著眼點不同，也可能有不同的主張。例如「讀書」這個題目，胡適先生說就有幾種講法，有的講「要讀什麼書」，指導青年選書讀書；也有人講「讀書的功用」，勸人用功；胡先生當日在北京平民中學講的是「讀書的方法」，談他個人讀書的經驗。

那麼講「讀書的方法」，就是胡適的「讀書」這篇文章的主題—要討論說明的「重心」了。現在，報紙上一些論說文的標題，也時常是作者要論說的主題，像「增强體力爲致勝之本」，「心臟病發作應急送醫院」之類都是。「短論」常採用這種「題目」與「主題」一致的「標題」，這樣可使作者的主要看法與主張，顯豁突出，給讀者較深刻的印象。

(3)擬訂寫作的綱領：主題立定後，作者必須提出一個或幾個論點；論點，就是根據主題來討論之點。這時，作者應該根據主題，細密考慮，擬出全篇文字要討論說明的哪一些節目與重點，即所謂「論點」，作爲寫作時的綱領，作者主要的觀念也就可以藉此表達出來。當然短文章非常簡單，一下子就可以想好擬定；長篇大論，就比較複雜。我們考察胡適「讀書」這一篇，知道他對「讀書的方法」，有兩個觀念，第一認爲要「精」，第二認爲要「博」；在「精」、「博」之下，又各分若干討論重點。現在將這篇文章的論點，分析如下：

題目：讀書

主題：講讀書的方法。

引論：說明今天爲什麼要講「讀書」這個題目?這個題目有幾種講法。最後說明今天他要講的內容，爲「讀書的方法」(引起下文討論這個主題)。

討論：(他對讀書的方法，提出「精」、「博」二點)。

(甲)精—以「四到」作綱領。

(一)眼到。

(二)口到。

(三)心到：利用外邊設備及自己用心方法。

(1)設備——字典、辭典、參考書。

(2)方法——①分析。②融會貫通。

(四)手到，有三點：

(1)標點分段。

(2)查書。

(3)作扎記，內又分四種：①「抄錄備忘」，②輯要。③隨手記錄心得。④作有系統條理的文章。

(乙)博。

(一)為預備參考資料起見，平日讀書要廣博。

(二)為作人起見，打算作有用的人，參加社會各種活動，知識要博。博中還要有專長。

結論：說他很希望少年朋友，既要「專精」，又要「博」，「為學要如金字塔，要能博大要能高」。

由此分析，可以了解「讀書」這一篇的結構及所討論各點。我們作長篇論說文，能先想好擬好綱領，寫起來自然方便。現在假設選定大家常寫的「傳染病的預防」這題目，就可以用此方法擬定討論的重點如下：

引論：可以由生活應注意衛生談到傳染病的預防。

討論：（於是可以想到傳染病的種類，散播的原因及預防的方法等）

(1)傳染病有哪些種？

（甲）急性，有感冒、白喉、天花、霍亂、傷寒等。

（乙）慢性，有肺結核、肝病、沙眼、性病等。

（並可說明每年對人類造成的災害。）

(2)傳染病怎樣散播？

（甲）由細菌傳染。

（乙）由接近病人傳染。

（丙）由飲料、空氣、用具及蚊蠅等動物爲媒介而傳染。

(3)傳染病如何預防？（這是針對傳染病的散播原因，而提出各種預防的方法）

（甲）在公衆方面如何？有哪些點？

(一)清潔飲水。

(二)清理垃圾和水溝。

㈢撲滅蒼蠅蚊子。

㈣取締不衛生的飲料。

㈤禁止隨地吐痰。

㈥隔離病人。

㈦注射預防。

（乙）在個人方面如何？

㈠注意起居。

㈡增強營養。

㈢清潔身體。

㈣適當運動。

㈤勿接近病人。

結論：在這樣小心預防下，傳染病自然可以預期逐漸消滅，而增進國民的健康了

因此我們知道擬訂寫作綱要是很重要的。不過，分目的文字要簡短，概念要完整。擬好後，應再從頭巡閱一遍，看看所擬各點，有沒有和主題的思想衝突違悖的地方，若有就要去掉。在這樣精細嚴密的安排下，全篇文字的結構，自然緊湊完整；然後據此綱領逐層發揮撰寫下去，文氣自然一貫，脈絡自然相通，思想自然統一，論說自然有力，達到文暢理順內容充實的了。

七、說理推論的方法

論說文是我們說明道理、發揮思想的利器，衡量各種事情的指南針；因此寫作論說文最主要的方法，是「能立」與「能破」。能立，就是能將自己所說明的繁深道理，分析得清清楚楚，明明白白，使人理解；自己所發表的正確主張，能夠使它成立，爲人所信服。能破，就是能駁倒擊破和我敵對的主張，荒謬的意見，歪曲的言論，使它不能站住脚。劉勰說：「必使心與理合，彌縫莫見其隙；辭與心密，敵人不知所乘。」（文心雕龍論說篇）。這就是「能立」，是論說文的積極面。至於像孟子用人類必須分工合作的道理，來駁斥陳相相信的「許行君臣並耕」之說（見滕文公上），就是極高明的一種辨駁，貴能擊破不眞的謬理，這就是「能破」，是論說文的消極面。因此論說家首先要培養自己的辨疑論理的能力，要研討說理推論的方法。要是我們遇到不得不施辨說的時候，以爲只要把自己的意見，實實在在、誠誠懇懇的講了出來，不肯多逞辭鋒，這固然不錯，但有時也很可能遇到一些頑固不通的人，或辯捷口利的對手，這種開導的論說，有時就會失去效用，不利於言論上的攻守，還有我們爲了自己要推求正確的結論，也時常要運用各種說理推論的方法來研討問題，分析事理，辨明黑白，計議得失，探尋要走的大道，追求正確的眞理，而使自己的言論完全符合正理，沒有予人攻擊的口實。要想「言之成理」，也就要講究說理推論的方法。斧頭銳利的可以透過瘢節橫斷堅木，論說者也要磨利自己的筆鋒。現在將各種說理推論的方法，分述如下：

(1)直接法：單用一個命題（論辨句）來闡說事理或推斷結論，叫做直接推理；用兩個以上命題來推理的，叫做間接推理，如三段論法。所謂「命題」，用一句話來表示心裏判斷之意，在論理學上，叫做「命題」；在文法上，叫做「論辨句」，是合主語、謂語而成。例如：

「我們要革新文學，首先要做到言之有物。」

「國父是一位偉大的人物。」

「今日的學生，就是明日的社會中堅。」

「我的心不是石頭，不會轉變。」

「現代的青年，應該了解他們的責任，在建立富强的中國。」

「做事事先有計劃，就不會失敗。」

「人存政舉，人亡政息。」

「中國人是全世界最懂得喫的民族。」

「化妝費時間，不化妝省事多了。」

「不見可欲，使心不亂；一見可欲，心卽亂矣。」

「體力的增進，並非可一蹴而幾。」

「多讀書，可以充實學識。」

「這種感化的目的，當然是勸人改過；可是流弊也很多，就是使人覺得作錯了事不算什麼。」

「有的人誤認爲生命是自己的，不得已時候，自殺不失爲一種解脫，其實這是一種罪惡，不負責任的想法。」

「天天要戒愼恐懼，時時要警惕反省。」

「我以讀書三到是不够的，須有四到。」

「眼到是要個個字認得。」

「趣味比方電，越磨擦越出。」

「鴉片煙怎樣會上癮？」「天天吃。」

「『仁』之一字，儒家人生觀的全體大用都包括在裏頭。」

「智者不惑，惑者不智。」

⑵三段法：三段論法，又稱「推論式」或「間接推理」，是邏輯學中一種重要的推理方法。所謂推理，就是由已知的理推論未知的理。三段論法，就是應用「大前提」、「小前提」，「結論」三段來推理的。大前提大多用來陳述一種原理原則；小前提是就某一事加以指點說明；結論是作者據二前提的關係下的斷語。一般的文字，大前提或小前提常缺其一。曹冕說：「譬如有一種原理原則，爲人所共知者，就省略大前提，直由小前提產生結論，這是文章裏所常見的；又如小前提的事實很顯著，無須縷述，直由大前提產生出結論，也是文章裏所常見的。」由此，可知這種方法偏重含意，不在形式。按三段的構成須含有大詞（P）、中詞（M）、小詞（S）三種。詞的大中小，是從含義的廣狹來說的。邏輯學家說：要想得到（SP）結論，必須用中詞作媒介，使中詞M和大

詞P發生關係，組成大前提（M—P或P—M）；再使中詞M和小詞S發生關係，組成小前提（S—M或M—S）；然後才能使小詞S和大詞P二者產生關係，作為結論（S—P或P—S），其形式為：

大前提M-P（P-M）
小前提S-M（M-S）
———————
結　論S-P（P-S）

註：大前提中必含大詞P，小前提必含小詞S，大小二前提必須都含中詞M；中詞M是大詞P、小詞S二者的媒介；藉此才能使大、小二詞聯成結論。

現在舉例如下：

「黃廷璽兄弟六個；老大伯震出外做生意，十年多了都沒有消息。廷璽魂祈夢卜，非常想念他說：

『我大哥不過在城內 大前提 M-P，
我大哥可以去 小前提 M-S，
我為什麼不可以去（城內）呢結論 S-P？』

他穿了鞋子出門去找他的大哥。鄉里就勸他說：『你不知道伯震兄的所在？又要到哪裏去找他呢？』廷璽說：

『我大哥是生意人 小前提S-M，

生意人一定在通都大邑 大前提M-P，

我找遍通都大邑，一定能找到我的大哥了結論 P-S。』」

這個例子是就黃宗羲的萬里尋兄記改寫成，可以很清楚看出大詞、中詞、小詞的關係，以及三段推理的方式。例二：

「蛇本來是沒有脚的 大前提P-M，

現在，把它畫上脚 小前提S-M，

他畫的就不是蛇結論 S-P。」

前面舉的兩個例子，都是簡單的三段論式。有的三段論式比較複雜，譬如在秦晉殽之戰前，周王孫滿批評秦軍路經王都進兵鄭國的一段話，就是複雜式的三段論法：

「秦兵輕浮沒有禮節，一定失敗 大前提 M_1M_2-P，

輕浮就少計謀，沒有禮節就疏忽 小前提 M_1-S_1, M_2-S_2，

到了危險地方既疏忽，又沒有計謀，怎麼會不失敗呢 結論 S_2S_1-P?」（鍾譯左傳秦晉殽之戰）

(3)歸納法：由觀察種種特殊的事例，歸納（推知、概括）出一個普遍的公例或原理；這個公例原理，可以用來推概其他同類的事物，叫做「歸納推理」。現在論述如下：

a.觀察：用歸納法來推理，首先著重證據，因此必須從多方面蒐集證據；要蒐集證據，必須從

觀察下手。孔子說伏犧「仰則觀象於天，俯則觀法於地，觀鳥獸之文與地之宜，近取諸身，遠取諸物，於是始作八卦，以通神明之德，以類萬物之情。」（易繫辭下傳）。由此，可知伏犧所作八卦，完全是由觀察天地人物各種現象歸納出來的；這個八卦變化的公例，可以用來說明神明之德，萬物之情。美國杜威博士論歸納說：「以觀察始，以觀察終。」直接觀察事物，有助搜尋各項事實，建立公例，推斷事理。譬如要推斷一個人是否勝任某重要職務？可以從各方面來觀察，推斷他的爲人做事。看看他的操守清廉嗎？能力卓越嗎？談吐明智嗎？情緒穩定嗎？意志堅强嗎？愛好高尚嗎？家庭美滿嗎？結交的朋友好嗎？假使都符合條件，就可以推斷他擔任這項公職，將是一位理想的優秀人選。這種由種種方面觀察，來搜尋事實，建立公例，推論事理的方法，即所謂「歸納推理」。

b.假設：或稱臆說、臆測。臆測國際形勢的發展如何如何；那就是假設。不過，只有假設是不行的，還要設法證實。胡適先生說：「大膽的假設，小心的求證。」也就是說可以作大膽臆測，可是還要小心從事實找證據，證明臆說的正確，假設的成立。科學家假設人類能够乘太空船，登陸月球，現在終以事實證實這種臆說。又如顏之推說：「山中人不信有魚大如木，海上人不信有木大如魚。」現在，小學生都知道「鯨魚比大樹還要大」。所以歸納推理也可以先擬定一個假設之說，然後從多方面搜尋證據來證實。理論是否正確？一定要加證實，方能成爲定論。蘇雪林在青年與人格中說：

「有了學問才能而無人格，則如虎傅翼，反足爲社會國家的大害。我國二十年來那些縱橫捭闔的政客，稱戈割據的軍人，出賣國家和民族的神姦，偷盜國寶的巨蠹，搜刮地皮的貪官，魚肉良民的土劣，以及那些說誑的先知，欺騙青年的學者；誰說他們沒有相當的學問，誰說他們沒有相當的才能，只因迷信手段，不管動機，追逐物質的慾望，視精神生活為迂腐之故，所以才甘心犯罪，所以才連續不斷地鬧出這許多把戲；他們自己不顧人格尚不足責，好好一個中華民國就這樣斷送在他們的手裏，豈不可嘆可恨！」

「有了學問才能而無人格，反足為社會國家的大害」；這也可以說只是作者的一個假設的說法；但是她舉出政客、軍閥、貪官、土劣，都是有學問才能的人，只因他們沒有人格，甘心犯罪，而使社會國家受害，證實了她的假設的正確。清人的考證文字，大都用這種「假設」、「求證」的歸納法寫成。

c.概括：枚舉同類（同性質）的事例，然後用一個詞（或一句話）來概括它的含義。例如：

「岳飛、文天祥、史可法、袁崇煥，都是我國歷史上抵抗外邦侵略的民族英雄。」

前人也常用這種列舉概括的歸納法來推論事理。例如：孟子說：

「舜發於畎畝之中，傅說舉於版築之間，膠鬲舉於魚鹽之中，管夷吾舉於士，孫叔敖舉於海，百里奚舉於市；故天將降大任於是人也，必先苦其心志，勞其筋骨，餓其體膚，空乏其身，行拂亂其所為，所以動心忍性，增益其所不能。」（告子下）

舜是從農夫發跡為天子，傅說是從築牆工人舉為宰相，膠鬲是從漁鹽攤販被用為輔臣，管仲是從監獄的犯人被提爲相國，孫叔敖是從海濱流竄中起用爲令尹，百里奚是從楚人的手裏贖了出來做大夫的；這些聖賢都是從艱苦困厄的環境中奮鬥出來，擔負了重任；這是他們的共同特點。歸納推理就在於從許多事例中，推求相同（或相異）的一點，作爲公例通則。孟子所以列舉這些事例，就是要從中找出這一個共同之點，推概成爲一個原則：說明「天將要降大任給人，一定先用困境逆境來磨鍊他，目的在激勵他的心志，堅强他的本性，增加他的能力」，以作爲後人發奮爲雄的勵詞。用概括法推理，必須注意找不出例外；這樣概括才能正確。如果能找得出例外，結論的力量就減弱了；能找出許多例外，那結論根本就推翻了。所以選擇實例，態度一定要嚴謹，要選那些足可代表同類事情的爲例子，然後才能從已知的少數，概括出一個普遍可行的公例原則，推斷未知的多數。

d.類推：同樣的事情，將生同樣的現象；這原是邏輯所謂「自然齊一律」。譬如男人和女人結婚，結果必然都會生男育女的。在論說文中也可以借用這個原理，就產生所謂類比推理，就是可由這一個（或若干個）事例如此，推論同類的另一個（或其他若干個）事例也應該如此。例如：有人論朱熹註大學的「治國」與「國治」的「治」字讀音，說：

「治國的『治』字，和『國治』的讀音不同，一讀平聲，一讀去聲；這實在沒有什麼道理。因爲齊家家齊，修身身修，正心心正，誠意意誠，致知知致，格物物格，都不聞有兩個讀音，獨於『治』字辨音，可以說朱子實未曾詳細研究上下文其他同類的例子，所以有這一個多餘的辨音。

這可以說就是採用「類推法」，認爲其他同類的用法，並無兩讀，因而推論「治」字的讀音，不應獨異。這個例子的推論，又叫做「究餘法」。

(4)因果法：每一件事發展的過程都有因果關係。爲什麼有這種現象發生？一定有造成的原因。因此論理學有所謂「因果律」，認爲原因相同，結果也必然相同；認爲我們可以根據因果關係來推論事理，可以從已經知道的原因來推測未來的結果，或從結果追究已往的原因。這種推論可以說是根據已經知道的現象，對還不知道的現象，作一種推測性的陳述，因此大都就觀察到的現象，加以推論。由原因推論結果，譬如從一個學生的不用功，可以推測出他可能有一些學科要不及格了；從他有自卑感，可以推測出他看到女孩子也許會緊張得說不出話來；從近來生產增加、經濟繁榮的情況，可以推測出人民的生活將會逐漸提高了。由結果推論原因，譬如從長滿厚繭的雙手，黝黑的膚色，可以看出他可能是一個農夫；從談吐的粗俗，舉動的莽壯，可以想到他可能沒受過什麼教育。不過，這都要靠豐富的學識與經驗，才能作正確的推斷。諸如政治、軍事、經濟、外交、教育、社會，甚至個人的種種問題，都可以用這種方法研討因果，推出結論。離奇的刑事案，由果推因，而破案的很多。據「因果律」推求事理，要注意的，是某一件事因果的關係，要「必然如此，常常如此」，這樣才能够產生正確的斷案；如果只是「偶然如此」，就很難推得眞理。自然現象有一定的因果律，推測起來比較容易；人文現象變化極多，難以蠡測；何況造成某一種現象的原因，時常不止一種。例如發胖的原因就有種種：吃太多，發胖；睡太多，也會發胖；生活優閒，自然發福；心安理得，自然體肥；女人生孩子會發胖；男人到更年期也常常日見其胖；先天遺傳，更是發胖的重要因素之一。反過來說，由於發胖這原因，又將造成許多不同的結果。如：發胖之後，有的跑路容易氣喘；有的做事容易疲倦；有的覺得身體不像瘦子那樣的硬朗矯健；有的胖到連彎腰繫鞋帶子也成了問題；有的易患高血壓、血管硬化、中風這些毛病。眞是因因果果，紛紛紜紜，變化萬千，要推它原因，測它結果，實在是很不容易的事；假使論事「只見其一，不知其百」，這樣跟事實自然要相差十萬八千里了。例一：

「工作是愈做愈熟練的；熟練了，出產必能加多。」

由因推果：說明工作熟練，可使生產加多。例二：

「若我們的大腦不發達，只有半兩重；那我們全要像猪一樣笨，只知吃睡，不會思想。」

這雖屬假設；但本質仍然建立在因果的關係上。從假設大腦不發達這一個因，臆說其果，必然造成大家像猪一樣的笨，而證明頭腦的重要。例三：

「政令所以通行，是因為順從了民心；政令所以行不通，是因為違背了民心。」

這是從政令的通行不通行，來尋究原因；說明政令必須符合民情，順應民心，才能夠通行無阻。例四：

「任用賢人因，國家就安定果；努力農業因，糧食就充足果；栽種桑麻，發展畜牧因，人民就富足果；命令能順應民心因，威令就能通行果；人民能各盡所長因，勞力就不缺乏果；能嚴厲執行刑罰因，人民就遠離邪惡果；慶功行賞有信用因，人民就看輕死難果；能先估量人民的力量因，就沒有一件事會辦不成功果；不勉强人民做他們所憎惡的事因，欺詐跟虛僞的事就不會發生果；不苟取一時的利益因，人民就不會有怨恨的心果；不欺騙人民因，在下的人就會親近長上果。」（譯自管子牧民篇十一經）

管子論治國爲政的常法十一種，都是採用從「原因」推論「結果」的方法，來發表他的主張。每一句都是前半句爲因，後半句爲果。相反的，若是從「結果」推論「原因」，這段文字就可以改成這個樣子：

「要國家安定果，就要任用賢人因；要糧食充足果，就要努力改善農業因；要人民的生活富裕果，就要栽種桑麻，發展畜牧因；要法令通行果，就要命令能順應民心因；要勞力充足果，就要使人民各盡其能，發揮所長因；要人民不爲非作歹果，就要嚴厲執行刑罰因；要人民爲國死難果，就要眞正做到有功必賞因；要想每一件事都能辦成功果，就要先估計民力因；要欺詐虛僞的現象不再發生果，就不要勉强人民做他所不願做的事因；要人民不生怨恨果，就不要苟圖一時的利益，應該擬訂長久利民的辦法因；要人民擁護政府，親近長上果，就不要做欺騙人民的事情因。」

例六：

「飽食的人，由於腸胃消化不良；或因暴飮暴食之後，有反胃嘔吐現象；有時因爲胃潰瘍、胃

炎等，都會產生口臭。」（趙崇福口臭）

這說明消化系統的幾種疾病，是構成「口臭」的一些因素。

(5)演繹法：由各種特殊的事例，推概（歸納）出一個公例原理，是為歸納推理；由一個公例原理，再推斷（演化）為各種特殊的事例，是為演繹推理；二者關係密切，所以在論說文中，時常兩種兼用（說取曹晃論辨文之二主幹）。董季棠養鳥之例一：

「大自然的一切，盡善盡美，都是偉大的傑作 公例，

高山流水，夕陽芳草，你默默地看去，一定會覺得奇妙神祕，是絕好的圖畫 演繹事例一；

魚游清淵，鳥躍枝頭，你靜靜地欣賞，一定會觸着生命的契機，發出會心的微笑 演繹事例二。」

例二：

「自然景物，絕不是人為所能企及 公例，

所以

在假山前看癩蝦蟆似的土堆，不如到蘇花路看峭壁，上阿里山俯視羣峯 演繹事例一；

在案頭看矯揉造作的盆景，不如到原野看長河落日，春樹暮雲 演繹事例二；

俯在玻璃缸口看金魚擺尾，不如到河梁上看游魚忽聚忽散，或往或來 演繹事例三；

在簷前掛一個鳥籠，養兩隻小鸚鵡，看牠們跳梁啄粒，不如到海濱山巔，看白鷗翱翔，鷹揚萬里 演繹事。

這不僅是視界的大小，也是心胸的廣狹。」

例三：

「然而人的愛好，有時頗為奇特公例：

種梅樹要它瘦曲，不要它肥直證一，

養老鷹要牠雌伏，不要它雄飛證二；

因此，盆子裏的榕樹，須用鐵絲棕繩，纏來纏去，彎左彎右，雖高不盈尺，而姿態蒼老如千年古松，那就是：美承上證一，

做一個牢籠，到深山誘捕幾隻畫眉、八哥，關在裏面，弄得它垂頭喪氣，有翅難展，頸子夾在柵欄裏，側目望晴空，漸漸地羽毛憔悴，折磨而死，這就是：看來舒服承上證二；

如果這種病態美的欣賞，也是快樂，那麼眞是自己的快樂建築在別人的痛苦上結論。」

這是一個複雜型的推理，兼用「演繹」、「歸納」兩種論式構成。由起句「人的愛好，有時頗為奇特」看來，「種樹」、「養鳥」的兩個論證，則是從這句話推斷（演繹）出來的事例。由最後「如果這種病態美的欣賞，也是快樂，那麼眞是自己的快樂建築在別人的痛苦上」看來，這句話則是從「種樹」「養鳥」兩個論證，推概出來的結論。

(6)引證法：一個論說者往往要設法，證明自己的論點是合理、正確的。論點若是沒有有力的證據，就等於「强詞奪理」，「空口說白話」，誰肯信服？所以證明論點是必須的工作。怎樣證明論

點的合理正確？引證是最常用的一種方法。我們常常見到許多作者在論說文中，引用前賢名言、權威理論、成語俗諺、寓言故事、統計數字、歷史事實，來證明論點。例一：有人論「今」說：「為什麼『今』最寶貴呢？最好借哲人耶曼孫說的話，答覆這個疑問：『你若愛時間，當愛今日。昨日不能喚回，明日還不確實；你能把握的只有今日。』」這是引用哲人耶曼孫的話，闡釋今日之可貴。例二：蔡元培「國語的功用」一文，說：「我們假如只是想在家鄉種幾畝田，做一件小工，開一個小店，那就不必說了。假如要想到大工廠、大公司去佔個位置，就不能不到遠一點的地方去，也就不能夠單講家鄉話（論點）。譬如上海地方的女工，都是湖州人。一半是因為湖州人向來多會繅絲；一半也因為湖州話和上海通行的蘇白，很相近。假如你是個不會說上海話的江北女子要想進絲廠去作工，可就很不方便了（例證一）。又如：錢莊是寧、紹幫的專業。假如你是個不會說寧、紹話的山西票號的老夥計，要進錢莊去，也很不容易（例證二）。廣東嘉應州一帶的人，是長江流域的人流寓在那裏的；他們的話，和別種廣東話不同，叫做『客家話』；所以他們無論到什麼地方，都不能同廣肇幫，或潮州幫人在一起（例證三）。南洋羣島是華僑最多的地方，但是不會廣東話的人要到英屬各島去，或是不會福建話的人要到荷屬羣島去，就很不容易謀生（例證四）。這些豈不都是困難的問題麼？假如大家都會國語，就沒有問題了（結論）。」

這一段文章說明單會家鄉話是不够的，在工作生活上，有許多不便，他列舉四件事實為例，來證明論點的正確，然後獲得一個結論「大家都會國語，就沒有問題了」。例三：梁容若讀社會的不朽論說：

「第一、社會是羣體構成的，歷史是多數人的業績；多少驚天動地的事功，都是羣體活動的成就，發明家常常是許多試驗者裏最先成功的，英雄常常是一團艱苦奮鬥者的代表人物（論點）。發現美洲的是哥倫布，可是和他同行的水手、火頭、造船的工人，造羅盤器械的工人，供給他糧食衣服銀錢的人，主張地圓學說的著作家，西班牙海員多年蓄積的遠洋航海技術經驗，處處都幫助了他的成功（例證一）。普通說萬里長城是秦始皇造的，事實上在戰國時代修城來防禦北狄侵略，許久已經成爲燕趙秦等北方國家的共同對策，秦始皇在統一全國以後，只是繼續加强這種政策，把舊有的長城，加高培厚，增築不連接的地方，把它更大規模地有計劃地整理一番罷了（例證二）。根據這種觀點，歷史不是少數英雄偉人造成的，英雄偉人也不是孤立存在，突然降生的。」

作者這裏引用歷史上哥倫布發現美洲，秦始皇造萬里長城的成功，都是由於羣策羣力，來證明他的論點：「驚天動地的事功，都是羣體活動的成就。」寫論說文要舉有力量的實例；專講抽象的話，缺乏佐證，讀者就不容易理解它的含義，而且容易忘掉；具體的例證，可以增加說話的份量，也可以加深人的印象。有人說：「博喻然後可以爲師。」可知要想說理，說得明白精采，博引例證是很重要的一種手法。例四：胡適之爲安立德中國問題裏幾個根本問題一書作序說：

「安立德先生的第二表裏，有這種事實：

	面積（方英里）	鐵道線（英里）	摩托車（輛數）
中國	4,278,000	7,000	22,000
美國	3,743,500	250,000	22,000,000

我們的面積比美國大，但鐵道只抵得人家三十六分之一，摩托車只抵得人家一千分之一，汽車只抵得人家百分之一。

我們試睜開眼睛看看中國的地圖。長江以南，沒有一條完成的鐵路幹線。京漢路以西，三分之二以上的疆域，沒有一條鐵路的幹線。這樣的國家不成一個現代國家。前年北京開全國商會聯合會，一位甘肅代表赴會，路上走了一百零四天纔到北京。這樣的國家不成一個國家。

所以現在的第一件事是造鐵路，完成粵漢鐵路，完成隴海鐵路，趕築川漢、川滇、寧湘等等幹路，拼命實現孫中山先生十萬里鐵路的夢想，然後纔有統一的可能，然後可以說我們是個國家。所以第一個大問題，就是怎樣趕成一個最經濟的交通系線（結論）。」

論說文，可以說是科學性文字，最忌用籠統的說法，應該引用統計數字作爲論證，由數字的比較說明，就能很容易的使讀者觸及問題的中心，事理的所在。像上面這段文字，由中美鐵道、車輛數字的比較，可以使讀者很快明瞭我國當時交通的不發達情形，再由江南沒有一條鐵路幹線，……甘肅代表到北京要走一百零四天，這些數字例證，可以使讀者理解我國的交通建設，實在要急起直追，趕建鐵路了。

有時遇到對方的論證，不是完全合理的，就可以引用對方的論點，去反對對方；進一步推得比對方更有力的結論。譬如有人說：「魚鳥是生給人吃的。」就可反駁他說：

「假如『魚鳥是生給人吃的』；那麼人就是生給蚊子吃的了。」

(7)正反法：碰到對方的言論，是絕對不合理的時候，可採用鋒銳的措辭，從正、反兩面去逼難他，使他自知錯誤。古時候，有殉葬的風俗，殉葬就是拿金寶和死人一同埋進墓壙裏，以爲人死後還要使用這些東西，這當然是迷信的說法；所以若要對這件事，加以評駁，就可以說：

「假使認爲人死了後，就沒有知覺了，那就不必拿這些東西去殉葬；卽使殉葬了，無知的死人又哪裏曉得去使用呢。假使認爲人死後還管事，那更可不必殉葬；因爲用這些東西殉葬，本是一種無益而浪費的舉動；死者有知，也一定會加以反對的。」

這段就是採正反法，無論怎麼說，對方都要處於理短的地位上。例二：

「一般說來，遊說的困難，在於理解對方的心理。……如果對方是要好名聲的，你對他談財利，就要被看做卑鄙，一定會疏遠你了；如果對方是愛財利的，你對他談虛名，就要被看做沒心計，不切實際，一定不肯留用你了。」（譯韓非說難）

這也是用正反法，說明遊說者要理解對方心理的困難。

(8)選擇法：對一個問題，時常有許多種不同的看法。譬如蘇秦替楚國策劃合縱，要遊說韓國聯盟，對抗秦國，他就盡量尋找抗秦有利的地方來立論，像從軍事觀點來看，他說明韓國四邊地勢險要，有險地、要塞、高山、大水，正利於防守；同時他又籠統誇大地說，韓國的軍隊有幾十萬，武器精銳，裝備齊全，兵士都是訓練有素，可以「以一當百」，足可抵擋秦國，並且認爲韓國割地給秦國，做秦國的附庸，是絕對有害而無利的事，他揭示秦國野心是無止境的，最後土地日削，終必受滅亡之禍：他指出和楚國聯盟，對抗秦國，才是自存之道。後來張儀爲秦國策劃連橫，遊說韓國和秦國結盟，攻打楚國，就針對蘇秦的說辭，加以反駁，盡量尋找抗秦不利的地方來立論，像韓國的多山多水，他就從經濟觀點說明地勢險惡，則不宜於栽種糧食；糧食缺乏，就不能作持久戰爭。所以張儀單從這方面反駁他，說：「韓國糧食支持不了兩年。」又把韓國的弱點暴露出來，說韓國的軍隊雖然有三十萬，實際能打仗的，不過只有二十萬，這二十萬部隊多半是步兵，只有强弩、利劍、盾牌、鐵甲等輕裝備而已；反過來看秦國軍隊有一百多萬，又有戰車，和機動性很大的騎兵。兩者一加比較，顯見韓國是不堪一擊的。所以張儀又說：「以秦國的勁旅，攻打不服的弱國，沒有不粉碎的。」那麼，蘇秦的能抵擋秦國侵略的論點，也教推翻了。他又威脅利誘兼施，說韓國若聯合楚國，反對秦國，是自取滅亡；蓋秦國一出兵，韓國就難保全：只有和秦國結盟攻楚，對韓國才最有利，不但可以保全邊地，而且攻下楚國，私下又可得到利益（請參看戰國策韓策）。從這裏，我們可以知道對一件事都有兩方面，甚至多方面的看法，你在這一方面看，是如此的合理，而從另一方面看，却又不然。所以寫論說文要注意問題的多面性；因此也有人從多方面來闡論一個問題。有時解決問題的方法與觀點，雖然很多，但只有一個對的，碰到這種情形，就可以採用選擇論法，將這些不同的意見，盡數舉出，逐條分析，證明它錯誤；而後選擇一種最切要而最正確的說法，加以發揮。例如：蔡元培作「怎樣纔配稱做現代學生」一文的開頭，說：

「一般似乎很可愛的青年男女，住着男女同學的學校，就可以算做現代學生嗎？或者能讀點外國文的書，說幾句外國語，或者能够『信口開河』的談些什麼什麼……主義，和什麼什麼……文學，也就配稱做現代學生嗎？我看這些都是表面的次要的問題。我以爲至少要具備三個基本的條件，纔配稱做現代學生：一、獅子樣體力……二、猴子樣敏捷……三、駱駝樣精神。」

這段議論，就是用「選擇法」，排去許多人的見解；而後說明自己的見解，才是最切要的。

(9)矛盾法：韓非子難勢篇中有一段故事說道：有一個人做賣矛和盾的生意，稱讚他的盾的堅固說：「沒有一種兵器能够刺得進去。」一會兒，又稱讚他的矛說：「我的矛非常利，沒有一種東西能不被它刺穿的。」這時，有人問他：「那麼就拿你的矛，刺你的盾，看看能刺得穿嗎？」這個賣矛盾的，就沒有話可以答辯了。爲什麼他無法答辯，就是因爲他前後的言論，自相抵觸，不能說得通。論理學上也有矛盾律，謂「一事物既肯定之，卽不得同時否定之；若既否定，亦不得同時肯定之。」肯定，有承認、贊同的意思；否定，有不承認、反對的意思在內。假使有人講演，勸導大家要「節儉」，但自己私下的生活却非常「奢侈」；那就是自己的行事，否定了自己的言論，這就是言行的矛盾。假使有人當面讚美「張三是一個好人」，馬上又在背後批評「張三是一個壞蛋」。既承認張三是好人，同時又否認張三是好人，這就是言論的矛盾。又如唐徐元慶手刃父親的仇人，當時諫官陳子昂建議按殺人罪，判他死刑，但在鄉閭旌揚他的事蹟。柳宗元評論這件事說：「夫有罪而後誅，有功而後旌，誅與旌未能並行也。既誅而又旌之，非矛盾而何。」由此可知是與非黑與白的事理，同視等觀就是矛盾。又如寫作正誤引例說：「他受了良師益友的薰陶，後來竟墮落了。」——「受了良師益友的薰陶」和「後來墮落」，這就是原因與結果相反，形成了矛盾的說法。又如劉勰在文心雕龍論說篇中說：「論語以前，經無『論』字。」但書經周書中就有「論道經邦」四字，由此可以證明並非「論語」以前，經無『論』字。這是劉勰的論說否定書經早已肯定的記載，由於與事實不符，與眞理相反，形成矛盾，予人爭論。矛盾的說法，是無法使人信服，而且很容易給人駁倒。假使說理論事，有這種矛盾現象，就不能夠成立了。例如王應麟困學紀聞卷十七引用晁子止說「不知書有『論道經邦』。」評駁劉勰之說不正確。因此我們知道所謂「矛盾」，不只限於立論要依據「矛盾律」，不使有前後矛盾的現象發生，同時還要注意到自己的言、行不要有矛盾的情形，政府的官吏更要顧及個人言論不要與政府的法令政策抵觸矛盾的地方，否則就不免遭到他人或輿論的評擊了。反駁別人，也應該找敵方「矛盾抵觸」的地方，去批評反駁，利用敵人的矛，攻擊敵人的盾，是最有力的論辯方法之一。

⑽利害法：我們在做一件事，常先估量做了這件事有利還是有害？當對某一件事發表意見，可以用衡量利害的方法，去說服他人，像分析外交的得失，戰爭的勝負，新舊法制的好壞，……凡是牽涉到有利有害的問題，都可以用這種利害法，加以討論。有時衡量利害，還要站在聽者讀者的利害觀點去立論的。例如春秋時代，秦、晉圍攻鄭國，鄭國派燭之武縋城出去遊說秦穆公退兵，破壞秦、晉堅强的同盟，分化秦、晉親密的關係，就是站在秦國的觀點，代爲借箸，分析滅鄭對秦國不利的地方。左傳魯僖公三十年，有「燭之武見秦伯」的這一段說詞。現錄原文如下：

「秦晉圍鄭，鄭既知亡矣。若亡鄭而有益於君，敢以煩執事。越國以鄙遠，君知其難也。焉用亡鄭以陪鄰？鄰之厚，君之薄也。若舍鄭以爲東道主，行李之往來，共其乏困，君亦無所害。且君嘗爲晉君賜矣，許君焦、瑕，朝濟而夕設版焉，君之所知也。夫晉何厭之有？既東封鄭，又欲肆其西封；不闕秦，焉取之？闕秦以利晉，唯君圖之！」（註：陪，倍。舍，同捨。共，同供。）

我現在把它的內容歸納起來，有下列幾點：

a. 秦國越過晉國，瓜分僻遠的鄭國土地，這是很難保全，最後必定爲晉所有；那麼晉國的勢力更形擴張，秦國無形削弱，這當然對秦國不利。

b. 如果秦國這次放過了鄭國，留他作爲「東道主」，當秦國使者來往東方時候，也可以供應秦國使者一些資糧館舍，對秦國不無微利。

c.秦國過去曾經幫助晉惠公，他答應給秦國焦、瑕兩塊土地；結果晉惠公早晨渡河，晚上就派兵築壘設防。這暗示這次秦、晉同盟圍攻鄭國，事成之後，晉人很可能又像過去一樣的失信背約，使秦國白忙一陣，無利可圖，甚至翻臉成仇，反而有害了。

d.說晉貪得無厭，由今向東想侵佔鄭國，推論將來要擴張西邊疆域，那時不侵略秦國，又向哪裏求發展呢？這是對秦國絕對有害的。

這種完全站在秦國的立場，衡量秦國助晉攻鄭的利害關係：不但無利，尙且有害；所以終能說服了秦穆公，背棄與晉同盟，不但退兵回國，甚至還派軍助鄭防守。趨利避害，是人天生的本能；所以凡是有利的建議，人多能接受。我國過去的謀士多用利害法遊說國君，現代的人也多用利害法分析國際形勢，一般論說者也多用利害法來分析事情，解決問題，說服別人。但是用利害法討論問題，應該切實分析到利和害兩方面，才能眞正作爲衡量事情得失成敗的準的，不可以光看有利的一面。有一些人爲着要使自己的言論，容易取合於人，往往只談有利，不說有害，只論好處，諱言弊病，結果雖然有些微利却不勝其害，有些所得却不勝其失。像蘇秦鼓動六國的君主，凡是能够壯大他們膽氣的，成就他合縱外交路線的話，無不說得非常有利，娓娓動聽。這些膚殼的大話，雖然可以愚人的心智，但是於事無補；所以專作這種議論，推究起來，實在不堪一擊，自不免要流於虛詞濫說的了。

(11)情理法：發言立論，有時可從情感面去激勵人，煽起他的熱血熱情，使他同仇敵愾，或奮發勇敢，或堅强自立，……無所畏懼地信從作者的堅決主張；有時可從理智面去開導人引，叫理發的性，使他冷靜詳慮，覺得有理，走上作者指引的正確道路。訴之情感的，像在戰爭革命的時代中，許多宣傳的文字，大都是把握時機，順導愛國的情緒，羣衆的心理，作激勵煽動的言論，去振奮民心，鼓舞士氣，或製造輿情，組織羣衆；這類的文字大多帶有感情的筆觸。論說文大都是訴之人類的理性，但當人遇到特別事故情感激動的時候，要他平靜下來，則應加强理性的開導，往往特別有效，終能使他不會因失去理智，而輕擧妄動，或盲目蠻幹，或頹廢墮落，或哀傷消沉之極了。這兩種寫法，大都相輔而作。例如：林覺民與妻訣別書說：

「吾至愛汝，卽此愛汝一念，使吾勇於就死也。吾自遇汝以來，常『願天下有情人都成眷屬』；然徧地腥羶，滿街狼犬，稱心快意，幾家能够？司馬春衫，吾不能學太上之忘情也。語云：『仁者老吾老以及人之老，幼吾幼以及人之幼。』吾充吾愛汝之心，助天下人愛其所愛，所以敢先汝而死，不顧汝也。汝體吾此心，於啼泣之餘，亦以天下人爲念，當亦樂犧牲吾身與汝身之福利，爲天下人謀永福也。汝其勿悲！

「吾平生未嘗以吾所志語汝，是吾不是處；然語之又恐汝日日爲吾擔憂。吾犧牲百死而不辭，而使汝擔憂，的的非吾所思。吾愛汝至，所以爲汝體者惟恐未盡。汝幸而偶我，又何不幸而生今日之中國；吾幸而得汝，又何不幸而生今日之中國？卒不忍獨善其身！」

滿紙是情語，也是理語；訴之情感，也訴之於理性，說明自己爲着愛她，所以願意犧牲生命爲天下人謀幸福，希望她能够體會自己的心意，亦以天下人爲念，寫得非常感人。又蘇秦爲楚合從，說韓王抗秦說：「夫以韓之勁，與大王之賢，乃欲西面事秦，稱東藩，……夫羞社稷而爲天下笑，無過此者矣！」蘇秦說韓國甘心做秦國的附庸是可羞恥的事；這是訴諸情感，激起韓王抗秦的決心。張儀爲秦連橫，說韓王聯秦說：「諸侯不料兵之弱，食之寡，而聽從人之甘言好辭，……曰：『聽吾計則可以强霸天下。』夫不顧社稷之長利，而聽須臾之說，詿誤人主者，無過於此者矣。」張儀則從理智說韓王，不要不估量兵弱食寡而任情感，誤了自己國家的利益。我們讀羅馬的歷史，知道凱撒是羅馬英傑，東征埃及，西伐西班牙，掌握軍民兩政，要以威權傾覆羅馬共和國，稱帝獨裁；他的至友布魯達士爲反對他獨裁，在西元前四四年在元老院中刺殺了凱撒，說：「凱撒充滿野心，想剝奪羅馬國民的自由權，想做大帝，要使人民淪爲奴隸。」安東尼就起來爲凱撒辯護，其中有一段話，純從情緒上煽動羣衆，成爲極有力的演詞：

「你們看，這個地方，就是凱撒所寵愛的布魯達士所殺的！你看，他刀子抽出來的時候，凱撒的鮮血淋漓。他好像跑出大門來問問：他那樣的愛布魯達士，難道布魯達士也忍心來行刺嗎？啊，天知道！地知道！凱撒是何等愛布魯達士！這一刀眞是最無情的一刀！當時凱撒看見他竟來殺自己，心裏受無情兩字的傷，比刀傷還更利害！簡直氣得心碎膽裂，鮮血長流，倒在羅馬將軍旁邊的石像下，臉也被大袍子蓋上了。唉，諸君啊！試想一想是這樣的一個大寃埶啊！……啊，你們也哭起來了！我也看出你們也知道痛苦了啊！大家同灑傷心的淚水，你們這些良心未死的人，纔看見凱撒的衣服，就這樣痛哭！你們還沒有看見他的尸首哪！他的尸首在這裏，你們看，被這些大逆不道的叛賊，弄得不像樣子！」

安東尼說到這裏，就把當時下面的聽衆激動了起來，哭喊怒叫，聲言要替凱撒報仇。可知訴之於人情，有時比訴之理性，更有力量。

⑿譬喻法：譬喻是一種充滿着智慧的語言；思想家、雄辯家、宗教家慣用譬喻來說理論事。過去像孔子說：「小子識之，苛政猛於虎也。」孟軻說：「王之不王，非挾泰山以超北海，是折枝之類也。」莊周夢爲蝴蝶，喻人生如夢；韓非以「狗猛酒酸」，譬況大臣的壅蔽賢路。往往只要造一些平易淺近的寓言譬語，就能把高深複雜的學說事理講得明明白白；所以思想家都喜歡用譬喻來闡發他們的思想。又像蘇代借「鷸蚌相爭」的譬喻，終止了趙惠王的伐燕；江乙用「狐假虎威」的故事，對荊宣王說明了北方諸侯畏懼昭奚恤的理由：現在都成了極有名的成語；這可以說，在詼諧笑談中，用譬喻性的故事，討論嚴肅的問題，使聽者一邊享受趣味，一邊理解了正理，達到排難解紛諷諫勸喻的目的了。又像耶穌、佛祖善用具體的事情作譬喻來講解那些抽象的教義禪理。耶穌說：「爲什麼用比喻對人講道？是因爲他們不明白天國的奧祕；用『比喻』能將隱藏的事理，發明了出來。」這就像把礦山裏的金子挖了出來，那樣教人喜歡，接受了它。因此，聖經中到處是比喻的哲言。如在馬太福音中，耶穌勸人不要論斷人，就說：

「爲什麼只看到你弟兄眼中有刺，却不想自己的眼中有梁木呢？」

又如耶穌要說明「爲善得善，爲惡得惡」的道理，就說：

「在荆棘上怎能摘得葡萄？蒺藜裏怎能摘得到無花果呢？這樣，凡是好樹都結好果，只有壞樹結壞果子。」

這都是耶穌用譬喻語來訓人說理的地方。佛教徒講因果報應，也說：

「由現行的業因，造成未來的種子；於是輪迴流轉，生生死死，循環不已，這跟『播種田中，稻卽發生』，無二無別；既有業因，必有未來的果，故名爲『有』；因此有貪愛的因，就有妄取的果。」（譯講演集）

譬喻在說理論事方面，可說是無價之寶，明白有力，效果特別大；因此睿智的人爲了發揮自己的主張，說明奧妙的道理，常常運用豐富的想像，去造一些清醒恰當，平實切近，或嶄新奇拔，饒有情趣的妙譬，啓發讀者的靈智，給人比較深刻的印象。作者用譬喻說理，大都就讀者的生活經驗，選取讀者很容易引起聯想體會到的事象作譬喻；但要注意，不要流於平凡陳腐，那樣就引不起人的感興。用譬喻論理的方式有很多種，例一：

「一個人寫他的作品，一定要有勇氣，不要自餒。比方大狗和小狗，小狗不能因爲有了大狗就灰了心，大狗可以叫，小狗也可以叫。天生狗有聲音，原是要牠叫的。」

這是柴霍甫批評蒲寧一文，用小狗不能因有了大狗就不叫，來比喻小作家不可因有了大作家，就不敢動筆寫文章了。這段比喻非常新奇詼諧。因此，我們知道比喻不可流於「凡近」；出奇的事情，風趣的筆墨，往往能構成濃厚的興味，而引人入勝。例二：

「這回我來，路過易水。蚌正張開殼兒露出肉來晒太陽，一隻魚鷹飛過去就拑他的肉，蚌閉起殼兒夾住了魚鷹的嘴。魚鷹說：『今天不下雨，明天不下雨，蚌就要乾死了。』蚌也對魚鷹說：『今天不出太陽，明天不出太陽，你也就死了。』他們兩個誰也不肯放開誰。打魚的人來了，把他們都捉住了。（譬喩的故事）。現在趙國要去打燕國，假使兩國相持不下，兩國的人力疲困了，我恐怕强大的秦國就要做打魚的人呢！所以我希望大王再仔細考慮攻打燕國的事嗎（說者的論點）！」（柯劍星譯戰國策。鷸，魚鷹）。

這是戰國時代，蘇代勸阻了趙惠王攻打燕國的一段措辭。蘇代虛構了一個「鷸蚌相爭，漁翁得利」的故事，作爲譬喩，來說明他的看法，認爲燕、趙相持，必兩敗俱傷，最後一定將爲强秦所乘；這跟「鷸蚌相爭，漁翁得利」相似，希望趙惠王停止攻燕的事。這種設想簡單的故事來論事說理，很容易使人明白一樁複雜的事理，也很有趣味，能動人聽聞，接納了作者的意見。但這種寫法，要注意的就是必須包括一個故事，一個論點；故事要有寓意，這個寓意，要跟論點有密切的關係；論點也可以說就是故事寓意的說明；故事要作得簡要生動。例三：

「一個制度有了紕漏，必須要求革新。怎樣改革？怎樣求新？我認爲要徹頭徹尾把舊有的一切弊病，連根剷除，改弦更張；這樣才能眞正做到革新的了（作者的論點）。這好比有一個人買了一塊田地，那裏井上有一個舊水桶，他就動手打水喝。鄰居過來告訴他說：『啊，不要喝這水！從前住在這裏的人，大大小小都是給那水中的毒害死了。』這個新住戶說：『我有辦法改善。』於是他把這水桶的裂縫用油灰泥封好，外面漆得光亮好看，繩子也換新了，再找來一些明礬粉想冲淡水毒性，說：『現在都弄好了。』看官，你們都免不了說：『這人眞傻，油漆水桶有什麼用？撒明礬又怎能解除掉那喝死人的毒質？實在應當另鑿一口新井纔對。』（譬喻的故事）」

這樣的寫法，都能引起讀者很濃的閱讀興味，對於作者的觀點，也就有了更深刻更具體的理解了。例四：

「玉不琢，不成器；人不學，不知道。」（禮記學記）

這類譬喻論理的方式，是採用平行、排比的語句構成。如上一句是譬喻語，下一句則是作者對教育的觀點，意謂「人不學習，不能理解道理」，好比「玉不雕琢，不能成爲美器」。例五：

「富潤屋，德潤身。」（大學）

意謂道德的修養能够將一個人修潤得非常完美，好像財富能够將房屋裝修得非常漂亮。「富潤屋」一句是作譬喻用的；「德潤身」是作者對修身進德好處的看法。這一種寫法，都特別注意文字的提鍊，有時甚至構成了「銘言」，像上面這兩個例子就是。在修辭學上說，仍是明譬的一種，在主句與譬喻句間，不加連接語詞：「像、好像、如、譬如、好比、彷彿、猶似、一樣……」罷了。又如孟子說：

「魚是我喜歡吃的，熊掌也是我喜歡吃的；當這兩種美味不能同時得到的時候，我一定捨棄魚而爭取熊掌。生命是我所愛惜的，義理也是我所愛惜的；當生命和義理不能並存的時候，我只有犧牲生命去成全義理了。」（取江舉謙譯孟子舍生取義章）

這段文字也是這種用法：魚與熊掌是譬喻句，生命與義理是立論用的主句。

⒀設問法：作者把自己要說明的事理，當做一個問題加以討論，採用疑問的語句寫成，然後再由作者自行作答。如韓非定法和韓愈進學解就是採用這種寫法，好處在於能够將某段文字要討論的重點，很醒目的概括出來，使讀者一目了然，引導讀者的思路，走向自己所期望的那個方向。同時在一問一答中，同時提醒讀者的注意，因而深刻了解繁雜的問題。例一：國父勸人立志做大事，不要做大官說：

「甚麼是叫做大事呢？大概的說，無論那一件事，只要從頭至尾，徹底做成功，便是大事。譬如從前……。」

就是採用設問的寫法。由「甚麼是叫做大事呢」的問句，也就可以知道這一段文字所要討論的中心點了。例二：梁啓超論學問之趣味，說：

「凡屬趣味，我一概承認他是好的。但怎樣纔算趣味？不能不下一個注脚。我說：『凡一件事做下去不會生出和趣味相反的結果的，這件事便可以爲趣味的主體。』賭錢有趣味嗎？輸了，怎麼樣？吃酒，有趣味嗎？病了，怎麼樣？做官，有趣味嗎？沒有官做的時候，怎麼樣？……

諸如此類，雖然在短時間內像有趣味，結果會鬧到俗語說的『沒趣一齊來』，所以我們不能承認他是趣味。凡趣味的性質，總要以趣味始，以趣味終。所以能爲趣味之主體者，莫如下列的幾項：一、勞作。二、遊戲。三、藝術。四、學問。諸君聽我這段話，切勿誤會：以爲我用道德觀念來選擇趣味。我不問德不德，只問趣不趣。我並不是因爲賭錢不道德纔排斥賭錢；因爲賭錢的本質會鬧到沒趣，鬧到沒趣便破壞了我的趣味主義，所以排斥賭錢。我並不是因爲學問是道德纔提倡學問；因爲學問的本質，能夠以趣味始，以趣味終，最合於我的趣味主義條件，所以提倡學問。」

讀者的思想，在不知不覺中，被帶進了他所期待的路子，—學問之趣味。論說文還常常用反詰語，來激發讀者的思想，使人深省。例三：梁啓超說：

「我以爲凡人必常常生活於趣味之中，生活纔有價值；若哭喪着臉捱過幾十年，那麼，生活便成沙漠，要來何用？」

「哭喪臉捱過幾十年，要來何用？」一句，的的確確能使人猛醒。

⑭連鎖法：就是修辭學上的層遞法。在句法上說，就是後句的開頭的文字，承前句的結語，形成重疊；在語意上說，則句句遞進，語語轉折，它的長短沒有一定的限制，主要在語意文氣的聯貫而下，好像玉鎖的連環，珍珠的成串。詞疊意轉，回旋往復，多產生在作者思如泉湧的時候，讀來極爲流暢生動。在古人的文章中，時時可以讀到。例一：

「古之欲明明德於天下者，先治其國；欲治其國者，先齊其家；欲齊其家者，先修其身；欲修其身者，先正其心；欲正其心者，先誠其意；欲誠其意者，先致其知；致知在格物。」（大學）

例二：

「哪樣的生活可以叫做『新生活』呢？

我想來想去，只有一句話：『新生活』就是『有意思的生活』。

你聽了，必定要問我：『有意思的生活』又是什麼樣子的『生活』呢？

我且先說一兩件實在的事情做個樣子，你就明白我的意思了。……」（胡適新生活）

⒂比較法：我們探究事理的時候，也可以採用比較方法，選取一些事情，對照比較，辨別它們的異同，求出共同之點或各自的特點，而尋繹其理，作爲理論的依據。例如：

「一個英國工人每年出十二個先令（六元），他的全家便可以每晚坐在家裏聽無線電傳來的世界最美的音樂、歌唱和演說，每晚只費銀元一分七釐而已；而我們在上海緊急事，要打一個四等電報到北京，每十個字須費銀一元八角，還保不住何時能送到。……何以有這個大區別呢？因爲人家每人有三十個機械代他作工，幫他作工；而我們却得全靠赤手空拳。我們的工人是苦力，人家的工人是許多機械奴隸的指揮官。所以中國第二個大問題，是怎樣利用機器來減除人的痛苦，增加人的生產能力，提高人的幸福。」（胡適之爲安立德中國問題裏幾個根本問題所作序）

舉英國人利用機械和我國利用苦力，加以比較，說明我們必須利用機器，改進生產，提高人民的生活。史記趙良勸說商君急流勇退，就是將商君和百里奚二人的爲政、自奉，詳加比較，於是兩個人得失之處，成敗之數，在對比之下，一目了然。

⒃精鍊法：我們傑出的思想，透熟的道理，如果能夠運用絕妙的好辭，精鍊的警句表現出來，往往由於措辭的深刻，而能夠使其中蘊涵的眞理極有力敲進了人心，根深蒂固地深植於人心，成爲銘言，成爲成語。如「人無遠慮，必有近憂。」「皮之不存，毛將焉附。」「富人要想進天國，比駱駝穿過針眼還要困難。」「知識就是權力。」在中西的經典裏，常可見到。又如胡適先生的「大膽的假設，小心的求證。」「讀書須有四到：眼到、口到、心到、手到。」這類精鍊的論理語句，用得恰當，可以增加文章的力量、趣味與變化。但這種靈光一現的名言警策，要靠作者自己集中思想，去推敲錘鍊，將思想的結晶，從心靈深處挖掘了出來，成爲擲地有金石聲的佳句。

己、詠物小品

方祖燊

一、源流

詠物，也是文學的一大主流。我國詠物作品的發展情形，據劉大杰說：荀子的蠶、雲二賦，已具有詠物的雛型，在詠物中，兼有說理。賈誼的鵩鳥賦，由題目看來，好似詠物，其實說理。由荀子這種作品的變化發展，演成漢代的詠物賦。但是像枚乘的賦柳，路喬如的賦鶴，鄒陽的賦酒，前人多懷疑爲僞作，不能看作可靠的史料；不過漢宣帝時王褒作的洞簫賦，却是一篇成熟完美的詠物小品，寫洞簫的形態、性質、作用等等。從此以後，詠物之作漸漸多起來了，到了魏、晉、六朝更是觸目皆是。純粹詠物的詩，起得較晚，宋鮑照詠雙燕爲最早的一篇；但到了齊、梁，漸漸發展；從自然物，推及至人物、器物。其中以謝朓、沈約、何遜的詩最多，自然物如桃、柳，器物如鐙、燭、照鏡，人物如舞妓之類是。到唐、宋詠物詩文最爲隆盛。單由清康熙間敕撰佩文齋詠物詩選，計有四百八十六卷，也可以想見詠物作品之多了。

歷代詩文詠物的範圍很廣，自然界的天文、地理、動植物，是它歌詠鋪寫的對象；人事界的器物、建築物、藝術品也是它歌詠鋪寫的對象。古人的詠物，有的借物寄懷，有的藉物說理，以後則有以學理知識去寫物的，走上比較專門性的路子。像北魏楊衒之洛陽伽藍記，記雄偉瑰麗的佛寺建築，宏壯優美的園林景物。南宋杜綰雲林石譜，就成百種的石頭，紀述它的產地、石質、形狀、顏色。前人記載花木蟲鳥的專書也非常多，梅、竹、蘭、菊、茶、牡丹、海棠、芍藥、荔枝、鶴、鵪鶉、黃鳥、畫眉、促織……有取名譜、記、品、論、經、錄之類的著作。宋歐陽修洛陽牡丹記，趙時庚金漳蘭譜，清陳均畫眉筆談，程石鄰鵪鶉譜都是有名的作品。至於像明袁宏道的瓶史，張德謙的瓶花譜，論及花瓶與插花。明張丑清河書畫舫、眞蹟日錄，談書畫的鑑賞。清李漁的閒情偶寄中，有居室部、器玩部、飲饌部、種植部都是詠物小品的叢集。至於單篇的如韓愈的畫記，周敦頤的愛蓮說，魏學伊的核舟記，黃淳耀的李龍眠畫羅漢記，都是前人記物詠物的名作。本書選錄的幾篇如梁實秋鳥、周作人鳥聲、許地山落花生、蘇雪林禿的梧桐、朱自淸月朦朧鳥朦朧簾捲海棠紅、葉紹鈞藕與蓴菜、陳醉雲蟬與螢，都是很精緻優美的詠物小品，爲大家所喜愛。

二、作法

過去人把「景」與「物」連爲一談；蓋記物與寫景的技巧是一樣的，可以相通的。文心雕龍物色篇並論寫景寫物。對於物件一般的描繪方法，這裏不再贅述，請各位參閱遊記文學的作法部分。現在，但就詠物文的體裁與特殊的作法，加以論述。我認爲詠物的方法，可分四體：

(1)科學性的記物：這是從科學的觀點來記物的。這種文字大都由觀察硏讀所得，根據專門學識學理寫成的，目的使讀者在閱讀之後，能够獲得一些寶貴的專門知識；當然也可以用深雋趣味的文筆來表現。如寫自然界的動植物，則可從產地品種，形態習性，繁殖栽種等方面下筆。例一：

「高聲叫的都是雄蟬，雌蟬總是沉默的，所以古希臘人的名句說：「幸福的蟬啊！你有啞吧的妻子。」雄蟬發出令人陶醉的音樂，全靠腹面的鳴器。鳴器左右有兩塊圓板，在背部叫背瓣，在腹部叫腹瓣。背瓣的下面有凹凸的膜，是唱歌用的。腹瓣的裏面又有薄膜張着，叫共鳴膜，是擴大聲音用的。另外在胸部和腹側之間有一個大空洞，裏頭有一塊V字形的粗大肌肉，從腹側的中央連接左右兩個發音膜；這塊肌肉收縮，就能使發音膜振動，發出聲音來，再靠着共鳴膜和空洞的共鳴，把聲音放大。因此，蟬的鳴聲，格外宏亮好聽。」（梁容若蟬）

在許多昆蟲裏，蟬所以特別引人注意，在於牠的叫聲，響亮淸高。梁先生這裏特別介紹蟬的發音原理——腹部鳴器的生理構造，寫得很清楚明白。例二：

「這被人利用、觀賞的螢火蟲，主要的是牠的發光器。發光器的構造，隨着螢的種類和發育的時代而不同，幼蟲和蛹大抵相同。成蟲，通常長在尾端的腹面，表面是一層淡黃色、透明質硬的薄膜，下面排列着許多整齊的細胞，形成扁平的光盤。細胞裏有許多黃色細粒，叫做『螢光體』，遇着氧氣就起化學作用，放出光來。這些細胞的周圍，布滿了毛細管連接氣管，送入空氣，使螢光體可以接觸到氧氣。又分布着許多神經，可以隨意調節空氣的輸送，所以現出忽明忽暗的樣子。和發光細胞相對的還有一層含有多數蟻酸鹽或尿酸鹽的小結晶細胞，乳白色，好像一面鏡子，可以把光反射到外面去。」（鍾露昇螢火蟲）

這段文字介紹螢火蟲發光器官的部位「在尾端的腹面」；構造是一層薄膜，由許多細胞形成光盤，細胞裏有黃色細粒的「螢光體」。接着又介紹發光的原理，是由於螢光體接觸氧氣而放出光來；又由乳白色的蟻酸鹽或尿酸鹽的結晶細胞，把光反射到外面去：使我們了解螢火蟲發光的原理與過程。這些科學性的記物，所要注意的，是客觀精密有條理的記述，文字清楚明白，使人一讀就懂，就達到目的了。

(2)描寫性的記物：這是從文學的觀點來記物的。作者多採用優美的文字來鋪寫出現耳目之間的物件，藉以寄託他們的閒情逸致，馳騁他們的妙思麗藻，發前人之所未發，言今人之所未言，所謂「舌底翻出新鮮的花朶兒」，使人們心賞情怡，忘却愁病。就是劉勰所說的「味飄飄而輕舉，情曄嘩而更新」。偶而也微寓諷喻，使在醇醴薄醺中，轉移了人的情性。這種文字，多以清麗可喜的小品出現。例一：

「我開始欣賞鳥，是在四川。黎明時，窗外是一片鳥囀，不是吱吱喳喳的麻雀，不是呱呱噪噪的烏鴉，那一片聲音是清脆的，是嘹亮的。有的一聲長叫，包括着六七個音階；有的只是一個聲音，圓潤而覺其單調；有時是獨奏，有時是合唱；簡直是一派和諧的交響樂。不知有多少個春天的早晨，這樣的鳥聲把我從夢境喚起。等到旭日高升，市聲鼎沸，鳥就沉默了，不知到哪裏去了。一直等到夜晚，才又聽到杜鵑叫，由遠叫到近，由近叫到遠，一聲急似一聲，竟是淒絕的哀樂。客夜聞此，說不出的酸楚！」（梁實秋鳥）

寫春晨的鳥囀，客夜杜鵑的哀啼，非常生動感人。再看他從種種方面描寫鳥的形態，說：

「世界上的生物，沒有比鳥更俊俏的。多少樣不知名的小鳥，在枝頭跳躍，有的曳着長長的尾巴，有的翹着尖尖的長喙，有的是胸襟上帶着一塊照眼的顏色，有的是飛起來的時候才閃露一下斑爛的花彩。幾乎沒有例外的，鳥的身軀都有玲瓏飽滿的，細瘦而不乾癟，豐腴而不臃腫，眞是減一分則太瘦，增一分則太肥，那樣的穠纖合度。跳盪得那樣輕靈，脚上像是有彈簧。看它高踞枝頭，隔風顧盼，——好銳利的喜悅刺上我的心頭。不知是什麼東西驚動它了；它倏的振翅飛去，它不回顧，它不徘徊，它像虹似的一下就消逝了，它留下的是無限的迷惘。有時候稻田裏佇立着一隻白鷺，拳着一條腿，縮着頸子；有時候「一行白鷺上青天」，背後還襯着黛

青的山色和釉綠的梯田。就是抓小雞的鳶鷹，啾啾的叫着，在天空盤旋，也有令人喜悅的一種雄姿。」（梁實秋鳥）

他連用許多排比句、摹狀詞，寫鳥的尾巴，鳥的長喙，鳥的照眼的顏色，斑爛的花彩，鳥的玲瓏的身軀，輕靈的跳盪，以及鳥停枝顧盼的神態，令人喜悅。又寫鳥的振翼飛逝，白鷺的拳腿縮頸、飛向青天，以及鳶鷹的凌空盤旋，都是極盡描繪的能事，而成彩色鮮豔自然的禽鳥圖。

⑶雜文性的記物：雜文，又稱隨筆。這種文字，大都是利用讀書札記的資料寫成，所以又叫做「筆記文學」。雜文的要素，就是內容要充實，資料要豐富，平日要勤於做筆記，——抄書、記見聞。雜文的特點，就是要做到貫通中外古今，兼綜各家多方面的說法，而發表從前人所沒有發表過的心得。寫雜文講究的是筆記的方法，蒐集資料時候，先要立下一個主題，和主題有關係的記下，沒關係的放過。假使你想用雜文體，寫一篇有關「螢」的文字，就拿「螢」為主題，凡是有關螢的資料，如：

①兒歌：「螢火蟲，夜夜紅，飛到天上捉仇公，飛到地上捉綠葱，綠葱開花滿地紅。」

②唐人：「輕羅小扇撲流螢」的詩句。

③隋書煬帝紀：「大業十二年，帝於景華宮徵求螢火得數斛，夜出遊山，放之，光遍巖谷。」

④晉書記車胤因為「家貧不常得油，而囊螢看書」的故事。

⑤墨西哥海上的航海家拿螢火蟲代燈。

⑥英國人把螢裝在瓶子裏，沉到水底去捉魚。
⑦日本夜裏釣魚的人，把螢火蟲裝在浮子上，看是不是有魚上鈎。
⑧西班牙的婦人，拿薄紗包着螢，插在頭髮上，青年們更有把螢裝在衣服和馬鞍上的。

類似這些都可以札記筆記簿中，儲積備用；稍加整理，就可寫成一段有趣的文字。所以我們必須要靠平日的披沙揀金的工夫，慢慢去蒐羅各種專題的資料。儲積的資料，若一條條分開看，看不出什麼道理；若把它編排起來意義就大了。好像你有一箱子的書畫，若一幅幅給人看，沒有什麼希奇，若把一箱子畫，都張掛起來，必定琳瑯滿目，叫人東瞧西看，不忍離去。雜文體的記物，就是利用這種方法，把所摘錄的許多同類的資料巧妙的聯輯，加意的安排，作爲文章的基幹，然後用自己的語言撰寫卽成。用的雖是故事舊聞，但要予以新見解新評價新意義。這樣的詠物才有價値。例如：

「才進得大門，便看見一條大魚的標本陳列在迎面處，令人赫然一驚。這條魚長約二丈，無鱗甲，渾身黑色，嘴長而尖，上下齶兩排雪白的牙齒，像是異常鋒利。魚架旁註有拉丁學名，惜不能認識，不知這是鯊魚呢？還是鯨魚？

對着這條大魚，我想到古書上那些關於巨鱗的記載。像莊子逍遙遊裏所提到的，那個『北冥之鯤』後來變成『其翼若垂天之雲，摶扶搖而上者九萬里』的大鵬鳥，當然是大極了。列子又有背負周圍數萬里的員嶠、蓬萊之『巨鼇』，那身裁也不知究竟有多少長，多少大，想必比之鯤魚更有過之無不及。魏武帝四時食制言『東海有魚如山，長五六里，謂之鯤，時死岸上，膏流九頃。』木華海賦形容橫海之鯨：『巨鱗插雲，鬐鬣刺天，顱骨成嶽，流膏爲淵。』古人又有『三日逢魚頭，七日逢魚尾』之謠。唐人小說更有一有趣故事，說有一羣遭風的海客，泊舟於一大島。攜炊具上島治食，飯尚未熟，忽見島漸移動，悟在大魚脊上，急登舟解維而逃，其不及下者均遭溺斃。這與天方夜譚某一節故事完全相仿，當是波斯賈客傳來。現在我們憑了實際的考察，知道海中最大的動物乃是鯨魚，稱爲海洋之王，其長也不過四五丈而止。像古人記載中所言這類如山如岳的大魚，只能當作神話看待。我們對於古人那種「輕信」的態度，覺得他們太愚蠢可笑。說句老實話，我們的祖先原是大陸居民，不知海洋方面的一切，他們關於海洋的想像這樣的虛渺荒唐，誇誕失實，也是頗可原諒的。」（蘇雪林記青島水族館）

這是一段很好的例子。由水族館的大魚，想起這一些古書上有關巨鱗的種種記載，有的引子史，有的引辭賦，有的引小說；這就是把有關大魚的舊聞，編排聯綴了起來，結以評論古人對海岸知識的貧乏，因而有「荒唐誇誕」的想像。例二：

「溫順耐勞的驢子，對於人類作了多少年代的服務，可是詩人文士們總喜歡拿他作諷刺耍笑的對象。開口是『笨驢』、『懶驢』、『蹇驢』。形容無能是『黔驢之技』，形容拙忙是『團團如磨驢』。儘管他整天拉磨，還要說：『懶驢上磨屎尿多。』儘管他忠實地聽鞭策，還要說：『人要騎驢，驢會耍人。』甚至於無中生有的造出『驢蒙虎皮』的故事，好像他不但笨，而且笨的有點不老實，結果跟黔驢的故事一樣，自取殺身之禍。經了柳宗元、蘇東坡這些大文豪的糟踐，驢在中國，實在難於擡頭了。除非是又窮又怪，像賈島那樣的半精神病的名士，才會把驢跟古琴配到一起作伴侶。英雄如韓蘄王，也有踏雪騎驢的故事，那是在岳飛寃死以後，壞人當道，他為韜晦避禍，才和驢結因緣，意思是說，我已經變成騎驢客了，還有什麼可注意呢？這並不足以提高驢的身分，相反地『與驢為緣』，就是自甘沒落的表現了。在傳說故事裏，仙人有張果老的倒騎驢，隱士有黃承彥的騎驢吟詩，美人有十三妹的騎黑衛，不是笑料的點綴，就是閒散隱姓埋名的烘托，驢在故事裏沒有什麼分量，更說不上褒貶了。劉宋俳諧家袁淑有驢九錫文，作意也還是開驢的玩笑。

在西洋，伊索寓言裏首先嘲笑驢，形容一匹笨驢要學猴子跳舞，結果挨了主人一頓打。法國哲學家布里達造了一段故事，說一匹笨驢守着兩堆同樣大小的草料，左邊看看，右邊看看，不知道先吃哪一堆好。遲疑躊躇，一直到餓死，也沒有拿定主意。『布里達的驢』成為形容沒主意的流行的成語。」（梁容若驢子的謗書）

梁先生的雜文是很有深味的，能令人猛醒。笨驢對人類盡心服務，貢獻力量，但是聰明的人却拿他作諷刺的對象。讀來令人生許多感慨。這是一篇意味常新、波峭可喜的小品，可作我們學習寫作記物雜文的好例子。它是用「演繹法」寫成，由「文人喜歡拿驢子作諷刺的對象」一句，演化出許多有關這一類的遺談佚事。由此，也可見雜文性的記物，是怎樣的一種文字？不過，這種由許多資料所寫成的不拘體例的文字，文體很自由，不止可用於記物，還可以用來記做人道理，記一般的軼事、遺聞、瑣談、雜言、成語、典故，記民情風俗的變遷，國家興衰的因果，記考據詩文經史的正誤眞僞，記神魔鬼怪希奇罕有的傳說，或趣味幽默的故事：當然那樣就不屬於詠物小品的範圍之內了。

(4)詠懷抒情性的記物：憑藉寫物來寄託自己的情感，發揮自己的思想，這是很早就有的一種寫法。像禰衡的鸚鵡賦，就是「有所寄託」的作品。詩歌當中，像漢成帝時班婕妤的怨詩說：

「新裂齊紈素，皎潔如霜雪，裁爲合歡扇，團團似明月。出入君懷袖，動搖微風發。常恐秋節至，涼風奪炎熱，棄捐篋笥中，恩情中道絕。」

拿被棄的秋扇，寄託她自己失寵被遺棄的怨情。唐李商隱詠蟬，謂「本以高難飽」，也是這類寄託懷抱之作。這種文字名是「詠物」，實在不過是「借物而言中懷」，或「因物而抒衷情」罷了。例一：

「小小的閃亮的螢，多少孩子想撲捉你，要你去陪伴他們睡眠，給那些小小的心，小小的靈魂以溫柔的情意。

螢，你小小的螢啊，去陪伴這些孩子吧！讓他們偎着你，做着光與熱的美麗的夢。

寒冷中的一粒星光，會給人以一股溫暖。夏夜中的一粒螢火，給我們以閃亮的光明，益使我們愛戀。

螢，小小的螢，來吧！飛入我的懷裏，溫暖我這顆眷念故鄉的心。」（螢）

這純是抒情的文字了，不過「借螢興情」罷了。由螢光寫出孩子對螢微光的愛戀，並引起自己淡淡的鄉愁。例二：

「爹爹說：『花生的用處固然很多，但有一樣是很可貴的。這小小的豆不像那好看的蘋果、桃子、石榴，把它們的果實懸在枝上，鮮紅嫩綠的顏色，令人一望而發生羨慕的心；它只把果子埋在地下，等到成熟，才容人把它挖出來。你們偶然看見一棵花生瑟縮的長在地上，不能立刻辨出它有沒有果實，必得等到你接觸它，才能知道。』

「我們都說：『是的。』母親也點點頭。爹爹接下去說：『所以你們要像花生；因爲它是有用的，不是偉大、好看的東西。』我說：『那麼，人要做有用的人，不要做偉大體面的人了。』爹爹說：『這是我對於你們的希望。』」（許地山落花生）

借花生作比喻，勉勵大家作樸實有用的人；是一段論說做人道理的文字。

這四種寫作詠物文的方法，也可以混合應用於一篇作品之內。

六、鑑賞與批評

邱燮友

當獨自靜坐，心靈是那樣地疏閒時，順手翻閱一本文藝作品，陶醉在作品動人的情節中；有時跟朋友聊天，談論到平日閱讀的心得，你會發覺有些人喜愛粗獷明朗的作品，有些人激賞樸質眞摯的鄉土文學，也有人偏愛熱情如焚的詩，空靈多思的小品，也有人欣賞情節緊湊的小說，高潮迭起的戲劇，儘管各人的喜愛不同，但歸趣却是一致的：一則警闢雋永的文辭，一段感人的情節，一個完美的境界，只要是好的作品，一樣會被人們所激賞的，像這些都已涉及文學鑑賞的範圍。有時也會分析到作品的中心思想，裁判作品的表現是否完美，人物的處理是否得當，人性的描寫是否完善，情節的安排是否合理，主題的抉擇是否明智，情采詞藻的表達是否雅馴，諸如此類，可以說已觸及文學批評的範圍了。

這樣看來，文學的鑑賞和批評是有分野的。鑑賞是憑主觀的好惡，作直覺的識別和欣賞；而批評却是憑客觀的標準，作公平的分析和裁判。例如，論語中所記孔子對「關雎」這首詩的讚賞，他說：「關雎之亂，洋洋乎盈耳哉！」這僅是欣賞。又說：「關雎樂而不淫，哀而不傷。」是依照「詩無邪」，「興觀羣怨」的客觀標準來裁判這首詩的，這是批評。一般人隨興閱讀，憑一己的好尙，直覺地去讀一首詩，一篇文章，一部作品，那只是鑑賞罷了；如果進而裁判文章的高下，分析作品的結構，那已屬於文學批評的領城。所以鑑賞只限於作品與讀者間的關係，而批評便擴展到作家的作品，經過一次謙和公平的仲裁，然後才介紹給讀者。由此看來，先有文學作品，然後才有文學批評；批評家是作品與讀者之間的仲介人；好的批評家必然是個好的鑑賞家，但好的鑑賞者不一定就是好的批評家。

一、鑑賞力的提高與鑑賞的方法

只要我們懂得語言文字，能接受作品中的所言所述，便能鑑賞一本書，或一齣戲，所以文學的鑑賞不難。有了鑑賞力，自然對作品中的優美處，作深切的認識，能獲得自我心理的喜悅和滿足。古人有所謂「曲高寡和」：「下里巴人」，像流行歌曲一類，是千人唱，萬人和的；「陽春白雪」，是藝術歌曲一類了，和者只有數十人，就不那麼普遍，可知高格調的作品，便少知音，因此鑑賞有雅俗的分別。但如何提高我們對文學的鑑賞能力呢？最低限度，也要達到對雅俗的作品有鑑別力，不然只能欣賞卑下的作品，豈不是把瓦礫奉為至寶，把魚目視為珍珠？就如同密爾頓所說的：「他只不過收集些玩具和雜碎，當作上等的寶貝，猶如孩子在沙灘上拾了石子，看作海綿般地珍貴。」如果沒有鑑別力，那鑑賞的能力就不高了。

要想提高個人的鑑賞力，必然關係到一個人的性格，興趣，天賦和教養。「性格」和「天賦」是與生俱來的，不容易改變；但「興趣」和「教養」，却是可以培養，訓練而致的。當我們閱讀一部作品，全憑自我直覺地感受，如果作者所表現的跟我們的性格，興趣不合，自然不會狂熱地喜愛它，好比不合我們口味的菜肴，像牛排、生魚片之類，做得再好，也無法下嚥，自然就不會欣賞它了。因此有些人喜歡詩而不喜歡散文，喜歡喜劇而不喜歡悲劇。其實文學是多方面的，如何擴大閱讀的範圍，培養閱讀的興趣，克復自我性格上、興趣上的障礙，便能使自己對文學的鑑賞領域漸次擴大，不再局限於只賞欣某一類、或某一家的作品了。其次，也受個人的天賦和教育上的限制，有的人對某種作品領悟力特別强，對某種作品却相反，但作品的鑑賞，與平時的教養有關係，受過嚴格的文學訓練，鑑賞力必然高，有文學修養的人，對文學的感受也特別敏銳，由於平日經常的耳濡目染，浸漬其間，自然便成了行家。所以鑑賞是直覺地識別作品的高下，進而欣賞它完美的一面，然後使自己的心靈與作家聯袂而行，共同遨遊在綺思的原野，與作家神會，聽作者心靈的獨白。這時一卷在手，可以忘憂，可以益智，正如杜牧所說的：「杜詩韓筆愁來讀，似倩麻姑癢處搔。」已懂得讀書的三昧了。

文學的鑑賞也有「共相」，凡是見認為好的作品，誰去讀也會激賞的。如果依照鑑賞的方法去尋求，更能獲得事半功倍的效果。鑑賞的方法是怎樣？必先從作品的文辭入手，細讀文章的本身，進而探索作家所表現的生活、感情和思想。如同文心雕龍知音篇所說的：

「觀文者，披文以入情，沿波討源，雖幽必顯；世遠莫見其面，覘文輒見其心，豈成篇之足深，患識照之自淺耳。」

所以「觀潮觀瀾」，觀文章也有方法，先讀懂作品的文句，然後再探索全文大意。這樣就不必擔心作家的文章太深，所擔心的是自己的鑑賞力太薄弱。

下面便是筆者對繆天華先生的一部小品文——「寒花墜露」所做的鑑賞：

一般文人，喜歡寫夢，夢雖離奇，迷濛濛令人陶醉，畢竟空疏無實。寫生活、寫人生的作品，才眞實而引人入勝，寒花墜露便是屬於這類的作品，作者對生活的體驗，人生的探究，用清新的筆調，信手寫來，句句珠璣。我雖愛夢般的迷離，但更愛眞實的生活，人生的啓示。

從「寒花墜露」的題詞中，作者說出他寫這些短文的動機和願望。他說：「寒花固然不如春花爛漫穠豔，使得人人喜愛，但是能够耐寒。」又說：「人生如朝露，應該知道珍惜，也應該知道惕厲。」所以作者取寒花墜露以爲書名，不外借寒花說明堅貞秀逸的特質，是令人嚮往的；生命如朝露，但要珍惜它，使它多少能留下一些值得人追思回憶的事。作者願將這芳潔的微物，呈獻給現在或未來的讀者。同時作者也說明了這本書創作的過程，他說：「我沒有什麼野心，更不敢自負。偶然有些感觸，不免信筆塗抹了下來，積成了若干篇短文。」文藝創作，確是需要耐心，積日而成巨册，這篇題詞，寫來美極了，像是一首詩。

寫生活的作品，最容易使人領會，從事寫作的人，不能缺乏對周圍的生活作深刻的觀察，在面對生活之餘，仍能透過繁忙的生活，悟得一些個人特有的感觸，在作品中，細膩地表現出來，因此當我們讀到這類作品時，不禁拍案叫絕，欽佩作者獨具慧眼。像「寒花墜露」裡作者寫「窮」：

「窮的雙生兄弟是欠債。」又說：「老實說，還債的目的多半在下次借錢的時候方便一點。」

我冒險說出這點秘密，只怕有錢的朋友知道了，不但怕人家借錢，而且也怕人家還債哩。」

作者也寫失眠，在「一句話」裏，他說：

我在失眠的夜裏，常常想到這首詩（英詩人華滋華斯的不眠詩），我心裏把綿羊、蜜蜂、雨聲、河流、海風、平原、白水、青天………等等反覆想了多少遍，我又數着數目，從一數到一千……一萬，但都是徒然。我老在想：從醒到睡是要經過怎樣的階段呢？我又想：王實甫一定是嘗過失眠的滋味的，不然，他怎麼能夠寫得出「一萬聲長吁短歎，五千遍搗枕搥床」那樣刻畫入微的句子呢？失眠時焦急的心情，眞想把枕頭撕破，把床搥碎呢！

像這類深刻入微的寫法，實在使人讀後，不忍心不告訴別人也知道。當然其中有數篇寫思念母親、思鄉的小品，讀後使人神傷。

寫人生的作品，最難具體，這純然是智慧的表現，要寫得深刻，必定經過一番沉思，然後從豐富的人生經驗裏，提鍊出一些精品，才使人嘆止。不然，人云亦云的，又不新鮮；太新鮮的，又不一定人人所欣賞的。像作者描寫「中年」，他說：

一個人到了中年，就像黑夜裏乘渡船，只覺得離開這邊的埠頭漸漸遠了，慢慢地接近那邊的埠頭；什麼時候是渡一半呢？誰也不會準確地知道。直等聽到船頭靠攏對岸的埠頭響聲兒，那時候才知道眞正地結束了人生的旅程。

接着他又用對比的手法來寫，他說：

我現在才了解許多中年人老年人的鎮定，「倚老賣老」，也許只是屬於表面上的。少年人往往想裝「老成」，「老氣橫秋」，表示自己有風度，能辦事；可是中年以上的人却想裝成「少壯派」，刮光鬍子，穿上短褲子、染黑白頭髮，鑲補掉了的牙齒，走路爬山都不肯落後，連吃飯也要保持着少年時候的飯量。

像這些警語，如果沒有進入中年，又怎能有這樣的句子。

文學鑑賞的方法至為複雜，不外欣賞作品中深沉的一面，包括作者的生活、情感和思想，以及作者所表現的寫作技巧，何況各種文體的鑑賞方法也有不同。今就散文的鑑賞，大致歸納為下列數端：

(1)鑑賞作品中的文辭：領悟文章中的音韻，詞藻的美，好的作家表達情節時，措詞不實，又能簡潔明快，像一江春水自然地流動，清新秀活，雋語如珠。

(2)鑑賞作品中所表現的主題和意境：意境是作者情感和思想的結晶，主題是一篇文章的靈魂，如果文章中沒有意境的呈現，顯得落俗，文章沒有主題，便成了「虛車之飾」，而「言之無物」了。文章的主題和意境是寫生活，反映人生的，作者往往用情節的鋪敍，人物的刻畫，事物、景物的描寫，來達到表現的目的。

(3)鑑賞作品中，作者所表現的時代背景：明瞭作者創作的動機和時代背景，更容易瞭解作者所表現的生活、情感與思想。

(4)鑑賞文章的作法：包括所使用的文體是寫景，還是抒情、敘事。文章的結構，謀篇和布局。文章的寫作技巧，例如主賓、虛實、正反的安排；運用鋪敘、比喻、排比、對比、烘托、渲染、象徵、暗示、形容等手法。

至於文章的分析和評論，在鑑賞時也會觸及，這些已是批評的範圍了，只是鑑賞的批評是屬於主觀的，或直覺的。

二、文學理論的建立和批評的尺度

文學批評是對作家和作品做客觀的分析和裁判。批評是專門的學問，跟一般的鑑賞不同，批評家本身，必須具有完整的文學理論和批評的尺度。文學理論的建立，便於對作家和作品做分析的工作，文學批評的尺度，用以裁判作品高下的標準。所以批評家不同於一般鑑賞者，他必須客觀地指出作品的價值和優劣的所在，明確地介紹給讀者，做為作家和讀者間的仲介人。

文學批評的態度是客觀的、謹嚴的、公正的。因此，文學批評不是鑑賞，不是研究，更不是攻擊。客觀的態度，便是要拋棄主觀的成見，不致犯了「文人相輕」的毛病，造成「崇己抑人」的現象；謹嚴的態度，便是要有一定的標準來衡量作品，不致犯了「貴遠賤近」，「向聲背實」的毛病，造成「信僞迷眞」的現象；客觀的態度，便是要達到對作品能「平理若衡，照辭如鏡」的裁判。所以批評家的工作，幾乎是運用理智的心靈活動，他不但要有高度的文學修養，豐富的人生經驗，還要有清晰的哲學頭腦。

關於文學理論的建立，中外不同。我國早期的批評家，多半由作家來兼任，文學理論的論著，往往保留在作家的書論、雜記、詩話、評點、眉批、序跋之中，爲單篇短簡的作品，未能成爲完整的體系。其間較有系統的，要算劉勰的「文心雕龍」，其所論可歸納爲思想論、文體論、創作論、批評論、鑑賞論等數端，凡五十篇，爲我國文學批評的要籍。其他像孔門的「論詩」，曹丕的「典論論文」，陸機的「文賦」，以及鍾嶸的「詩品」，司空圖的「詩品」，王國維的「人間詞話」，都是文學批評權威的論著。在一般文人的觀念中，第一志願是從事文藝創作，創作不成，退而求其次，做箋注翻譯的工作，箋注翻譯不成，退而從事文學批評，因此把文學批評視爲末技。在報章上所見的書評，不是過份捧揚，便是極力詆毀、攻擊，已失去文學批評的意義。在西洋，文學理論一向被視爲文學領域中重要的地位，而且派別林立，與各時代的文藝思潮共消長，都能建立一套完整的體系，或古典、或唯美、或自然、或浪漫、或寫實、或印象、或現代。像古代亞里斯多德的「詩論」，近代克羅齊的「美學」，以及廚川白村的「苦悶的象徵」，沙特的「存在與虛無」，漸次地影響國人對文學的看法。所以今日要談文學批評，一方面要明白我國的文學傳統，另一方面也要瞭解西方的文藝思潮，對我國文學的影響，才能兼備。

其實文學理論的建立，就是文學批評尺度的所在。要裁判作品的價值，需要有衡量作品的尺度和標準。儘管文學批評的方法很多，有主觀的、客觀的、歸納的、演繹的、科學的、判斷的、歷史的、考證的、比較的、道德的、印象的、賞鑑的、審美的等方法，但批評的尺度卻是一致的。文學理論以分析作品的文體、思想、創作技巧等爲基礎，因此，文學批評的尺度，便以這三項爲標準。今分述於下：

(1)以文體論作爲批評的尺度：典論論文上說：「夫文本同而末異，蓋奏議宜雅，書論宜理，銘誄尚實，詩賦欲麗。」文賦說：「詩緣情而綺靡，賦體物而瀏亮，碑披文以相質，誄纏綿而悽愴，銘博約而溫潤，箴頓挫而清壯，頌優游以彬蔚，論精微而朗暢，奏平徹以閑雅，說煒曄而譎誑。」文心雕龍更有文體論，如「辨騷」、「明詩」、「詮賦」……等篇，不外說明各類體裁特有的風格和標準。今人對文體的分類與古人不同，有詩歌，散文，小說，戲劇等體裁，而批評的尺度和重點，也因文體的不同而有差異。

(2)以思想論作爲批評的尺度：以「人性的表現」爲標準，或以「美學的觀念」爲標準，或以各家「文學理論」爲標準，要之，不外以作品的中心思想，來論定其價值和高下。所以孔子以「詩無邪」，「興觀羣怨，溫柔敦厚」作爲評詩的標準；蕭統以「事出於沈思，義歸乎翰藻」爲選文的標準；文心雕龍以合乎「原道」、「宗經」思想的文章爲上；韓柳等古文家倡「文以載道」，公安派倡「性靈」之作，胡適倡「建設的文學革命論」，都是以思想論的文學觀，作爲文學理論的最高原則，因此文學批評也依此尺度來衡量作品的價值。

(3)以創作技巧論作爲批評的尺度：創作技巧的範圍甚廣，小至一字一辭的推敲，大至一篇一册的布局與結構，以及人物的刻畫，景物的描寫，情感的吐抒，事物的敍述，都在此範圍中。以文章作法的觀點，來衡量作品的優劣，是很具體的。例如胡適的「老殘遊記的文學技術」，便是採用這項尺度來批評的。他說：

老殘遊記在中國文學史上的最大貢獻却不在於作者的思想，而在於作者描寫風景人物的能力。古來作小說的人，在描寫人物的方面還有很肯用氣力的，但描寫風景的能力在舊小說裏簡直沒有。水滸傳寫宋江在潯陽樓題詩一段要算很能寫人物的了，然而寫江上風景，卻只有「江景非常，觀之不足」八個字；儒林外史寫西湖只說「眞乃五步一樓，十步一閣；一處是金粉樓臺，一處是竹籬茅舍；一處是桃柳爭妍，一處是桑麻遍野。」西遊記與紅樓夢描寫風景也都只是用幾句爛調的四字句，全無深刻的描寫。……老殘遊記最擅長的是描寫的技術，無論寫人寫景，作者都不肯用套語爛調，總想鎔鑄新詞，作實地的描畫。在這一點上，這部書可算是前無古人了。

這段文字的批評很長，只節錄一段而已。的確，老殘遊記中寫人寫景有高人一籌的地方，如明湖居聽書，濟南大明湖的景色，黃河結冰的描寫，都是上上品的文章。

此外，從作品中所用的詞彙的多寡，文句的口語否，也能判斷作品的高下。例如「紅樓夢」、「兒女英雄傳」所用詞彙之多，文章的口語化，朱自清，徐志摩的散文，措詞的清新穠豔，詞語的豐富，都不愧爲第一流的作家。這些評斷都在創作技巧的領域內。

文學批評有它一定的標準和尺度，就如文心雕龍知音篇所說的：「將閱文情，先標六觀：一觀位體，二觀置辭，三觀通變，四觀奇正，五觀事義，六觀宮商，斯術旣形，則優劣見矣。」觀位體便是從作品的文體來衡量，觀事義便是從作品的中心思想來衡量，其他觀置辭、通變、奇正、宮商，便是從作品的表現技巧來衡量，經過這幾項的分析，優劣高下便判然了。

總之：鑑賞是直覺地接受，批評是客觀地仲裁。

七、模仿與創造

方祖燊

在寫作方面，許多人主張創造，反對模仿，以爲模仿絕對產生不出有生命的好作品；也有些人贊成模仿，認爲模仿是一般人學習創作的一條必經途徑。就我個人說，是比較贊同「由模仿至創造」的說法。譬如王勃的名句：「落霞與孤鶩齊飛，秋水共長天一色」，就是從庾信馬射賦：「落花與芝蓋齊飛，楊柳共春旗一色」來的。這種例子，在過去文人的作品中，可說不勝枚舉。其實善於創造者，亦卽最善於模仿者；因爲要想創造得完美，必須吸收前人或他人的經驗與技巧，以補自己的不足。後一代的文學，可說是前一代人經驗的累積，所以愈是接近原始，愈質樸粗糙。在我國古代也只能產生刻在龜甲獸骨上簡單的卜辭。現有文學寶藏的總量，乃由於過去無數作者的努力創造模仿，模仿創造，使文學的領域逐漸拓廣，具備了各種文體，各種寫法。我們今日學習寫作，仍應從模仿着手，必須經過模仿階段，然後才能創造有光輝的作品。

然而怎樣模仿？模仿些什麼？從哪裏去模仿呢？這正是我們現在要討論的一些問題。

最初的文學大都接近自然，到形成專體後，就逐漸地向技巧上求發展；不論中外古今，貴族或平民的作家們，對文學的格式、結構、修辭、音律、情感、思想、意境、氣勢……各方面，都同樣注重講究；因此民間、外來，前人的優美的文學作品，都值得作爲我們的模範。

(1)民間文學：民間流行的各種通俗文學。如：地方戲、彈詞、小調、情歌、童謠、故事，是許許多多無名作者作的，雖然有很幼稚、很俚俗、很無意義的，但也有許多是極清新剛健，富有人情趣味的。如：

吳歌：「做天切莫要做四月天，蠶要溫和麥要寒，種小菜哥哥要落雨，採桑娘子要晴乾。」

寫農民純樸可愛的願望，躍然紙上。又如江南流行的「武松打虎」故事說：

「有甲乙兩個人，甲强乙弱，扮着戲玩。起先甲扮武松，乙扮老虎，被甲打得要命。乙埋怨甲了。甲說：『你是老虎，不打，不是給你吃掉了！』乙只得要求互換，却又被甲咬得痛死。一說怨話，甲又說：『你是武松，不咬，不是要給你打死了嗎？』」

這個故事，含意甚深，暗示「强者之歪曲眞理」；可與希臘伊索寓言相媲美。所以民間文學，從古爲文人所喜愛所採輯所模仿。南朝的「子夜歌」、「讀曲歌」，唐代的「竹枝詞」、「楊柳枝詞」之類，原都是流傳於民間無名氏的創作，但經文人修改或仿作之後，便成爲清新而有生命的作品。如劉禹錫竹枝詞：「楊柳青青江水平，聞郎江上唱歌聲。東邊日出西邊雨，道是無晴還有晴」就是。現在我們著重民衆教育，大衆藝術，更應該從民間去發掘，仿作改編，創造出一些更有意義的、有用處的、有教育價值的，而帶有鄉土情調、地方色彩的文學作品。

(2)外來文學：中國文學受外來影響不大，一兩千年來，除中間幾度由翻譯佛經輸進一些新生命外，可說是相當孤立的；不如歐洲文學，各國能互通聲氣互相模仿。在近代文藝勃興之後，在歐洲可說是任何一個國家都大量輸入國外文藝，產生許多饒有異國情調的作品。各國文學產生環境不同，表現方法也自不同。現舉英國莎士比亞作的「羅密歐與朱麗葉」中一段文字，看看西方名作家寫作的技巧：

「啊，花樣的臉兒裏（愛的讚美），藏着蛇樣的心（恨的咒詛）！那條惡龍（恨）曾經棲息在這樣清雅的洞府裏（愛）！美麗的（愛）暴君（恨）！天使般的（愛）魔鬼（恨）！披着白鴿羽毛的（愛）烏鴉（恨）！豺狼一樣貪殘的（恨）羔羊（愛）！聖潔的外表（愛）包覆着醜惡的實質（恨）！你的內心剛巧和你的形狀相反。一個萬惡的（恨）聖人（愛），一個莊嚴的（愛）奸徒（恨）！造物主啊！你爲什麼要從地獄裏提出這一個惡魔的靈魂（恨），把它安放在這樣可愛的一座肉體的天堂裏（愛）！……」

劇敘：羅密歐與朱麗葉相愛，私訂終身，而不幸在一場爭鬥中，羅密歐殺死了朱麗葉的表哥。上面這段文字，是寫當朱麗葉聽到表哥死訊時的說白。羅密歐是她所愛的未婚夫，又是她所恨的兇手。愛就讚美，恨就咒詛，是人之常情。莎翁在這裏交錯地用讚美和咒詛的言詞來表現朱麗葉當時愛恨交集的複雜心理，寫得非常巧妙。各國文學都有它優點與特質，模仿外國文學實可促使本國文學的革新。以西方文學和我國比較，西方文學表現的情感比較强烈，想像比較豐富。他們過去的作品多充滿着熱情、信心、希望與理想，近代作品多趨於寫實，描寫現實生活的片段。這些都是我國舊文學所缺少的東西，值得我們模仿吸收。

(3)前人文學：前面說過，我國文學比較孤立，所以過去我國文學欲求革新，不外求之古籍，求之前代作家作品。大作家也講「學古」「模古」，文學革命也往往成爲復古運動。模仿前人而講創作，是中國舊文學的特質。如揚雄作辭賦，模仿司馬相如。作文章，魏人多取法三史，晉人喜歡學五經與莊老。陸機、陶潛、鮑照、江淹、李白都有擬古、仿古的作品。韓愈是唐代大作家，却也是一個最會模仿前人的創作者。柳宗元記遊文章，得力於水經注及洛陽伽藍記。歐陽修喜歡讀韓愈文章，認爲作文章應該學作韓愈那樣的文章。唐宋古文運動也可以說就是模仿秦漢以前散文。宋詩雖和唐詩不同，但最會模仿唐詩的，莫過於宋人。黃庭堅江西詩派，主張詩的意境可從前人的詩中「換骨脫胎」。元雜劇的題材，有許多是由唐人傳奇小說改編而來。明李夢陽、何景明作詩，主張以「盛唐」爲準則。清方苞、姚鼐的桐城派古文，又是模仿六經、論孟、史傳到唐宋八家的。民初提倡新文學運動健將胡適博士在他建設性文學革命理論中，也勸世人多讀近代的白話文學—例如水滸傳、西遊記、紅樓夢，來做寫白話文學的模範。由這一串史實，我們知道文學的傳統性與模擬性。因爲前人作品經過時間的篩洗，能流傳到現在的，可說都是他們生命與經驗的結晶，許多地方可做模範，值得取法。然而最值得我們寫作白話文吸收模仿的，是文詞、體裁與技巧。

a.文詞方面：雖說由於時代日新月異，有許多過時代的東西已可宣判死亡；但也有許多詞句經前人選用後，到現在仍然適合於表達某種情思，活用在現代人筆下。元曲中許多新穎的詞，原是從古人詩詞及時人口語中擷取而來：如冷清清、虛飄飄、醉醺醺、氣昂昂、白茫茫、亂紛紛、急忙忙、羞答答、撲簌簌、鬧哄哄、雄糾糾、嬌滴滴、香噴噴……等是；明清及現代白話小說作家，又把它們鎔鑄到作品裏去。白話文學的詞彙，仍要借助於舊文學，模仿它的用法。例如：楚辭有「顏色憔悴」；今人也可以說：「她病後顏色憔悴得很」。又如晉書胡奮傳說：「奮性開朗」；今人也可以說：「這人性地很開朗」。模仿前人用詞方法，是解決白話文詞彙貧乏問題一種好辦法。

b.形式、體裁與技巧方面：過去的一切文章文學，發展到現在都已形成專體：如戲劇、小說、詩歌、散文、日記、遊記、雜記、祭文、悼詞、墓誌、書信、序跋、史傳、地志……等。這些因文體不同，形式也不同，寫法也有種種分別，實在可作我們寫作白話文學建立新體裁、新形式、新寫法的參考。單就我國詩歌來說，其押韻的方法，形式的變化，表達的技巧，就極爲精妙；所以有志於創造新文學的朋友們，不妨試從研讀模仿前人的文學著手。然而在模仿前人文學時候，要注意一點，除了歷史與故事外，我們寫的應是現代人的「情思與生活」。各時代人都有其生活的環境與方式。譬如周朝的「關關雎鳩，在河之洲。窈窕淑女，君子好逑。」是詩經裏頭一篇，可以擺進大學教材裏去，但它是古代純樸農村社會中產物，若現在大學生模仿這意思做一首白話詩說：「鴨子叫呀叫，在淡水河邊。美麗的小姐，是男士追求的好對像呀！」就不大像話兒了。像這種生活情調，已不合時代。又如現代人用白話寫類如明清時代的神怪武俠小說，也是不合時宜的無價值的模仿。所以我們模仿前人文學，只是參考其形式、體裁，取其長處；及學習其寫作方法與技巧，來表達自己或這時代人的情感與思想，描繪自己或這時代人的生活與理想。現舉詩王風采葛篇爲例：

「彼采葛兮，一日不見，如三月兮！

彼采蕭兮，一日不見，如三秋兮！

彼采艾兮，一日不見，如三歲兮！」

這首是周朝時候的民歌，寫一個男人想念他的愛人。他的愛人正忙着工作——採葛、採蕭、採艾。一日小別，在熱戀青年的心中，覺得離別得很久。這首詩，用重疊反復的形式，逐層加深語氣的修辭技巧，來表示歌者愛情的深摯。假使根據現在農村的生活，用採麻、採茶、採棉，代替採葛、採蕭、採艾，而仿作一首白話新詩，可以寫成：

「她在採麻喲。

一天沒見，

好像隔了三個月喲！

「她在採茶喲。

一天沒見，

好像隔了三個秋天喲！

「她在採棉喲。

一天沒見，

好像隔了三個整年喲！」

我想這首仿作，仍然是合乎時代而纏綿的民歌。倘使我們模仿采葛篇這種重疊反復的形式，和逐層加强的技巧，來寫另外一種情感，也未嘗不可啊。

八、標點符號的用法

方祖燊

文章沒有標點符號，讀起來費時間。句讀一弄錯，意義就不能理解。同樣一段文章，標點方法不同，也可以產生不同的意思。例如論語說：「民可使由之；不可使知之。」意思近乎開明專制。但如改點爲「民可，使由之；不可，使知之。」就可以解釋成訓政民主的思想了。笑話裏說：「下雨天留客，天留我不留。」是一種意思；如果改點成：「下雨天，留客天，留我不？留」豈不完全相反？點號不但可以幫助文章的意義，而且能確定文章的意義。標號也極能幫助文章的理解，如王昌齡的詩：「青海長雲暗雪山」，加有私名號，就不至於解釋成普通有雪的山。像左宗棠的文章：「誅巢馘讓」，如果沒有人名號，更容易想入非非。引用號、删節號等更可以說明文章的關節，便利一般讀者。

新式標點符號，民國八年由教育部公佈，是整理我國舊有的標點法，更參酌西文的標點方式，斟酌損益而成。現在全國大多數書報雜誌，多已採用。民國十九年五月，教育部頒佈劃一教育機關公文格式辦法，規定公文標點也用此式。所以正確地使用新式標點符號，已經成爲國文基本訓練的一種。不過因爲教學的疏忽，許多人作文章，不注意標點；甚至有名的作家的文章，往往幾百字尚看不見句號；常見的報紙雜誌也都是用粗疏的句讀，不能當作學習的模範。這裏將標點符號的用法重新講述一次，以供參考。

新式標點符號，共分十二種，兩大類。一種是點，也叫句讀符號，用以點斷文句，使人明白句中各部分在文法上的位置和交互關係；如句號、點號、冒號，分號四種是。一種是標，如問號、感歎號、引號、破折號、刪節號、夾注號、私名號、書名號等八種是。分別說明如下：

（一）句號「。」點斷句子的符號。凡兩個以上的詞，聯合起來，包括有主語和述語，同時能够表示一個完全意思的，叫做「句子」。句子的後頭，要用句號點斷。

（例）他擔負起中國革命最艱危的工作。（國父與中國革命）

「他」是主語，「擔負起」是述語，下邊是補足語。全部說出，意思纔完全，纔算一個句子而加句號。可是說話或作文的時候，往往把主語省略。

（例）訪米得先生於世界和平會所。（留學日記）

這句原是「我訪米得先生於世界和平會所」，這裏將「主語」自稱代名詞「我」字省略。在習慣上可以認爲成了一句。

（二）點號「，」或「、」是用來標明句子裏邊應該停頓、分開、重讀的符號。

㈠停頓用　句子太長或太複雜的時候，可以用點號把它分成幾個部分，使讀起來有停頓，看起來能明白各部分的關係。通常依說話作文的自然停逗語氣，而加點號。

（例）在六、七歲的時候，洪秀全的故事，又激發了他救國的意志和革命的思想。（國父與中國革命）

這個長句，作者用兩個點號，分成三部分。

㈡分開用　又分二種：

①連用許多同類的詞、短語（合兩個以上的詞，還未成句的）、分句（有主語和述語，而語意未完全的句子），用點號把它們各個分開：a.可使各同類的詞句不會相混。b.可收到氣勢加强，句法工整的好處。

（例1）我們相信他的主義，他的功德，正和堯、舜、禹、湯、文、武、周公、孔子一樣的永垂不朽，與日月同明。（國父與中國革命。同類詞並列連用時候用「、」隔開。）

「他的主義，」「他的功德」是連用的兩個同類短語。「堯」、「舜」、「禹」、「湯」、「文」、「武」、「周公」、「孔子」是同類的詞，都是古聖賢的名字。

（例2）使他更完美，更偉大，更光輝！（國父與中國革命）

這是三個同類的短語，用點號分開，使得語氣逐層加强。

（例3）他生在一個艱苦的家庭，生在一個艱苦的時代。（國父與中國革命）

這是兩個同類的分句。

②用來分開在句裏邊的注解。

（例1）所謂「喝湯」，就是南方的消夜，也可以說是吃晚飯。（自述）

「就是南方的消夜，也可以說是吃晚飯」這兩個分句，是上文「喝湯」二字的注解。

㊂重讀用　凡在文句裏，遇到要「重讀」來加重語氣，或須特別停頓，作「提醒」用的地方，都需特別加點號。

（例1）劉老老嘆道：「一兩銀子，也沒聽見個響聲兒就沒了！」（劉老老進大觀園）

加點號表示重讀「一兩銀子」，加重劉老老惋惜的語氣。

（例2）劉老老進來說：「大奶奶，倒忙得很！」（劉老老進大觀園）

（例3）琥珀拉她道：「老老，你上來走，看青苔滑倒了。」（劉老老進大觀園）

「大奶奶」，「老老」，是說話時，稱呼對方用的詞，都含有提醒對方注意的作用。

（三）分號「；」有三種用法。

㊀遇到幾個很長的平列的短語，或分句的時候，用分號來分開。

（例1）潰在下游者輕，上游者重；潰在支隄者輕，正隄者重。（與族弟芝汀論河工書）

㊁幾個在意思上，互相倚靠的分句，假使太長了，也應該用分號分開。

（例）李紈忙迎上去，笑道：「老太太高興，倒進來了；我只當還沒有梳頭呢，纔掐了菊花要送去。」（劉老老進大觀園）

㊂兩個獨立的句子，在意思上是連絡的，如用句號點斷，便覺得太隔離，可以採用分號。

（例1）你這廝原來也恁的歹；且吃我一刀！（林教頭風雪山神廟）

（例2）紫鵑早打起湘簾；賈母等進來坐下。（劉老老進大觀園）

（四）冒號「：」用以結束上文或提起下文的符號。

㈠總結上文　用冒號，就是表示將上文所述各點作總結的意思。

（例）凡迎溜頂冲，隄前嫩灘塌盡，或對面有沙嘴挺出，以及土性沙鬆，屢築屢潰之處：列爲最險。（與族弟芝汀論河工書）

「列爲最險」這句，是總結上文的三種情形。

㈡總起下文　就是提起下文的意思。凡爲着分述、例證、列舉諸事，或表明說話、寫信、尋思的性質的時候，都應該加冒號，經冒號介紹，而引起下文。

（例1）中國革命可以分做四個階段：

第一個階段：自他的誕生……………

第二個……………………………

第三個……………………………（國父與中國革命。分段提起下文。）

（例2）沅弟左右：

鄂署五福堂……（致沅弟書）

（例3）是夜所談最重要之問題如下：

㈠設國立大學…㈡…㈢…㈣……（留學日記）

（例4）我且舉幾個例爲證：

一、意大利……二、英國……（國語的文學文學的國語）

（例5）我說：「死文言決不能產出活文學。」（國語的文學文學的國語）

（例6）尋思：「却纔老軍所說：二里路外，有那市井，何不去沽些酒來吃？」（林敎頭風雪山神廟）

（五）問號「？」用以表示疑問性質的符號；有時在議論文裏用於反詰語氣。

（例1）這罪過是什麼？（早老的懺悔）

（例2）鳳姐忙問王夫人：「早飯在那裏擺？」（劉老老進大觀園）

（例3）爲什麼愛杜甫的石壕吏、兵車行諸詩呢？……爲什麼不愛韓愈的南山呢？（國語的文學文學的國語）

（六）驚嘆號「！」表示情感語氣、聲調的符號。

（例1）「誰知今兒進這園裏一瞧，竟比畫兒還强十倍！」（劉老老進大觀園。表讚歎。）

（例2）至要！至要！（與族弟芝汀論河工書。表叮嚀，迫望。）

（例3）天可憐見林冲！（林敎頭風雪山神廟。表悲歎，仰望。）

（例4）林冲喝道：「奸賊！你待那裏去？」（林敎頭風雪山神廟。表憤怒。）

（例5）高聲說道：「老劉！老劉！食量大如牛！喫個老母豬不擡頭！」（劉老老進大觀園。表聲調語氣。）

（例6）只叫「嗳哟！」（劉老老進大觀園。表聲調。）

（七）引號「」或『』用以表示引用語的起止，或特別提示性質的符號。

㈠表示引用語的起止。

（例1）曰：「不出，火且盡。」（遊褒禪山記）

（例2）笑道：「讓我打扮你。」（劉老老進大觀園）

（例3）尋思：「又沒打火處，怎生安排？」（林教頭風雪山神廟）

在引用語裏邊，遇到再引用的時候，則加標雙引號『』；如「『』」。（引用語用雙引號，再引用時用單引號，也可以；如『「」』）。

（例）…自由、平等、友愛三項，用古義證明說：「自由者，『富貴不能淫，貧賤不能移，威武不能屈』是也；古者蓋謂之義。」（我在教育界的經驗）

㈡表示特別提出的詞句，多半夾在句中，爲加重，專指引用或夾注用。

（例1）近來居然有許多人叫我「老先生」。（早老的懺悔）

（例2）發表「對於教育方針之意見」，（我在教育界的經驗）

（例3）「自由者，『富貴不能淫，貧賤不能移，威武不能屈』是也；」（我在教育界的經驗。夾注用。）

（例4）頗有「天地悠悠，愴然淚下」之概。（自述。意取古詩。）

（例5）所謂「喝湯」，（自述）

（例6）已以「逆竪昌言革命，大逆不道」等語，密奏清廷。（自述）

（例7）「王粲登樓」，「仲宣作賦」，（國語的文學文學的國語）

（例8）字典說「這」字，該讀「魚彥反」，（國語的文學文學的國語）

（八）破折號「——」凡文章意思中變，或爲解釋上文的時候，就用破折號。破折號爲一直線加在文句中，通常佔兩個字地位。

㈠表示文意忽然轉變。

（例）正吃時——只聽得外面必必剝剝地爆響，林冲跳起身來（林敎頭風雪山神廟）由吃轉聽，而突然跳起身來，是轉入另一回事。

㈡夾注或總括用：解釋上文的，與夾注號同用；總結上文的，與冒號同用。

（例）那劉老老驚醒，睜眼看見襲人，連忙爬起來，道：「姑娘，我該死了！——好歹並沒弄骯髒了牀！」（劉老老進大觀園）

「好歹並沒弄骯髒了牀」是說明「姑娘，我該死了！」這句話的心情。

（九）刪節號「……」用以表示文句中，「部分刪節」，或「文章未完」的符號。

（例1）「如果我在學生時代不那樣蔑視體操科，對於體操敎師不那樣看他們不起，多少聽受他們的敎誨，也許……。」（早老的懺悔）

「也許」的後面，是作者故意加以刪去，表示文意未完，讓讀者自己去尋味，這是不言而喻的一種用法。

（例2）可不是從水滸傳、西遊記、紅樓夢、儒林外史……等書學來的嗎？（國語的文學文學的國語）

刪去省略同類的書名。

（例3）明明是鄉下老太婆說話，他們却要叫他打起唐宋八家的古文腔兒；明明是極下流的妓女說話，他們都要他打起胡天游、洪亮吉的駢文調子。……請問這樣做文章如何能達意表情呢？（國語的文學文學的國語）

刪去同類的例句。

（例4）柴進道：「教頭爲何到此？被村夫恥辱。」林冲道：「一言難盡。……」（林教頭風雪山神廟）

刪去林冲對柴進說的許多話。

寫作舉例時，可用刪節號如二、三、四、三例，刪節地方，是表許多未舉出來的部分。

（例5）劉老老自忖道：「怎麼畫兒有這樣凸出來的？……」（劉老老進大觀園）

（例6）因說：「這可怎麼出去呢？……」（劉老老進大觀園）

寫作時可把不重要的，可有可無的刪去，留下最緊要最精鍊的話來代表，其餘部分亦可用刪節號表示，如五、六兩例。

又：在引用古人或別人的文章、詞句時，亦可把無關係的部分刪去，而加刪節號。

（十）夾注號（　）或〔　〕用以標明夾在文句裏的注解。

（例1）格致（理化、博物之總名）教師。（早老的懺悔）

（例2）進德會（此會爲民國元年，吳稚暉、李石曾、張溥泉諸君發起，有不賭、不嫖、不娶妾的三條基本戒；又有不作官吏、不作議員、不飲酒、不食肉、不吸烟的五條選認戒），以挽奔競及游蕩的舊習。（我在教育界的經驗）

例1夾注號裏的「理化、博物之總名」爲「格致」二字的注解。例2夾注號裏的「此會爲……選認戒」爲上文「進德會」的注解。

（十一）私名號「——」用於標明私有名詞，如國名、地名、人名及朝代名、學派名……等。私名號，爲一直線，直行加於文字的左邊或右邊，例如孔子、孔子；橫行加於文字的下面。

（例）巴西，瑞典，大食。（國名）

堯，舜，周公，吳稚暉，華盛頓：胡君適之，楊千總岳斌。（人名）

檀香山，神戶，好望角，綠島，張家口，北平。（地名）

同盟會，聯合國同志會。（團體名）

唐，宋，民國，貞觀，康熙。（朝代年號名）

聖約翰書院，國立北京大學，牛津，哈佛。（學校名）

私名詞常和其他名詞連用，作限制用，則標私有名詞。

（例）比京，英文，洪楊軍興，清季，印度哲學，周秦諸子。

（十二）書名號，爲波紋形曲線「﹏」，用以標記書名、篇名。用法同私名號，加在文字的左邊、右邊或下面。

（例）易、論語、爾雅（書名）；新青年、大中華（雜誌名）；泰姆士報（報紙名）；荀子勸學篇、禮記禮運篇（一書的篇名。）

（十三）附則

㈠句、點、分、冒、問、驚嘆六種符號，都加在文字的右旁或下一格。

㈡文章題目通常低四格。

㈢每段的開端低兩格。

散文的創作鑑賞與批評

散文的創作鑑賞與批評

目　錄

散文的創作鑑賞與批評

第一章　緒　論

第一節　散文是什麼（註一）

「散文」這一個名稱，最早出現於宋朝羅大經的「鶴林玉露」中。他引用周益公的話：「四六特拘對耳；其立意措詞，貴渾融有味，與散文同。」所謂「四六」就是駢文；駢文是講「對偶文辭，四六句法，平仄相間」的一種文體。

散文跟駢文不同，不受「聲律」、「句法」、「對偶」形式的拘束，特別注重「自然」，對字句的長短，聲調的抑揚頓挫，及文辭的對偶排比，都沒有一定的格律規定，但求自然變化罷了。

散文，也跟韻文不同。我國的韻文，如詩歌、詞曲、辭賦、頌贊，講人爲的句調、平仄、押韻。散文仍是注重「自然」兩個字，不講聲調韻律，所以散文是沒有「韻」的；當然一篇散文之中，偶而也會很自然的出現些韻律，在抒情、寫景的散文中含有作者所表現的優美的情調韻味，我們也仍然稱之「散文」，不叫它「韻文」。

散文在過去是跟駢文、韻文相對的一種文體；現在是和新詩、小說、戲劇並立的一種文學，可以用來記人敍事，寫景詠物，抒情說理。散文所寫的內容，不外人、事、情、理、景、物六類。

從作家的文字表現來看，文字優美的，耐人欣賞的，能怡悅性情的，能動人心魂的，能使人讀了又讀，喜歡再讀的，屬於文學性的散文，也就是今人所說文藝性的散文。當然文學性的散文，也有其「實用價值」的一面。至於只講實用、應用的價值，所寫內容也是人事情理景物，文字雖通順流暢，我們讀了看了，雖然也有所得所獲，但它不能使人沉醉，覺得美，這當然也就無法吸引人百讀不厭，愛不釋手；這一類屬於文章性的散文。

過去，我在「散文結構」一書中，說：「文章性散文，是普通一般的傳人、敍事、寫景、記物、抒情、說理，以及應用的文章，能够做到辭達意擧，明晰精采，能够充分表現出作者的觀點看法，也就够了。文學性散文，則偏於用想像力與觀察力，用精鍊雋美的文字來表現；在這類文章中，充滿着文藝的氣息，作者需要有高度的文學修養，以一刹那的靈感，去捕捉最深的情，最美的景，最精采的事，最透徹的理，用七寶玲瓏的藝術的彩筆，作最動人的描寫，希望在文字上放射出異采，形成爲獨特的風格，耐人欣賞的文字，刺進讀者的心靈和頭腦，引起情感的共鳴與理智的啓發。他們解釋人生，記敍事情，推論道理，描寫風景，介紹人物，抒發情感，都有作者獨特的個性與風味存在。」

第二節　散文的發展簡史

「散文」這個名稱雖起的很晚，但「散文」這種文體却早已存在。曾國藩認爲三代兩漢的古文就是散文的高曾祖。郁達夫也說：「六經之中，除『詩經』外，全係散文；『易經』、『書經』與『春秋』，其間雖則也有韻語，但都係偶然的流露，不是作者的本意。」又說：「中國古來的文章，一向是以散文爲主要的文體（註二）。」就是駢文盛行魏、晉、南北朝的時代，也仍有許多散文作品。

周朝的散文，偏重實用，以敍事、說理爲主。像「尙書」、「春秋」，是歷史家筆下的散文，用以記言敍事；像「諸子」、「禮記」，是思想家筆下的散文，用以說理論事。這時，成功的作品，記史精鍊生動的如「左傳」，鋪張揚厲的如「戰國策」，說理簡約的如「論語」，如「老子」，明白嚴密的如「墨子」，文氣雄暢的如「孟子」，荒誕怪奇的如「莊子」，質樸簡明的如「荀子」，深切明白的如「韓非子」，都已經非常精深傑出。

漢朝時，散文仍然不出歷史與哲理，也就是記事、說理的居多。司馬遷的「史記」，班固的「漢書」，他們描寫人物，記敍事情，都非常眞實簡鍊，精采生動，同是兼具史學和文學雙重價值的不朽的作品。論議倜儻排宕的，有賈誼的「過秦論」，劉安的「淮南子」；傑出不羣的，有劉向的「說苑」、「新序」，王充的「論衡」；應用的文字：奏、疏、論、議、書、序，如鼂錯的「論貴粟疏」、劉向的「戰國策目錄序」、賈讓的「治河議」、劉歆的「移太常博士書」，都很典雅整飾，淳實淵美。至抒情寫景，鋪敍事情，如司馬相如的辭賦，則講究辭采排偶，成爲駢文之祖。東漢末，作者漸漸趨向辭藻，追求形式，蔡邕與建安作家已尙駢風，不過曹操、曹丕、曹植、諸葛亮，還寫有一些好的散文，不止用於論議，也用於抒發深情雋思了。

兩晉、南北朝駢儷風氣極盛的時代，也多有散文的作品。劉勰「文心雕龍」說：「今之常言，有文有筆，以爲無韻者筆也，有韻者文也。」當時所謂「文」者，即所謂詩賦駢文；所謂「筆」者，即後人所謂散文。有名的作家潘岳、陸機、王羲之、陶淵明所作文多半駢文，却也有些散文作品。詞藻華麗的，如潘岳的「閒居賦序」、陸機「弔魏武帝文序」、王羲之「蘭亭集序」；文字自然的，如陶淵明的「五柳先生傳」、「桃花源記」、「與子儼等疏」；論辨的如范縝的「神滅論」，沈約的「難神滅論」，都是散文。因爲描寫景物的詩、賦日工，所以最放異采的是描寫景物的散文，如酈道元的「水經注」、楊衒之的「洛陽伽藍記」，寫景寫物，文字都十分美。此外，專記鬼怪靈異、名流清談之類的短短散文，有志怪小說，如祖臺之「志怪」、干寶「搜神記」等；筆記小說，如劉義慶「世說新語」，沈約「俗說」等，也都盛行一時。

由齊、梁到初唐，駢儷特盛，北周時有蘇綽的主張復古。隋文帝時，又有李諤上書說：「江左齊梁，唯務吟詠，遂復遺理存異，尋虛逐微，競一韻之奇，爭一字之巧，連篇累牘，不出月露之形；積案盈箱，唯是風雲之狀。」因爲多描寫風花雪月搖蕩情性之類的駢文，就是奏事說理，駢儷風行。駢文受人爲的對偶、四六、平仄各種規格的限制束縛，文字雖然美麗，但用以論事說理，作有益人世的文字，難以暢達透徹。因此入唐之後，又有陳子昂、李華、元結，倡導恢復古文，主張摹擬古人，排除六朝的排偶、聲律及藻麗，恢復兩漢的自然淳樸奇偶並用的散文。至中唐時，韓愈、柳宗元爲改革六朝以來文章，專門求詞句駢儷，聲調諧協，而內容空泛的弊習，提倡寫作要學先秦盛漢的散文，崇尙質樸自然，發揚儒學聖道，因此有「古文運動」，要從形式、內容和詞語上，力求其革新。韓愈提出「唯陳言之務去」、「文以貫道」等主張，就是在文詞上要活潑樸實而切當情理，在內容上要義理充實，受到後人的重視。韓愈的文章，多數是雄奇奔放的議論文；柳宗元描寫山水的「永州八記」，精緻雋永。韓、柳的「古文運動」，就形式而言，叫做「散文」；就精神來說，叫做「古文」。

自從韓、柳盛倡古文，李翺、孫樵繼續鼓吹創作，但在唐代仍未產生大效力；直到宋朝歐陽修繼承這種改革理想，加上王安石、曾鞏、蘇洵、蘇軾、蘇轍（三蘇父子）的推行倡導，散文才大爲盛行，與駢文形成兩條不同的路子了，駢文也逐漸走向衰落了。當時寫文章的人，流行「遠宗韓愈，近法歐、蘇」的口號。蘇軾的文章，縱橫豪邁，議論宏發，更是一般人學習的楷模。他們的影響力，一直持續到明朝，唐順之選韓愈、柳宗元、歐陽修、三蘇、曾鞏和王安石的文章，編印「唐、宋八大家文鈔」一書，由茅坤加以圈點批評，給學習文章的人作範文，盛行一時，從此奠立了這八大家在散文史上不朽的地位。

明朝的散文，有李夢陽、何景明、李攀龍、王世貞等前後七子倡導擬古，喊出「文必秦漢」的口號，以能作出類似先秦、兩漢的文章爲理想，沒有出色的作品。到世宗嘉靖時，王愼中、唐順之因此提倡恢復宋代的文風，認爲文章要直抒胸臆，反映社會，茅坤、歸有光先後附和，才把明代散文帶入了自由創作的新生境界。晚明時，公安派的三袁（宗道、宏道，中道），竟陵派的鍾惺、譚元春，更激烈反對摹擬，提倡「獨抒性靈」，寫作有情感血肉的作品。袁宏道的流麗清新，譚元春的幽深新奇，明末張岱更融合了兩派的優點，爲明代散文帶來了一些優美可誦的小品。

清初散文，以侯方域、魏禧、汪琬爲代表，稱爲清初三大家，但作品都平平。眞能代表清代散文成就的，是方苞、姚鼐、劉大櫆、曾國藩的桐城派。桐城派講古文義法，也主張文道合一，以「六經」、「左傳」、「史記」、「唐宋八大家」爲學習對象。方苞以爲作文章，要言之有物，有條理，有次序，要平正溫雅，才是好文章的最高境界。姚鼐更進一步發揚他老師方苞的理論，認爲作文要兼顧「神、理、氣、味」（指內容和特色），「格、律、聲、色」（指形式和修辭）的技巧，又編了一部「古文辭類纂」，作爲學作散文的範本，又提出「義理、辭章、考據」三者不能缺一。姚鼐的文章，謹嚴雅正。他又教導出梅曾亮、方東樹、曾國藩等有名的學生，散佈他的文章義法。不過桐城派自曾國藩死後，也就日漸式微。到了晚清，梁啓超用「新民叢報體」寫文章，漸漸走向淺顯化。光緒末更有許多白話報產生。

民國六年，胡適、陳獨秀、蔡元培等人提倡「新文學運動」，主張用白話文來傳達今人的意思，於是白話文日漸普遍，名家輩出，作品如林，成為現代散文的主流了（註三）。

第三節　散文也是社會教育的利器

散文的文字雖然講求美，但表現在散文中的情思也很重要。魯迅曾經說過「小擺設像玲瓏剔透的石塊，竹根刻成的人像，古玉雕出的動物，鏽得發綠的銅鑄的三脚癩蝦蟆，雖然很美，但只能供人『清玩』、『摩挱』、『賞鑑』，沒有什麼意義。」我認為成功的散文，雖不是供人打「殺」時間用的，麻醉人心用的；但也不是像魯迅所說的「必須是匕首，是投槍」。明朝鄭瑄說：「鳥之美羽勾喙者，鳥畏之；魚之侈口垂腴者，魚畏之；人之利口贍辭者，人畏之；是以君子避三鋒，避文士之筆鋒，避武士之刀鋒，避辯士之舌鋒（註四）。」散文作攻擊人、抨擊社會的兵器，寫出混身是刺、鞭辟入裏的作品，對大衆、對社會、對國家都沒有積極的深意。

我認為散文和其他文學，都應該如先總統　蔣公所訓示的：「文藝是社會教育的利器。」「應該在三民主義思想指導之下」創作文藝，「必須發揚至眞、至善、至美的優良文化傳統，恢宏倫理道德的觀念，培養實踐篤行的習性，並使文藝與科學均衡發展，以提高人類的精神境界，免於物慾橫流的陷溺。」（註五）

清末，我國受列強的侵略，幾瀕滅亡，人民受皇帝專制的壓迫，毫無自由可言，再加時局的動亂不安，政治的黑暗，科技的落後，社會的腐化，人民生活的貧困，　國父起來倡導革命，推翻滿清，廓清帝制，以三民主義爲建國最高的準則。先總統　蔣公繼承　國父的遺志，北伐成功，掃除了軍閥餘孽，領導國人抗日戰爭，廢除了不平等條約，又在臺灣實踐三民主義的理想的政治。先總統　蔣公說：

「三民主義是以倫理、民主、科學爲內涵的。我們爲了充實生命的意義，進而至於國族的繁榮發展，所以要以『倫理』來實踐民族主義；爲了要這個國家眞正『以民爲主』，進而至於每一個人都能夠貢獻其能力，以行『主權在民』之實，所以必須以『民主』來實踐民權主義；爲了要解決民生問題，進而至於『以裕民生』、『以充國力』，所以必須以『科學』的精神和方法來實踐科學的民生主義。因此三民主義乃不惟是我們民族生命、民族靈魂之所託，也將是領導人類社會進入『三民主義世紀』的指南車。……因此，我們要建立一個中心思想，就是以倫理、民主、科學爲內涵的三民主義的思想（註六），也就是要個個人建立實行三民主義的理想。」

這雖然是偉大的政治家的理想，却也是我國每一個人的理想，當然也是我們每一個作家們的理想。如何才能給大衆正確的觀念？這是我們文藝作家應該努力的方向。尤其今日還有些人沈湎物慾，喪失了道德心，人性日趨墮落，在工商業發達的社會，社會問題日益增多；我們如何改革社會，淨化人性，促使社會進步，提升大衆生活的境界，使大家建立正確的觀念，轉移風氣，尤賴文學作品。作家應該領導大衆走上眞善美的道路。

我們寫作，不要只爲了迎合一般人的胃口，專寫毒害心靈的作品，荒誕無稽的作品，消磨時日的作品。

今天散文家的使命，必須多多寫作發抒民情風俗，激厲人心士氣的作品（註七）。

我們寫作散文不只是在求美，求感人，還要求提高人性，改造社會。

散文必須是燦爛的太陽，能散發光明；是柔和的月亮，能照見黑暗；是皓潔的積雪，能映襯堅貞善良的情性；是勃沛的雨水，能淸洗炎熱的罪孽；是洪爐中的熊熊烈火，能伸張正義；是照妖的明鏡，能辨明邪惡；是豐碩的五穀，可作充實精神的食糧；是荒漠的甘泉，可以滋潤心靈的乾渴；是苦口良藥，可以補益人心世道。

先總統　蔣公又說：「情感是文藝的花果，思想是文藝的根株（註八）。」散文家應該透過作品表達他的情感思想，發揮他的情感思想，來引領國民走上正確的道路。

第四節　評現代散文的三模式

現代人對散文的模式，大概持有下列三點看法：

第一、講求美文：這種唯美觀念，是受梁昭明太子蕭統編「文選」，所持「義歸乎翰藻」的原則所影響，以為寫作散文只要文字美，就是成功的作品。

第二、獨抒性靈：這當然是從明袁宏道批評他弟弟宗道的詩文「大都抒性靈」、「從自己胸臆流出」、「令人奪魂」的說法來的（註九），而認為現代散文也應該是側重抒發性靈、表現個性之作。周作人在「雜拌儿跋」中說：「公安派能夠無視古文的正統，以抒情的態度作一切的文章，雖然後代批評家貶斥其為淺率空疏，實際却是眞實的個性的表現，其價值在竟陵派之上。」又說：「以前的人以為『文是載道』的東西；此外另有一種文章却是可以『寫了來消遣』的；現在把它統一了，去寫可以說是本於消遣，但同時也就『傳了道』了。這可以說是與明代的新文學家的意思相差不遠的。現代的文學——就散文說——與明代的有些相像。」——他是說現代散文是自晚明小品文來的，是抒情與載道混合一起的文章。劉大杰在「中國文學發展史」中，論「明代的文學思想」，說：「獨抒性靈，便是文學要發抒個人的情感，言志的而不是載道的，是表現個人的而不是無病呻吟的。」張曉風說起她編選「中國現代文學大系」的散文標準時說：「多半繼承『昭明文選』的原則，和明人以來側重『性靈之作』的傳統，內容方面『載道』的較少，『言志』的為多。」因此，她對「方塊」、「類似方塊的雜文」、「具有功用性的說理文學」、「報導意味太強的遊記」、「太近乎小說的隨筆」，「都棄而不用，都未編入（註一〇）」了。

第三、不拘體例：我們讀現在報社、書局出版的一些散文選集，從「文體論」來說，大多是不拘體式的，可說大都是「信腕信手」寫成的，不拘文體的格套。這一種現象，我想也是受袁宏道的文學思想的影響。袁宏道在「答李元善」的信中，說：

「文章新奇，無定格式，只要發人所不能發，句法、字法、調法，一一從自己胸中流出，此眞新奇也。近日有一種新奇套子，似新實腐，恐一落此套，則尤可厭惡之甚。」

因此，現代人寫作散文大都是信手隨筆的寫，各「體」文章在形式上看，都差不多一樣。我們不能說現代人對散文的這三個觀點不對。不過，若過份認定這三點就是現代散文的模式，那就會產生嚴重的弊病了。第一若以爲散文除了文字美之外，就無其他，那就錯了。駢文派選文家蕭統在「文選序」中說「義歸乎翰藻」，應該是強調作者要用優美的文字，來表達意思，來表現內容；所以他所選的文章，不只是「紀一事，詠一物，風雲草木，魚蟲禽獸」之類的作品，也不只是言志牢騷、歌功頌德之類的作品；也有許多「箴興於補闕」，「戒出於弼匡」，「論則析理精微」，「銘則序事清潤」………之類的作品。我們看「文選」的目錄，像諸葛孔明「出師表」，曹子建「求自試表」，李密「陳情表」，李斯「上秦始皇諫逐客書」，李陵「答蘇武書」，司馬遷「報任少卿書」，曹植「與楊德祖書」，丘遲「與陳伯之書」，司馬相如「封禪文」，沈約「宋書謝靈運傳論」，賈誼「過秦論」，魏文帝「典論論文」，班固「封燕然山銘」，無不是煌煌的大作，都是既講究文采，又有實用的內容。這又豈是晚明的小品所能够相比擬的？南北朝的唯美的觀點，崇尚雕蟲，競騁文華，走到了末流，就只剩下美麗的軀殼了。所以王通說：「言文而不言理，是天下無文也（註一一）。」因此，唐、宋八大家起來鼓吹實用載道又講究詞采的散文。韓愈的「原道」、「師說」、「進學解」、「復上宰相書」、「送孟東野序」、「祭十二郎文」、「柳子厚墓誌銘」，柳宗元的「箕子碑」、「捕蛇者說」、「種樹郭橐駝傳」、「梓人傳」、「永州八記」，歐陽修的「朋黨論」、「梅聖俞詩集序」、「五代史伶官傳序」、「豐樂亭記」、「醉翁亭記」、「秋聲賦」、「瀧岡阡表」，蘇洵的「辨姦論」、「心術」，蘇軾的「賈誼論」、「放鶴亭記」、「潮州韓文公廟碑」、「赤壁賦」、「方山子傳」，蘇轍的「上樞密韓太尉書」、「黃州快哉亭記」，曾鞏的「寄歐陽舍人書」，王安石的「遊褒禪山記」，無不是這類的作品。寫作文章的目的，就是在表現我們的生活，我們的工作，我們的情思，又怎能完全跟實用脫節；所以文章的內容必然有論理、言情、寫人、敍事、記遊、詠物，甚至有與生活、工作有密切關聯的應用性的文字。如前人所寫的傳記、書信、序跋、祭文、論說等。就拿袁宏道來說，在他的集中，列有「傳記」、「序文」、「碑記」、「誌銘」、「疏」、「廣莊」、「尺牘」、「隨筆」、「遊記」；除「廣莊」、「隨筆」、「遊記」之外，其他無不是跟生活有關的實用作品。我們今天寫作散文自不能只講究言志抒情的，也要敍事論理的。敍事論理佳妙藻麗的作品，也應該多多選入現代散文選集裏。作文原爲表達意思，當然也講究實用價值。寫作文章，不重功用，只重美感，也就喪失作文的意義了。

至於文章體裁的問題，「昭明文選」選錄的文字有賦、詩、騷、七、詔、册、令、敎、文、表、上書、啓、彈事、牋、奏記、書、檄、對問、設論、辭、序、頌、贊、符命、史論、史述贊、論、連珠、箴、銘、誄、哀、碑文、墓誌、行狀、弔文、祭文等三十七類。清散文派選文家姚鼐的「古文辭類纂」，分文章爲論辨、序跋、奏議、書說、贈序、詔令、傳狀、碑誌、雜記、箴銘、頌贊、辭賦、哀祭等十三類。由此，可見文章應該講究體裁。現在流行的散文，把各體文章都變成了隨意信手地寫，非常自由，把所有散文都寫成一種不拘體式的文字，這將使散文走上一條狹窄的道路，久了自然限制散文的發展。其實，文章的內容不同，體裁形式也自然有所不同，作法也應該有它偏重的地方。因此抒情怎能與論說的體式一樣？論說又怎能與寫景一樣？寫景又怎能與記事一樣？過去劉勰作「文心雕龍」，在前半部討論各種文體的特質，寫作應該注意的地方，自有他的道理。不然，就是「無的放矢」了，又怎能成爲我國「文體論」與「文學理論」的名著之一呢！其實，袁宏道倡言：「文章新奇，無定格式」；由他「答李元善」的全文看來，他只是說：「句法、字法、調法」，要自然流暢，像從胸中流出，不要落入套子；並不是說寫作文章不顧文體的體式。我們由袁氏的作品與作品分類，可以知道他作傳記、序文、碑記、誌銘、隨筆、尺牘、遊記，在文體上說，仍各自不同。我們寫作散文仍然應該注意到文體不同，形式也有不同的地方。

附註

註　一：本人在民國五十九年間，與好友邱燮友教授合作撰著「散文結構」一書，由臺北市永康街四十六號蘭臺書局出版。散文結構分理論與選文兩部分：理論包括十三篇專論，專講散文的寫作的方法與理論，近十六萬字；選文編有名家的各體散文四十五篇，約十二萬字。本書有部分章節談同一問題，自不免要依據這部舊著文字，自不免有極小部分雷同，但有許多是「散文結構」中未曾談到的新觀念。二書各有它長短，可以互相參看。

註二：見郁達夫主編「中國新文學大系散文導言」。

註三：本文主要依據黃麗貞的「散文概述」與「散文」二文補充寫成。

註四：見鄭瑄的「昨非菴日纂」。

註五：引自民國五十九年五月四日先總統　蔣公「對中國文藝協會成立二十週年紀念大會致詞」。

註六：引自民國五十年十二月廿六日先總統　蔣公對全國青年代表會議講詞「建立三民主義的中心思想」。

註七：意取民國五十四年四月八日先總統　蔣公「對國軍第一屆文藝大會致詞」。

註八：語見民國五十九年五月四日先總統　蔣公「對中國文藝協會成立二十週年紀念大會致詞」。

註九：見袁宏道的「敍小修詩」。

註一〇：見「中國現代文學大系」散文第一輯張曉風女士所作序文。

註一一：見王通「中說、王道篇」。

第二章　散文的創作論

第一節　散文的內容

散文寫些什麼？選擇怎樣的題材來寫呢？

從古代名散文家所寫的作品來看，不外「人、事、景、物、情、理」六個字，就可以概括了所有散文的內容。像司馬遷「史記」中的「項羽本紀」、「荆軻傳」，班固「漢書」中的「蘇武傳」、「李陵傳」，是屬於記一個人事蹟的作品；像「左傳」中記晉、楚城濮之戰，「國語」中記句踐復國始末，是屬於記某一件事情的作品；像柳宗元的「永州八記」、袁宏道的「西湖雜記」，是屬於描寫風景的遊記；像楊衒之的「洛陽伽藍記」，記佛寺建築，園林景物，韓愈的「畫記」、歐陽修的「洛陽牡丹記」、魏學洢的「核舟記」，是屬於詠物的作品；像李密的「陳情表」、李華的「弔古戰場文」、李白的「春夜宴桃李園序」、韓愈的「祭十二郎文」、歐陽修的「秋聲賦」、蘇軾的「赤壁賦」，都是偏於抒情的作品；像諸子百家、諸葛亮的「出師表」、曹丕的「典論論文」、韓愈的「進學解」、「師說」、「原道」，都是屬於說理論理的議論文。

我們讀前人的作品，也常常發現一篇散文所包羅的內容，往往是多方面的；作家所選擇寫作的題材，很難是單純的，不像茶是茶，酒是酒，不能相摻雜；倒常常像鷄尾酒，用白蘭地等醇酒，再加果汁、香料、砂糖混合配成，味道比較複雜。就說「抒情文」吧，大體都是記事與抒情並重，就是一邊記事，一邊抒情，有時還兼以寫景。郁達夫的「一個人在途上」，寫他獨生子小龍死了，他感到悲傷。全篇文字就寫他這種喪子的悲痛，要寫這種喪子的悲痛，當然要詳細記述他的龍兒生前種種可愛的往事，以及病死前後的種種往事。又如有人寫戀愛的歡樂，當然要將他兩人談戀愛時種種快樂甜蜜的事情連帶刻畫了出來。又如王安石寫「遊褒禪山記」，應該是寫景的遊記，但作者除了寫景外，還藉一部分文字發表他做人做事的感想，說：「世之奇偉瑰怪非常之觀，常在於險遠，而人之所罕至焉，故非有志者，不能至也。……力足以至焉而不至，於人為可譏，而在己為有悔。盡吾志也，而不能至者，可以無悔矣。」又如歐陽修的「秋聲賦」是描寫秋天的種種景象，但他結尾的一段，却說人常「思其力之所不及，憂其智之所不能，宜其渥然丹者為槁木，黟然黑者為星星。奈何以非金石之質，欲與草木而爭榮！」兼以發抒他對人生的一些雜感，則牽涉到說理的範圍了。

因此，一篇文章的內容，很少只是一色的；雖然有純金、純銀，但也有許多是合金。其中某種成分多些，我們就說它是某種文體；說理多一些，我們就說它是議論文；抒情多一些，就說是抒情文；偏於記述一個人的事蹟，我們就說它是「傳記」；以描寫自然景物或人文情況為主的，就稱它做「遊記」。正如林語堂在「論小品文筆調」時所說：

「小品文之範圍，已放大許多。……所謂『宇宙之大，蒼蠅之微』，無不可入我範圍矣。此種小品文，可以說理，可以抒情，可以描繪人物，可以評論時事，凡方寸中一種心境，一點佳意，一股牢騷，一把幽情，皆可聽由筆端流露出來，是之謂『現代散文』之技巧。」我們寫作散文，要注意題材的選擇，同時還要訓練自己寫作各種文體的能力。如果你寫人敍事，摹景詠物，抒情說理，不能寫得工巧佳妙，恰到好處，那你就不能夠成爲「散文的名家」了。

第二節 「美」是現代散文的一個要件

許多作家認爲「美」是現代散文的第一要件。民國十二年十月，朱自清作了一篇「槳聲燈影裏的秦淮河」，記敍他和俞平伯夜泛秦淮河的事。他在這篇文章裏，無論記人記事，寫景寫物，抒情論理，都是用非常美麗的文辭來寫的。描寫他泛舟秦淮河上時，所見到種種事物，大小船隻、橋樑、人家、秦淮河的夜景與燈影，所聽見的妓樓畫舫送來的笛韻歌聲，以及他的種種感受，心裏所生種種情思與議論，無不用非常美麗的文字來描寫、敍述、發揮。你讀過這篇文章，你就會同意我所說的。周作人稱美它是「白話美術文的模範」，這也就是現代散文作家心目中所追求的文學性散文的範式。

梁劉勰早在「文心雕龍、情采篇」中說過：「鉛黛所以飾容，而盼倩生於淑姿；文采所以飾言，而辯麗本乎性情。」我很贊同劉勰的說法；蓋愛美、欣賞美都是出於人的天性；所以美麗的女人會教青年留步，脫帽致意；漂亮的男人會教少女傾心，唱歌示情；文采清麗的文章，也會教人沉迷心醉。所以我認爲不只是寫景、抒情要講究文采，卽使作論說文，也要顯揚才華，除了要詞飾辯巧，細密如髮，還要語妙藻新，彩爛似花；西方散文家作論說文也多講究文字的美。

周作人「美文」說：

「外國文學裏有一種所謂『論文』，大約可以分作兩類：一是學術性的。二是藝術性的，又稱作『美文』。這裏邊又可以分出敍事與抒情，但也很多兩者夾雜的。這種美文似乎在英語國民裏最爲發達。如中國所熟知愛迭生、蘭姆、歐文、霍桑諸人都做有很好的美文；近時高爾斯威西、吉欣、契斯透頓也是美文的好手。讀好的論文，如讀散文詩，因爲他實在是詩與散文中間的橋。中國古文裏的『序』、『記』與『說』等，也可以說是美文的一類。」

我國二三十年代的作家喜歡明朝公安派的小品文，一方面固是由於袁宏道兄弟作文，大都獨抒性靈，是抒個人的情志，而不是載聖人之道的。周作人在「雜拌儿跋」中說：「公安派能夠無視古文的正統，以抒情的態度作一切的文章。」古文的正統，也就是韓愈所倡「文以貫道」，周敦頤所倡「文以載道」的思潮。另一方面也是由於公安派的文章清新流麗，十分吸引人。當然我們還要認淸文學是進化的，要表現的是時代的特性，個人的風格。袁宏道「雪濤閣集序」：

「有宋歐蘇輩出，大變晚（唐風）習，於物無所不收，於法無所不有，於情無所不暢，於境無所不取，滔滔莽莽，有若江湖。」

作詩如是，作散文也何嘗不如是。有內容兼有文采，自然可以百讀不厭，膾炙人口了。

第三節　寫作散文需具備三種能力

要想做一個散文作家也很不容易。一篇散文，短的一兩百字，長的不過幾千字；但要寫得篇篇精采動人，首先必須要有話說，也就是說要有「材料」，可以供你裝點成篇。據我所知，材料的來源有三：

一由生活來的，寫我的所見所聞，所思所感。有人說寫作散文並不太困難，只要能够把我們所見所聞，所思所感，據實直書，像行雲流水，自然舒卷，就可湊成一篇有內容的好文章了。

一由知識來的，寫我的讀書心得，工作經驗。多讀點書，肚子裏裝滿了墨水，還怕擠不出又清甜又香美的奶水嗎？積學儲寶，有助才思。古人說：「讀書破萬卷，下筆如有神。」

一由想像來的，寫我的冥想潛思，幻設虛構。劉勰說：「寂然凝慮，思接千載；悄焉動容，視通萬里（註一）。」這是說想像對於寫作的重要。我曾經聽過一個朋友說，他寫作並不費勁，只要坐在斗室裏，呑雲吐霧，飲酒品茗，花花腦筋，日夢夜思，添枝添葉，胡說八道，自然就能够寫出像「桃花源記」、像「洛神賦」那樣的作品來。

一個作家要想運用上述的這三種材料，就必須具有發掘、鎔鑄、化合材料的能力。否則，就是材料滿前，堆積如山高，停滀像河長，仍然看做一山的石頭，一河的流水罷；這就像上古人類一樣的，而不懂從寶山中發掘出礦物，熔冶成寶貴的各種金屬；也不懂鑽探地下的地熱與油氣，加以利用，抽煉出有用的瓦斯與石油；更不懂將黏土沙石和石灰岩，燒製成陶瓷、玻璃和水泥。所以我認爲要想成爲一個作家必須具備敏銳的觀察力，縝密的組織力，和豐富的想像力。有了這三種能力，你大概就可以從各方面發現材料，運用材料，寫成各種散文了。

一、敏銳的觀察力：就說描寫風景的遊記嗎？農夫整天生活在美麗如畫的鄉村田野裏，來往茅舍綠疇，親炙輕風流水，迎朝陽，踏夕照，沐烟雨，荷素月；可是他們並不能寫出像朱自清的「春」，許地山的「春的林野」，易家鉞的「可愛的詩境」，朱自清的「荷塘月色」，蕭白的「夜晚的雨聲」那樣美的文章。許多人到高山，看日出，又有幾人寫出了「泰山日出」和「阿里山的奇彩」呢？許多人到過紐約、東京、香港、新加坡，又有幾人畫出了這些城市留在他們印象中的畫景呢？我們生活在這個繁華熱鬧的臺北，衆生芸芸的社會裏，又有幾個人能夠寫出了這個社會的傳眞。爲什麼我們不能用筆寫出我們的所見所聞？爲什麼作家們能夠寫出他們的所見所聞？爲什麼他能？我不能？此無他，因爲作家的觀察力特別敏銳，所以能夠在他所見所聞，經歷體驗之中，一下子就把握住人事景物的特點，而把它描寫出來。就像朱自清的「春」，完全把握了春天景象的特點，寫出了春天和其他季節的不同的地方。如：

「一切都像剛睡醒的樣子，欣欣然張開了眼，山朗潤起來了，水長起來了，太陽的臉紅起來了，小草偷偷地從土裏鑽出來，嫩嫩的，綠綠的。……桃樹、杏樹、梨樹，你不讓我，我不讓你，都開滿了花趕趟兒，紅的像火，粉的像霞，白的像雪……。『吹面不寒楊柳風』，不錯的，像母親的手撫摸着你。……鳥兒將窠兒安在繁花嫩葉當中，……唱出宛轉的曲子，與輕風流水應和着。……雨是最尋常的，一下就是三兩天，看，像牛毛，像花針，像細絲，密密地斜織着，人家屋頂上全籠着一層薄烟……。」

他描寫「山、水、太陽、小草、樹、風、雨、鳥兒」，無不把握春景的特色，和夏天、秋天、冬天中的山、水、太陽、小草、樹、風、雨、鳥兒，有所不同。由此，也可見他的觀察力的敏銳，能一眼看出春天的特點，寫出了春景的特點；讀者讀了，也就感受到春之美了。所以要想當一個作家，首先要培育自己的觀察力，用心去注意、去體會周圍的人事景物的特點；注意體會久了，慢慢就會具有敏銳的觀察力。這樣就會具有像李白那種「陽春召我以烟景，大塊假我以文章」的感受，自然就能運用適當的文字將它表現了出來。

二、縝密的組織力：許多文章是靠讀書札記的材料，是靠實驗室中研究結果的材料寫成。用這種材料寫成的文章與著作最多，我們看看陳列書架上的書籍，就可以知道它數量之多。我自己平日寫文章，有一些作品也都是根據平日讀書所得蓄積胸中的資料寫成的。據我所知，有一些專欄作家大都有蒐集資料的習慣，剪下可用的時事，抄掇可用的舊籍，儲藏起來，作爲發揮議論部分的例證或內容。凡是寫雜文，寫方塊，寫專欄，寫社論的朋友大概都有這種經驗。利用閱讀筆記的方式去蒐集資料，也是我們寫作散文常用的一種方法，要內容充實，就要材料豐富，要材料豐富，就要勤於閱讀、做筆記。資料蒐集得不少，若無整理組織的能力，這些資料仍然是亂七八糟的，東一條，西一條，自己看來都已經眼花撩亂，又如何能夠運用這些資料，寫成一篇有次序、有系統、理緒清楚的文章？這有待作家縝密的組織力。大體上，蒐集許多專題的資料，這些專題資料，要是一條條分開來看，沒有什麼道理，要是能夠把它分段編排起來，必然琳瑯滿目，就很有意思了。如何能夠將許多同類的資料巧妙的聯輯，加意的安排，然後用自己的語言把它撰寫出來，成爲一篇蘊含有新意義、新生命的作品；這就是縝密的組織能力了。現在就抄掇我在「諢語與笑話」中的一兩段文字，如下：

「爲什麼大家都不愛聽正經古板的莊論，多愛聽滑稽幽默的諢話？諢話妙在說得冷雋有趣，所以意味無窮；這就跟嚼清橄欖一樣，越嚼越覺得滿口生津，香甜留頰，很有些妙緒，值得囘味。這種富有深味的諢話妙語，多見於我國的戲曲彈詞小說筆記中。最近讀『獅吼記』，中有一節寫怕老婆的陳季常偷看悍妻柳氏梳粧後，他發表一段觀感說：

『我看娘子鏡子中的影兒，好像——』

『像哪一個？』

『好像對門張家的媳婦。』

『吓！你原來看上了什麼張家媳婦，竟自來比我麼？』不必說了，柳氏氣得把菱花鏡都摔碎了，恨猶未消。恕不得，要將這個『郎』拴在閨房裏，變成了一隻羊。這裏四句對話，吐露出兩人不同的心理，自然有深意。

過去的文人也喜歡說笑話。那些笑話當然也是很有趣味的，漢代滑稽名家東方朔，就是一個富機智會說話的人。有一天，漢武帝說：『根據相書：人中一寸，壽長一百。』東方朔聽了，就在朝廷上哈哈大笑了起來。有人要辦他不敬皇帝的罪。東方朔說：『我不敢笑陛下，我是笑彭祖的臉好長。傳說彭祖活到八百歲，果然像陛下說的，那麼彭祖的人中要長達八寸囉！臉要長一丈多呢！』像這樣嘻笑詼諧的話，妙在近『俗』，俗中却現出『雅』來，而且很顯明含有教訓，使人自己覺悟。這眞是最妙的滑稽者的笑話了。『我本無心說笑話，誰知笑話自己逼人來』。好笑話的好處在自然有趣。」

在這兩段文章裏的「引例」，都是根據我平日讀書所抄掇下來的材料來的：陳季常和柳氏的對話，取意於明朝傳奇家汪廷訥所作「獅吼記」第九齣「奇妬」（註二），變羊取意於第十七齣「變羊」（註三）。東方朔說彭祖的臉長一丈，取自浮白齋主人的「雅謔」中的故事。

我們運用一些讀書資料寫成散文，是很自由的，只要你運用、組織的得當，也可以寫成很好的作品。

三、豐富的想像力：每一個作家都必須具有豐富的想像力，才能創作完美動人的作品。因爲我們寫作，不可能全寫我自己看過聽過經歷過的；有許多過去的事情，我們要把它刻畫出來，不靠想像又怎能描述出來？像杜牧作「阿房宮賦」寫秦始皇時代的宮殿的情況，當然是靠想像出來的材料寫的；又如蘇軾的「赤壁賦」寫當曹操「破荆州，下江陵，順流而東」的叱咤風雲的情況，說：「舳艫千里，旌旗蔽空，釃酒臨江，橫槊賦詩，固一世之雄也。」這當然也是靠想像寫出來的文字。現在許多揣測未來世界的科幻作品，當然也是靠想像來構想的。卽使是現代當地的人物事情，也未必一一是你所親眼看過、親耳聽過的。你要寫它，仍然要靠想像來構思的。有人說「紅樓夢」是曹雪芹所作，是他回憶過去家庭在江寧秦淮時代那種繁華殘夢的作品。胡適先生認爲「紅樓夢」是曹雪芹自傳式的小說，寫自己的家世，自己半生所親見親聞的事情。就說此說正確，但「紅樓夢」所寫的人物多達四百四十八人，每一個人物的遭遇，也許可以知道，但他們生活的細節，心理的狀態，又如何曉得？譬如第九十七回、九十八回林黛玉當她在瀟湘館裏聽說賈寶玉和薛寶釵結婚之事，咳嗽出血，焚燒詩帕與詩稿，了斷癡情，哀痛至極，終於「魂歸離恨天」的心情與狀況，當然有一部分是靠他深入地去體會其情其事之後，想像構想而成的。寫小說如是，寫散文亦如是。

有時你只有很簡單的一個意念，如能運用豐富的想像，也常常可以鋪張成一篇完整的文章。像我們小時候讀過選自「儒林外史」的「王冕的少年時代」，作者只是依據「明史」「王冕傳」的一些史料，形成一個簡單的構想：王冕小時候家裏窮困，替人看牛；在看牛時候，看到雨後的荷花美，引發他學畫的心理，終於成了一個畫沒骨花卉的名家。若把它再濃縮，可以「幼貧、牧牛、學畫、成家」八個字來概括，也可以說吳敬梓就是根據這八個字，再運用他的想像力，來構想他們的對話、動作與心理狀態，寫成一篇非常生動的短篇小說，也是一篇用散文寫成的文學傳記。

有時我們觀賞些景物，經歷些事情，要將自己心中的印象與感受，用文字表現了出來，也常常要憑藉想像來聯想，用譬喻、比擬的修辭方法來表現，而使你的文字寫得更正確，更精采。譬如朱自清描寫梅雨潭的「綠」說：

「梅雨潭閃閃的綠色招引着我們，……那醉人的綠呀！彷佛一張極大的荷葉鋪着，滿是奇異的綠呀。……這平鋪着、厚積的綠，她鬆鬆的縐纈着，像少婦拖着的裙幅；她輕輕的擺弄着，像跳動的初戀的處女的心；她滑滑的明亮着，有鷄蛋青那樣軟，那樣嫩，令人想着所曾觸過的最嫩的皮膚。她又雜些兒塵滓，宛如一塊溫潤的碧玉，只清清的一色——但你却看不透她……大約潭是很深的，故能蘊蓄着這樣奇異的綠；彷彿蔚藍的天融了一塊在裏面似的，纔這般的鮮潤呀。——那醉人的綠呀！」

由一潭水色的綠，想到「一張極大的荷葉」；由水紋的縐，想到「少婦拖着的裙幅」；由水波的生動，想到「跳動的初戀的處女的心」；由水光的明亮，想到「鷄蛋青那樣軟，那樣嫩」，想到「所曾觸過的最嫩的皮膚」；由水中還沈澱些塵滓，想到「不能看透的碧玉」；由奇異的綠色的潭水，想到「將蔚藍的天融了一塊（沈在這潭）裏面似的」。這種種聯想，當然都是由朱自清豐富想像力所構思出來的，因而豐富了文章的內容。

生活經驗，人人都有，但不是人人都能將他的生活經驗寫了出來。我們要想將生活與知識經驗所得的種種資料表現出來，實在需要培養及提高自己的想像力。有豐富的想像力，自然能夠寫出內容充實、文字佳妙的散文。

附註

註一：見劉勰的「文心雕龍、神思篇」。

註二：生：「你這影兒，好似對門張員外家媳婦。」旦怒介「你看上甚麼張家媳婦，却將我來比她。」（摔鏡介）

註三：旦指羊云：「我怕丈夫胡行，日用長繩繫其足，欲見便扯繩兒。方纔扯繩，只見繫的是羊，不知丈夫何處去向。」（淨扮巫師）用手扶羊細看大駭云：「這是陳門祖先，怪你積惡，故罰郎君變羊。」——其實是巫師牽了一隻羊，解了陳季常的繩索，改繫羊脚上，來騙柳氏的。

第三章　散文創作技巧論

散文的分類，古人多以「體制」做標準。分類比較繁細；今人多以「作法」做標準，分類比較簡單。文體有新陳代謝的現象，每一個時代有新興的文體，也有死亡的文體，像制誥奏疏，已成「昨日黃花」，所以文體種類必須根據時代來劃分。散文從寫法來分，有兩類：一是文章性的，只注重實用，不注重文采的。一是文學性的，除了實用之外，還要講究文采與美感；只講文采美感，而不重實用的，也屬於這一類。從體制來看，現代散文有小品、隨筆、雜文、歷史、傳記、序跋、論說、遊記、日記、書信、雜記、碑誌、抒情、報導、公文等等文體。但由內容偏重情形來說，可以分做記人、敍事、寫景、詠物、抒情、論理、應用等類。現在就內容所偏，探討寫作時應該注意的方法與技巧。

第一節　傳記文學

傳記，是記載一個人一生或片段的事蹟。這類的文字，在我國的典籍中，藏量非常豐富。唐朝歷史學家劉知幾說：「傳」，含有流傳、轉播二義（註一）。所以從歷史的觀點來寫傳記，都是選擇一代著名的人物最精采的事蹟，加以記載，使他能夠流傳後代，轉播無窮。一般文人替人作傳記，就不大注意到「傳」字的本義，只要作者覺得值得一寫的人物都可以入傳。

傳記，我們最常寫的有傳略、軼事、歷史性、文學性四種。其他像評傳、年譜、壽序、墓誌、譜記、學案，也都是傳記，只是一般人不常寫到，這裏也就不加論述。現在將寫作「傳略」等四種方法，論述如下：

一、傳略和軼事，都是傳記最基本的形式，許多傳記類的作品常常會包容這兩種成份在內。

㈠傳略：記述一個人一生中「最重要」的一些事蹟，像姓名、字號、籍貫、生卒年、家世、志趣、學經歷、專長與成就等等；偶然也可以涉及其他兩三項，如配偶、子女、才能、道德、言語、行爲、容貌、服飾、個性、思想、情感、學說、人生觀、老師、朋友、境況、遭遇等；目的在使人對這個人各方面有個大略的認識罷了。寫作傳略，要特別注意到文字的簡潔，記述範圍要配合內容的需要。傳略可以單獨存在，像編教科書，編選集，寫作者簡介，所採用的文體，就是「傳略」。

我們寫其他傳記，寫小說，介紹人物也常常採用傳略體。我作傳記文學「宋敎仁傳」，當重要的革命先烈在書中第一次出現時，我就常常採用這種文體去介紹他們的事蹟。譬如我描述光緒二十九年（一九〇三）五月，黃興經過武昌，在兩湖書院演講，鼓吹革命時，就說：

「黃興，原名軫，字廑午，後改名興，別號克強，湖南善化縣人，早年暗中參加唐才常的『自立軍』運動，未被發覺；前兩年（一九〇一），他去日本留學，在東京弘文學院學習師範敎育。這時，他路過武昌，當地敎育界的人士請他在兩湖書院演講。」

由「黃興」至「學習師範教育」，就是用「傳略體」簡單介紹了黃興的事蹟，使讀者對這位革命人物，先有個簡括的認識。以描寫人物出名的小說「水滸傳」，當一個重要的人物出場時，也常用「傳略」作個簡介。如第一回寫道：

「宋哲宗皇帝在時，東京開封府汴梁宣武軍，便有一個浮浪破落戶子弟，姓高，排行第二，自小不成家業，只好刺槍使棒，最是踢得好脚氣毬，京師人口順，不叫高二，却都叫他做『高毬』。後來發跡，便將氣『毬』那字去了『毛』旁，添作立『人』，改作姓高名俅。這人吹彈歌舞，刺槍使棒，相撲頑耍，亦胡亂學詩書詞賦；若論仁義禮智，信行忠良，却是不會，只在東京城裏城外幫閒。」

這段簡單的文字，先介紹高俅的姓名、籍貫、家世、情性、專長與職業等等事略，然後才繼續詳細地敍述高俅發跡的事。不過小說中對人物的簡介，寫法極爲靈活，變化極多，有直述介紹的，也有由對話當中透露了出來的。如「水滸傳」第十四回，寫晁蓋與公孫龍見面時的情況：

「晁蓋道：『不敢拜問先生高姓？貴鄉何處？』那先生答道：『貧道覆姓「公孫」，單諱一個「勝」字，道號「一淸先生」。貧道是薊州人氏，自幼鄉中好習槍棒，學成武藝多般，人但呼爲「公孫勝大郎」；爲因學得一家道術，善能呼風喚雨，駕霧騰雲，江湖上都稱貧道做「入雲龍」……。』」

公孫勝對晁蓋介紹自己的一段話，也就是「傳略」的形式。

㈡軼事：根據劉知幾的說法，就是前代歷史書所遺漏，後人蒐求其他的資料，添加補記的一種文字。軼事，專記人的一兩句話、一些小事，來表現這個人的性格，或生活，或情感，或思想或爲人。像劉義慶的「世說新語」，就是記述兩漢至東晉的人物軼聞逸事的作品，共收有一千一百三十一條，短的數言片語，長的也不過七八行，就能將當時人物的言行風貌，情感思想，很動人地描寫了出來；由它分有德行、言語、政事、文學、方正、雅量、任誕、儉嗇……仇隙等三十六門，可見他所刻畫的方面極多。如「言語篇」寫道：

「王子敬云：『從山陰道上行，山川自相映發，使人應接不暇；若秋冬之際，尤難爲懷。』」

簡簡單單的一兩句，表現了王子敬吐屬的風雅。

我過去搜集了一些材料，爲「中央月刊」，試着用「軼事體」寫了中外古今人十數則趣事。如：

「齊白石在日本無條件投降時畫了一幅畫，把敵人比做橫行的螃蟹，並且在畫上題了一首短詩，說：『處處草泥鄉，行到何處好？去年見君多，今年見君少。』」

齊白石的詩歌、篆刻、書法、繪畫都非常有名；這裏都不寫它，只記他畫畫題詩一事，譏誚日本人橫行，來表現他憎恨日本人侵略我國的心理。

由此，可知寫作軼事取材的重點：傳記能够寫到的一般事項，如鄉籍、學經歷、成就等等，寫軼事都可以不必寫，而且不必廣泛地去注意一個人種種方面的事蹟；只在於如何去把握住一個人的某一兩句話，某一些小事，加以描寫。

軼事，可以獨立存在，像「世說新語」中所收錄的。又因爲軼事只寫人的小事，能够使人的妙語奇行，語氣神貌，躍然紙上，所以歷史家、文學家也都喜歡將一個人的一些軼事遺聞，寫進了傳記裏去。司馬遷作「史記」列傳，早就採用了這一種寫作方法，像記吳起母喪不歸，殺妻求將，來表現吳起的爲人，寡恩少義，只知謀求功利；記信陵君親自替侯嬴執轡駕車，表現了他禮賢下士的情形。唐朝人撰寫「晉書」的列傳，多採錄「世說新語」的記載，細讀阮籍、劉伶、石崇、周處等人的列傳，就可知道。現代作家寫作傳記，也常常在傳記裏記人的一些小事。如梁實秋先生記梁啓超在清華學校演講的情形，說：

「我記得清清楚楚，在一個風和日麗的下午，高等科樓上大教室裏，坐滿了聽衆，隨後走進了一位短小精悍禿頭頂寬下巴的人物，穿着肥大的長袍，步履穩健，風神瀟灑，左右顧盼，光芒四射，這就是梁任公先生。

他走上講臺，打開他的講稿，眼光向下面一掃，然後是他的極簡短的開場白，一共只有兩句，頭一句是：『啓超沒有什麼學問──』眼睛向上一翻，輕輕點一下頭：『可是也有一點嘍！』這樣謙遜同時又這樣自負的話是很難得聽到的。他的廣東官話是很够標準的，距離國語甚遠，但是他的聲音沈著而有力，有時又是宏亮而激亢，所以我們還是能聽懂他的每一個字。我們甚至想如果他說標準國語，其效果可能反要差一些。

我記得他開頭講一首古詩『箜篌引』：

公無渡河。

公竟渡河！

渡河而死；

其奈公何！

這四句十六字，經他一朗誦，再經他一解釋，活畫出一齣悲劇。其中有起承轉合，有情節，有背景，有人物，有情感。我在聽先生這篇講演後約二十餘年，偶然獲得機緣在茅津渡候船渡河，但見黃沙瀰漫，黃流滾滾，景象蒼茫，不禁哀從衷來，頓時憶起先生講的這首古詩。先生博聞彊記，在筆寫的講稿之外，隨時引證許多作品，大部份他都能背誦得出。有時候，他背誦到酣暢處，忽然記不起下文，他便用手指敲打他的禿頭，敲幾下之後，記憶力便又暢通，成本大套的背誦下去了。他敲頭的時候，我們屏息以待。他記起來的時候，我們也跟着他歡喜。

先生的講演，到緊張處，便成為表演。他真是手之舞之足之蹈之，有時掩面，有時頓足，有時狂笑，有時太息。聽他講到他最喜愛的『桃花扇』，講到『高皇帝，在九天，不管……』那一段，他悲從衷來，竟痛哭流涕而不能自已。他掏出手巾拭淚，聽講的人不知有幾多也淚下沾巾了！又聽他講杜氏，講到『劍外忽傳收薊北，初聞涕淚滿衣裳……』先生又眞是於涕泗交流之中張口大笑了。」

梁先生的這幾段文字，所把握的題材，所描述的情況，就是關於梁任公在淸華學校演講學術文章時一些軼事，寫出了他的形貌風神，自負自信，聲音語氣，博聞彊記，演講精采，又情感豐富，善於表演，忽悲忽喜，非常動人，給讀者留下極深刻的形象。

軼事與傳記的關係，是非常密切的，有意寫作的朋友，這一點要特別注意。傳略與軼事，都是傳記的基本成分，要寫好傳記，先要訓練自己寫好傳略與軼事。

二、歷史性傳記與文學性傳記：把一個人的事情記得詳細，就成了傳記。傳記短的上千字，長的數十萬言。寫作傳記，有的站在歷史家的立場來寫，有的站在文學家的立場來寫；由於觀點不同，歷史家與文學家寫作傳記的時候，應該特別注意下列三點：

㈠對象不同：歷史家站在歷史的立場，認爲傳記要寫的人物，應該是在歷史上値得一傳的人物，記他的善，可以垂範後代；記他的惡，可以警誡世人。可以說是從時代或社會著眼，所寫的人物都是某一個時代，某一方面的代表性人物。像司馬遷作「史記」的列傳，寫古代高士學者的典範，如伯夷、叔齊；春秋戰國時代政治家代表，如管仲、晏嬰、商鞅、范睢；重要的學者和思想家，如孔子、老子、莊子、申不害、韓非、孟軻、荀卿；各國的名將，如田單、樂毅、廉頗……；這些人物在歷史上無不具有相當的分量。文學家筆下的傳記，當然也可以寫這一類偉大著名的人物，但他也可以選擇那些默默無聞的小人物，我們日常接觸到的普通人物來寫的；他可以依藉個人的喜惡而作，不問這個人的事蹟，有沒有可傳的價值。韓愈作「圬者王承福傳」，柳宗元作「種樹郭橐駝傳」就是這一類的傳記。

㈡寫法不同：一般說來，歷史家作傳記，文字都比較簡潔，記事都比較扼要，這是受歷史寫作要簡要的原則的限制。劉知幾說：「國史之美者，以敍事爲工；而敍事之工者，以簡要爲主。（註二）」歷史不像文學，可以將一件事情，鋪演描繪，至數千上萬字；若是每一件事都寫了數千上萬字，那麼寫人一生的各種事蹟，勢必要達到數十萬言；讀者若要瞭解一代人物的事蹟，也必須窮其一生時光了，而且文字細膩，情節繁瑣，自然無法給人扼要的歷史知識。歷史家作史傳都注重文字的簡潔扼要。文學家作傳記，文學的意味比較濃厚，寫人寫事，常就簡單的史料，運用豐富的想像，加以鋪敍繁衍，或搜集豐富的史料，作比較細膩的描述，務期寫得生動感人。在寫作方法上，一個簡要，一個繁富，是歷史家與文學家敍事不同的地方。

㈢目標不同：歷史性跟文學性的傳記一樣，都是要依據史料來撰寫的；但這兩者寫作的目標却不大相同。歷史性傳記完全要依據所蒐集的史料，撰寫所知道的史蹟，態度要客觀，行文愈忠於史料，愈能符合事實；蓋歷史家追求的是希望能寫出當日的實情，事蹟的眞相；這樣才能給人可信的歷史知識，作品價值也就愈高了。寫歷史傳記，要做到每一行的文字都得有根據，盡可能忠實地保存事象的原來面目；這就是歷史家所追求的目標。文學性傳記，雖然也是拿史料作寫傳記的根據，但它不只是給人歷史知識，還要能够敲動人的心絃。作者所追求的，是訴於人類心靈意識上的眞實感；因此必須運用辭藻，描繪鋪敍，務要寫得合情合理，細膩生動，這樣才能使人感覺它是眞實的。材料少的，作者有時還可以摻一些想像，就簡單的材料，來想像它的細節與情況，有的地方還可以略加變動、增添；當然材料多的，則只要善加運用、安排寫入傳記裏；務要將這個人的事蹟，活生生的表現出來，使人覺得眞實感動，衡度情理，應該如是，這就是成功的文學性傳記。

無論作歷史性傳記或文學性傳記，作法仍有它們相通的地方。現在論述如下：

㈠體裁：我們如何將蒐集來的許多雜亂的材料，整理出秩序，再組織連貫，寫成生動的傳記？使讀者讀了，而對傳中人物有深入的認識呢？這有賴於作者選擇適當的記事方法。傳記的記事的方法，大概有下列四種：

1.編年的體裁：這是以年月爲中心，敍述一個人一生的大小事蹟，完全按照事情發生的前後，按年逐月編寫了下去。這種體裁，適合於撰寫作家、畫家、音樂家、學者、建築家，……，因爲他們的成就，大致是由一點一滴的慢慢累積了起來。譬如李白所以成爲李白，是由一千零四首詩構成的；杜甫所以成爲杜甫，是由一千四百五十多首詩構成的；這一千多首詩，自然不是一朝一夕寫成的，是他們累年累月努力的成果；採用「編年體」來寫他們的傳記，可以看出他們的作品與時代的關聯性，他們努力創作的過程。又如「畢卡索藝術的秘密」一書（註三），介紹現在聞名世界的畫家畢卡索的一生，就是採用「編年體」的記事方式，來介紹他繪畫的生涯：他什麼時候開始學畫；什麼時候舉行美展；什麼時候移居巴黎；某些名作在什麼年代完成；他的畫風在什麼年代開始由「古典主義」，轉變成「立體主義」，成「新古典主義」，成「超現實主義」，非常清楚明白。不過，短篇的傳記，用編年體來寫，容易形成刻板的形式，讀來比較乏味。長篇用編年體寫，就沒有這種毛病。像我撰寫「三湘漁父」——宋教仁傳，就是採用編年體來寫的，因爲每一件事都記的很詳細，當然不會有上面說的毛病了。

2. 紀事的體裁：這是以事蹟爲中心，記述一件事的開頭、經過和結束；或把他的事蹟，分成若干方面來記，每一方面拿一件事做中心，旁出側通，從頭到尾，記述這一件事的情形。蓋每一個人的成就都有所偏；也許一個人在他的一生中，只有一件事或某幾件事，值得記的，那麼我們就專記他這一件事或某幾件事的始末。譬如荊軻的一生只有謀刺秦王的一件事最爲重要，司馬遷作「荊軻傳」，就偏重記述有關荊軻謀刺秦王的種種事蹟。信陵君一生只有救趙一件事最爲重要，司馬遷作「信陵君傳」，就偏重描寫信陵君救援趙國有關的種種事蹟。又如蔡元培作「我在教育界的經驗」，是一篇自傳，專記他自己從受教育，到辦教育、改革教育的事蹟，是紀事體，也是編年體。又如春秋時子產在鄭國爲執政大夫，歷史家張蔭麟作「子產執政」一篇傳記，就採泛述的方式，將全文分做五段，記述子產如何革新鄭國內政，對輿論態度，貫徹政令，破除迷信，處理外交五方面的事情。我過去作「中國文學家故事（註四）」，可以說屬於文學性傳記，也是採用

「紀事體」：如「清平調」記述李白入京，奉唐玄宗命令，作「清平調」詞三闋的經過始末；「西湖春」描述蘇軾做杭州太守，改善水利設施，清除西湖葑草，疏濬鹽橋、茅山兩條運河的前後經過；「蕭爽樓」，描述沈復與芸娘相親相愛的經過，生死不渝的愛情：所採用的記事方法，都是「紀事體」。這種體裁的好處，可以使讀者對一個人重要事蹟的因果，經過的情形，有個連貫透徹的了解。

3.軼事的體裁：我們作傳記，也可以採用軼事體，專記一個人一些小事，不記他的大事。像司馬遷作管仲、晏嬰合傳，他自己說記述他們的一些軼事，而不記管、晏治國的大事。如「管仲傳」，記管仲和鮑叔牙相交的事，他在政治上的一些主張，像「倉廩實而知禮節，衣食足而知榮辱」之類，以及管仲爲相後，家境富有，生活奢侈的一些小事，而不詳細記述他做齊國宰相，九合諸侯，尊周室，攘夷狄，使齊桓公成爲五霸之首的這些大事。記晏嬰也只記他爲越石父贖罪，薦自己的車夫作大夫，這些瑣瑣屑屑的小事，而不記他爲齊景公相，使齊國再度稱霸天下的大方面。我寫清朝詩人袁枚的傳記（註五），也只記隨園的一些「讀詩」、「中秀才」、「離鄉」、「做翰林」、「爲知縣」、「買隨園」、「辭職回鄉」、「經營隨園」、「遊蹤萬里」、「對時人的影響」的一些軼事。由許多小事，來記述一個人的事蹟，由小見大，也是一種寫法。

4.散文的體裁：有些人終其一生，都非常平凡庸碌，沒有什麼崇高的德行，顯赫的功業，不朽的名言，值得我們記述的。就是有一些瑣瑣屑屑的小事，也不見得值得動筆一寫的。但是像這種平凡的人物，但在他們的悲歡離合，生老病死的人生際遇中，從發揚人性美的方面來看，也許在某一剎那間，有一兩樁非常感人的言語與行爲產生，表現着完美的人格，足以爲人典範。那麼我們也可以把握住這些言語與行爲，這些完美的人性，把它表現了出來。像朱自清的「背影」，袁昌英的「樸朗吟教授」，就是這一類散文家筆下所常寫的一種作品。他們所把握的所描寫的，都只是一個人在一剎那間，一片段的感人事蹟。「背影」，作者寫在車站和父親離別時，他的父親處處照顧他，替他去買橘子，爬上月臺，那一種吃力的背影；在這一舉動中，表現出父愛的偉大。「樸朗吟教授」，作者寫她的老師樸朗吟教授，第三個兒子又爲國家犧牲了，但是還能斂神忍痛，照常上課；在這一件事上，表現出樸朗吟是一位盡責任、忠職守的教師。這類表現父親、教師的作品，我認爲也是文學性傳記的一種變體。偉大的父親的愛，完美的教師的人格，可以激發洗鍊人類的天性，使趨於更完美。

㈡批評：寫作傳記的目的，除了使傳中的人物事蹟流傳之外，也在於作楷模，作警誡，所以寫作傳記也常常在記事之外，加上作者一些批評的話，使人在了解這人的事蹟之後，又了解他的事業的功過，學說的是非，行事的得失，作品的好壞，種種價值，以及他行事特別的地方。寫作評價的文字，有的寫在傳記的開端，先作一番介紹；有的寫在傳記的中間，夾敍夾議，一邊記人事蹟，一邊即加小評，處處加以指點；有的寫在傳記的結尾，從各方面給予總結的批評。批評的文字，要生動靈活，簡潔精要，確當得體，能夠表現出作者的看法，才能吸引讀者；這才是好的批評文字。如林語堂譯溫源亭原著的「胡適」的結尾，說：

「適之所以不能成爲詩人，就是這個緣故。在他呵呵的笑聲中，及他坦白的眼光中，我們看不見他的魂靈深處。他不像志摩，不會有沈痛的悲哀，與熱狂的情緒。在那眼光中，我們看出理智的光輝，那兀突不定的嘴唇，也老是閃過機智者會心的微笑，這樣是不合做詩的。所以他的散文，也是淸順明暢，像一泓秋水一般，晶澈可愛，却很少波瀾曲折，闡理則有餘，抒情則不足。人還是規矩人，所以文也老實。……因此，他的思想，也是近於厚重穩健，非近於犀利急進。他的觀點是演化的，非革命的。在此種地方，最可看出他盎格羅撒遜的素養，……是這一派思想的好代表。」

他分析胡適之先生不能成爲詩人，散文寫的淸順明暢，善闡理，思想穩健的原因，就是一段很好的批評文字。批評也是寫作傳記不可缺少的部分，因爲它是引導讀者對傳中人物有個正確認識。寫作傳記也應該用心撰寫評價部分的文字，古代史傳常有「論、贊」的部分，就是這個意思。

第二節　敍事散文

敍事散文，就是以描述事情爲主的散文，範圍非常廣，我們寫日記，寫信，寫遊記，寫歷史、傳記，寫故事、小說，寫抒情文，無不關涉到人間的事情，而寫這些文章沒有不要不記事的；甚至撰寫論說文，有時也有記事的成分。

人生世上，雖不過短短的百年，然而所目睹耳聞，所身經心想的各種事情，就是窮畢生的精力却也寫它不完。我們如何從人類的生活中選擇一些值得敍述的事情，撰寫成引人入勝的散文？我的好友邱燮友兄在「散文結構」中，論「敍事散文」的題材來源，認爲大抵不出寫實與想像兩類。他說：

「寫實的題材，大抵來自廣大錯綜的人生面；所記的事，大的有戰爭、災害、運動、集會、建設、變動……等事；小的有日常生活中所見所聞的事……，以及一些有趣的、傳奇的、難忘的事情，都可入篇。想像的題材，記述心靈上所感、所思的事，運用想像力創造出許多美好動人的事情，不論是一段玄想、一場夢境、一種思想、一則寓言，都可採擇爲敍事散文的寫作題材。」

他的觀點是很確當的。但有了題材，如何去表現它？如何去敍述、描繪它？我認爲這跟所採用的體裁有關聯，敍述的方法也就不同了。看古往今來人所寫的敍事文，主要有筆記體、編年體、紀事體三種：

一、**筆記體**：過去的文人採用這種體裁記事的很多，隨筆記述，不拘體例，寫來十分自由，文字十分簡短，形成極短極小篇，每一篇大抵記一件事，也有記兩三件事的。寓言、故事、笑話、筆記、漫鈔、日記、雜錄、紀略、隨筆之類的作品都是。現在舉一些實例作爲說明：

「有一個好忘的齊國人，走起路來就忘了停止，躺下去就忘了起來。他的太太很着急，教他去找醫生治療。好忘的人說：『好吧！』他就騎上馬帶着自衞的弓箭出門去。走了二十多里路，他覺着要解手，就從馬上下來，把箭揷在地上，把馬拴在樹上。他解完了手，向左邊一看，看見地上揷着幾隻箭，嚇了一跳說：『唉呀！哪裏來的流箭，幾乎射到我身上！』向右邊一看，看見樹上拴着一匹馬，高興地說：『雖然受了虛驚，可是揀到了一匹沒主的馬。』他拉着馬轡頭，正要往回走，忽然踏着了自己的大便，跺着脚，說：『晒了狗糞，弄髒了鞋子，眞可惜！』打着馬就往回走。一會兒回到他自己住的地方。在他的門外邊猶豫着走來走去，自言自語地說：『這是誰住的地方？是不是醫生家？』他的太太恰好出來，看見了他，知道他又忘了找醫生，就罵他。這個齊國人很不高興的說：『太太，咱們誰也不認識誰，您爲什麼出口傷人？』」

這是我讀過一篇「談忘掉」的雜文開頭的一段文字，是利用明朝陸灼的「艾子後語」的一個故事改寫。原作更短，只記述一個齊國人患了健忘病的事，內容雖不近情理，却寫的很有趣味，也可能是陸灼想像虛構成的。故事的內容，是很單純的，對人物，對事情，都沒有什麼描繪鋪飾，僅具情節的梗概，這跟寫小說不同。不過，編寫故事也是散文家作敍事文應該具備的一種基本的能力。

日記記事，無需像作一般記事文那樣的講究「主題」，一切日常的生活都可以記上去，還可以寫遊山玩水事，雜鈔讀書心得，摘錄詩文佳句，專記新聞趣事，也可以用來論學問，講修養，抒發情思，非常自由；這也是筆記體的一種。不過，日記和其他文章不同的地方，是在形式上，日記有它特殊的體例，就是：

第一步、寫明日期及氣候。

第二步、記述當日的事情。

現在，即舉郁達夫的「病閑日記」一則：

「一九二六年十二月在廣州，三日，晴，星期五

郭君汝炳於十時前來，贈我『西泠詞萃』四冊和他自己的詩『晚霞』一冊。和他出去到照相館。離情別緒，一時都集到了我的身上。……照相後，去西關午膳。膳後坐了小艇，上荔枝灣去，天晴雲薄，江水不波，西北望白雲山，只見一座紫金堆，橫躺在陽光裏，是江南晚秋的煙景，在這裏却將交入殘冬了。一路上聽風看水，搖出白鵝潭，橫斜又到了荔枝灣裏。到荔香園上岸，看了凋零的殘景，衰敗的亭臺，頗動着張翰秋風之念。忽而在一條小路上，遇見了留學日本時候的一位舊同學，在學校裏此番被辭退的溫君。兩三個都是不得意的閒人，從殘枝掩蓋着的小道走出荔香園來，對了西方的斜日，各作了些傷懷之感。

在西關十八埔的街上，和郭君別了，走上茶樓去，和溫君喝了半天茶。午後四五點鐘，仍到學校裏去了一趟，又找不到負責的委員們，薪金又不能領出，懊喪之至。……」

郁達夫的日記，寫得既眞實自然，文字又簡潔優美。淸李慈銘的「越縵堂日記鈔」，是過去最有名的一部日記。你若能每日寫日記，不但可以用來練習寫作散文，同時也可以把自己的生活痕跡，記錄下來，若能一生不斷寫下去，到後來也可以成了一部個人的生命史，甚至還可以像「越縵堂日記鈔」那樣的成爲「名著」。

前人有許多雜記，一小則文字，有一個主題，記一件(或一方面)事，不拘格式，隨意信筆，雜錄漫鈔。這種敍事文，在前人的筆記選中最多。現在擧明俞弁「山樵暇語」一則雜記，刪改數字，以爲例子：

「東坡令門人作『人不易物賦』，有人戲作一聯道：

『伏其几而襲其裳，豈爲孔子！

學其書而戴其帽，未是蘇公。』

蓋謂士夫近年傚東坡的高簷短帽，名爲『子瞻樣』。一日，(宋)神宗讌醴泉，觀優伶演戲。甲優說：『我的文章，你們趕不上。』乙優說：『爲什麼?』『你沒看到我頭上「子瞻」嗎?』近時，目不識丁之徒，往往傚斆，戴上東坡巾，明道巾，數十年來，幾遍海內。沈石田有『詠戲子第一絕』云：『末郞女旦假成眞，便謂忠君與孝親。脫落戲衣看本相，裏頭不是外頭人。』語雖粗淺，而有警策。」

這種隨筆雜記把它擴充起來，就成了時下流行的雜文。像夏丏尊的「談喫」，長二千三百多字，分十五個段落，專門記述有關中國人「喫」的事情，由過年喫的東西多，談到招待客人的喫飯，婚喪慶弔的大喫，年節生日的各種喫，日常的喫，死了也要喫，鬼神山川天地也要喫，食店的多，喫的範圍，喫的方法，福祿壽是生活的理想，喫最受用，在我國語言中「喫」字含義特別複雜，結語說中國民族的文化，可以說是喫的文化，可能我們都是從餓鬼道投胎來的嗎？

「雜文」的內容，當然比「筆記體」中的「雜記」、「漫鈔」、「叢錄」複雜多多，不過探討這種文體的特質，仍可看出它受「雜記」、「漫鈔」、「叢錄」之類的作品的影響；只是雜文「把握住了一個題目」，就從多方面來記述，有時候還加以短評小論，就像夏丏尊「談喫」所寫的，而不像「雜記」、「漫鈔」之類的筆記文字的內容那麼單純；現在抄錄一兩段如下，以窺其一斑：

「俗語說得好，只有『兩脚的爺娘不喫，四脚的眠牀不喫。』中國人喫的範圍之廣，眞可使他國人爲之喫驚。中國人於世界普通的食物之外，還喫着他國人所不喫的珍饈：喫西瓜的實，喫鯊魚的鰭，喫燕子的窠，喫狗，喫烏龜，喫蛇，喫狸猫，喫癩蝦蟆，喫癩頭黿，喫小老鼠。有的或竟至喫到小孩的胞衣，以及直接從人身上取得的東西。如果能够，怕連天上的月亮也要挖下來嘗嘗哩。

至於喫的方法，更是五花八門，有烤，有燉，有蒸，有滷，有炸，有燴，有爊，有醉，有炙，有溜，有炒，有拌，眞眞一言難盡。古來儘有許多做菜的名厨司，其名字都和名卿相一樣烜赫地留在青史上。不，他們之中有的並昇到高位，老老實實就是名卿相。如果中國有一件事可以向世界自豪的，那麼這並不是歷史之久，土地之大，人口之衆，軍隊之多，戰爭之頻繁，乃是善喫的一事。中國的肴菜，已征服了全世界了。有人說，中國有三把刀爲世界所不及，第一把就是厨刀。」

像這類文章，分開來看，每一段都是一則筆記；合起來看，全文就是一篇內容豐富的雜文；而且在記事之中，常常不經意地蘊涵着一些議論，表現着作者對人對事的一些看法。

二、編年體與紀事體：都是我國歷史家爲記述歷史事件而創造的體裁。孔子作「春秋」，採用編年記事的方式。左丘明作「春秋左氏傳」，加以擴張發展；於是「按年逐月，記敍事情」這種編年體，就在史體中奠定了地位。司馬遷作「史記」的本紀，記載天子和國家的大事，也是採用編年體來寫的；編年體，就成了我國正史本紀的體制。荀悅的「漢紀」、司馬光的「資治通鑑」也都是編年體的史書。紀事體，創始於「史記」的列傳，大體以一件事（或幾件事）爲中心，詳記這件事（或這幾件事）的經過。後代史家作列傳，也大體沿用這種史體。到宋朝袁樞作「通鑑紀事本末」，詳細記述一件事的開始、經過和結束；「紀事本末」就成了定體，明有陳邦瞻的「宋史紀事本末」、「元史紀事本末」，清有谷應泰的「明史紀事本末」等。現在，歷史家寫作歷史與新聞記者報導時事，大多採用紀事與編年混合的體裁；至於一般作家寫敍事散文，專描述鋪敍一件事情，大多採用紀事體來寫的。如葉紹鈞的「速寫」，全文一千多字，只記他由普陀山石埠、搭帆船、上輪船的這件小事的經過情況。陳西瀅的「哀思」，記他在路邊恭瞻 國父的靈柩從協和醫院移往中央公園的情況，中間插入 國父生前的一些軼事，來寄託他自己對 國父深深的哀思。這都是集中筆力專記述一件事情的始末。

我們用紀事體作敍事散文，要特別注意兩點：

㈠記事要交代清楚：敍述一件事情，自然會提到這一件事發生於何時？何地？跟何人有關？事情又如何發展？新聞記者都知道記事要把握住「四何」的原則，就是「何時？何地？何人？何事？」我們看電影，最先在銀幕上出現的，是這部電影故事發生的時間，接着是發生地方的畫面，再次出現的是電影中的主要人物——主角，再下去演出的就是與這人物有關的種種事件。邱燮友論「敍事散文」說：「人物活動的時間與地點，構成了場面；每一場面，事情的進展和變化，構成了情節，」場面會更動，情節也一個接一個發展。寫敍事散文，最要緊的就是要將場面（時間與地點）改變與情節（事情）發展的情況交代清楚，這樣才能將整個事情的經過寫得明白。例如郁達夫「一個人在途上」，敍述喪子的事；今舉中間兩段：

「去年六月，搬到什刹海之後，有一次我們在堤上散步，因爲他看見了人家的汽車，硬是哭着要坐，被我毒打了一頓。又有一次，也是因爲要洋服，受了我的毒打。這實在只怪我做父親的沒有能力，……。

我女人說，瀕死的前五天，到病院裏，叫了幾天的爸爸！她問他『叫爸爸幹什麼？』他又不響了，停了一會兒，又再叫起來。到了舊曆五月初三，他已入了昏迷狀態，醫師替他抽骨髓，他只會直叫一聲『幹嗎?』喉頭的氣管，咚咚在抽噎，眼睛只往上吊送，口頭流些白沫，然而一口氣總不肯斷。……」

這前後兩段的文字，作者追述兩件往事，時間與地點都交代得很清楚明白，人物與事情也都記述得很清楚明白。前一段記「去年六月，搬家什刹海後」發生的事，作者的孩子要坐汽車，要穿洋服，被他毒打；他覺得很愧疚。後一段記他的孩子「臨死前五天，在醫院裏」發生的事，孩子盼望他能夠從南方趕回來，不斷叫「爸爸」；到五月初三，病危昏迷，猶不肯斷氣撐着等他的情況。因爲「時、地、人、事」都寫的清楚明白，給人清晰深刻的印象，自然動人。

(二)描寫要精細生動：我們不但要清楚明白地記述一件事情，而且對於那些需要突出的人物，優美的景象，感人的事情，都要特別用心作細膩描寫，深入刻畫，務要將這些人物事情，好像感人的電影，一幕幕搬演在讀者的面前，有如人生實錄，使讀者好像親歷其境，親見其事，那樣的眞實生動。例如張岱記述柳敬亭說書，說：

「南京柳麻子，黧黑，滿面疤瘤……。我聽柳麻子說『景陽崗武松打虎』白文，與本傳大異。其描寫刻畫，微入毫髮，然又找截乾淨，並不嘮叨㗭夬，聲如巨鐘，說到筋節處，叱吒叫喊，洶洶崩屋。武松到店沽酒。店內無人，暴地一吼，店中空缸空甓，都瓮瓮有聲，閒中着色，細微至此。人必屏息靜坐，傾耳而聽。彼方掉舌，稍見下人呫嗶耳語，聽者欠伸有倦色，輒就不言，故不得強。每至丙夜，拭桌剪燈，素瓷靜遞，款款言之。其疾徐輕重，吞吐抑揚，入情入理，入筋入骨……。柳麻子貌奇醜，然其口角波俏，眼目流利，衣服恬靜，直與王月生同其婉孌，故其行情正等。」（陶菴夢憶）

他刻畫柳敬亭奇醜的容貌，與說書酣暢淋漓的情況，非常傳神地描寫了出來，眞能使讀者恍惚間如見他、如聽他剪燈據案，掀髯談說景陽崗的故事，「聲搖屋頂瓦，舌沸長江水」的神態聲情。又如葉紹鈞的「速寫」，專記從碼頭，搭船，過渡，上輪船的一事，但其間每一細節，作者都詳加描寫。如開頭說：

「密雨初收，海面漫着白色的霧氣。時間是傍晚了。那些海島化爲淡淡的幾搭影子。」

這是寫傍晚雨後海面與遠處海島的景象；接着他就描寫「十幾條帆船繫纜在石埠上，因波浪的激盪，時而貼近石埠，時而離得遠些」的情形。接着又寫船夫在船上「相對說笑，聲音消散在蒼茫之中，有幾個在船稍睡覺，十分酣暢，彷彿全忘了等一會兒將有一番盡力掙扎的工作。」總而言之，他在記事的時候，將他所看所聽所感受到的種種現象，都一一加以描述。又如他寫上了帆船後，船夫解纜，把舵，搖櫓；當船兒前行，他又記述靠近輪船時的情況，說：

「先已伸出的竹篙有如求援的手，搭，一下，鉤住了輪船的鐵欄。船身便上下拋盪，像高速度的摩托車疊次經過陡峭的橋。左右兩邊是先到這樣鉤住了輪船的帆船，船舷和船舷相磨擦、相擊撞。我想我們這船會被擠得離開水面吧。」

這裏描寫帆船鈎搭輪船的一些情狀眞是細微極了，也可見作者對事物觀察的細，體會的深，才能使讀者覺得他所記的事周密生動，深有情趣味道了。記事要生動，不只是記述鋪敍罷了，與這件事有關的人物景象也都要作比較精細深入的形容、刻畫與描寫。

第三節　寫景與詠物

寫景與詠物是現代散文的重要作品；這兩者特別講究描寫技巧與文字優美，叫做「描寫文」，自古來就屬於美文的範圍。劉勰的「文心雕龍、物色篇」，所探討的也就是寫景寫物的方法。蓋宇宙萬物給人不同的形象，常使我們流連沉吟，目酣神醉；這時，我們自不免想藉生花妙筆把握住這景物最美的一刻，使它永遠保存下來，供人觀賞。畫家、雕刻家、攝影家、文學家都有這種欲望。因此，在文學方面，就產生了寫景的遊記與詠物的小品。劉勰說：「歲有其物，物有其容；情以物遷，辭以情發（註六）。」說的正是作家創作這類文學作品的心態。

寫景的遊記與詠物的小品，取材範圍與寫作內容是不同的。遊記是當遊觀一地之後，描寫這地方的自然景物，報導這地方的人類生活情況，以及遊觀後的一些感想。詠物小品，自然界的天文、地理、動植物，是它鋪寫的對象；人事界的器物、建築物、藝術品也是它鋪寫的對象。遊記散文，如徐志摩的「我所知道的康橋」、「泰山日出」，朱自清的「春」、「荷塘月色」，是偏於描寫自然景觀的；陳紀瀅的「倫敦瑣記」，依文的「旅美生活的談片」，溫祯祥的「日本人的風俗習慣」，以及我所作「香港印象畫」都是偏於描寫一地的文化、政治、經濟的種種實況；朱自淸與俞平伯的「槳聲燈影裏的秦淮河」，謝冰瑩的「愛晚亭」，雖然是寫景極美的作品，却也是偏於抒發作者的情思雜感的作品。詠物散文，如梁實秋的「鳥」，偏於純粹寫物的，文字極優美；蘇雪林的「禿的梧桐」，葉紹鈞的「藕與蓴菜」，是借物寄懷抒情的；許地山的「落花生」是藉物說明人生道理的；如讀者文摘出版的「自然界奇觀」、「地球的奧秘」的許多文字，是從給人學理知識的立場去寫的，走上比較專門性的路子。

但寫景與詠物的寫作方法，有它們共通的地方，就是因為它們特別講究文字的優美，因此特別注意描寫的方法與修辭的技巧。梅聖俞說：「狀難寫之景，如在目前（註七）。」作者要把所見到的景物的印象與心裏的感受，巧妙地用適當的文字表達出來，不只是約略寫出彷彿的情形，而是將景物的色彩、聲籟與形相，都能曲盡其妙，形容描寫了出來，像畫家的畫，攝影家的攝影，名導演拍的紀錄片，呈現在讀者的面前。寫景寫物要想達到這種境界，我們除了採用敍事方法，報導一個地方的情況外，還要應用修辭學家所謂「摹狀」方法。首先，我們要又細又快地觀察景物，把握住景物的特點，然後用適當的詞去形容它。用色彩詞，描繪景物的色彩；狀聲詞，描摹景物的聲籟；用單音詞、複音詞、重疊詞、雙疊詞、鑲疊詞、譬喻詞，來形容景物的種種形相的特點，還可用譬喻、排比、對偶、映襯、比擬……各種修辭的技巧來描寫，務期能夠非常貼切生動地寫出景物的形狀、聲色、氣味、情態，達到「寫景寫物，則在人耳目」的境界。

我在「寫景如畫（註八）」中，談到劉鶚描繪「大明湖」成功的地方，說：

「對面千佛山上，梵宮僧樓，與那蒼松翠柏，高下相間，紅的火紅，白的雪白，青的靛青，綠的碧綠。更有那一株半株的丹楓，夾在裏面，彷彿宋人趙千里的一幅大畫，做了一架數十里長的屏風似的。」

這眞像讀一幅畫！假使你是一位畫家，你就可以蘸着油彩，據此畫出紅欄粉牆，青瑣綠瓦的寺廟，在這寺廟的周遭再給添上幾筆翠綠的松樹柏樹，還有少數一兩棵紅如二月花的秋楓。這麼一畫，可不就成了一幅呈現在讀者眼前的色彩美麗的風景畫吧！爲什麼這段寫景文字，有這種效果呢？只因爲作者用了許多富有色彩性的字眼，如「蒼」、「翠」、「紅」、「火紅」、「白」、「雪白」、「青」、「靛青」、「綠」、「碧綠」、「丹」，來形容千佛山上的「佛寺僧房，松柏楓樹」種種景色，所以能够給我們留下深刻具體的形象。

這幾年來，我研究作家運用詞彙，描寫景物的結構，歸納起來，不外兩種形式：

一、摹狀詞＋景物。

二、景物＋摹狀詞。

景物，就是你在文章裏面要描寫的景物。你觀察這個景物，把握它的特點，然後給它適當的形容描摹；這形容描摹的詞，就是摹狀詞。譬如玫瑰花，顏色紫紅，香氣濃郁，形態豔麗可愛，只是花枝上有刺扎手。曹雪芹「紅樓夢」六十五回，與兒用玫瑰花來描寫賈府三姑娘探春說：

「三姑娘混名兒，叫『玫瑰花兒』，又紅又香，無人不愛，只是有刺扎手。」

採用第二式「景物＋摹狀詞」，描寫玫瑰花的特點：紅香可愛，有刺扎手；這些摹狀詞，都擺在「玫瑰花」的下面。寫玫瑰花，也是寫探春的美麗可愛，做人又厲害的特點。現在，假使我們根據玫瑰花的這些特點，來寫一個新娘子，捧着一束玫瑰花，步入結婚禮堂的情況，改用第一種「摹狀詞＋景物」的方式來描寫。這段文字應該是：

「那一個美麗的新娘，雙手捧着一束『又紅又香，無人不愛的玫瑰花』，緩步走進了禮堂。」

「又紅又香，無人不愛」是摹狀詞，擺在「玫瑰花」景物的上面。而「有刺扎手」，就不適合用在這裏了。由此，也可見「摹狀詞」也要用得適當。

在朱自清的「槳聲燈影裏的秦淮河」裏，一些描摹景物的文字，隨便摘錄片段下來，都可作爲很好的範例：

「一眼望去，疏疏的林，淡淡的月，襯着蔚藍的天。」

「河中眩暈着的燈光，縱橫着的畫舫，悠揚着的笛韻，夾着那吱吱的胡琴聲，終於使我們認識綠如茵陳醇若酒的秦淮水了。」

這裏描寫「林」、「月」、「天」、「燈光」、「畫舫」、「笛韻」、「胡琴聲」、「秦淮水」這些景物的形象，都是採用第一式：「摹狀詞」擺在「景物」的上面。疏疏，重疊詞，形容大中橋外樹林的稀疏；淡淡，形容天上月色的暗淡；蔚藍，複音詞，形容藍天的顏色；眩暈，形容玻璃燈透出眩目朦朧的光暈；縱橫，形容河上處處是畫舫的情況；悠揚，形容笛聲的悠長響亮；吱吱，狀聲詞，形容胡琴聲的熱鬧喧雜；綠如茵陳醇若酒，譬喻語，形容秦淮的水色與情味的美：都是把握住他所見到聽到的每一個景物的特點，給它一兩個適當的摹狀詞。現在我採用第二式：景物＋摹狀詞，改寫上面這兩個範例的文字，如下：

「一眼望去，林木疏疏，月色淡淡，襯着滿天的蔚藍。」

「河中的燈光眩暈着，畫船縱橫着，笛韻悠揚着，夾着那胡琴吱吱的聲音，終於使我們認識秦淮水的綠如茵陳醇若酒的了！」

改寫後的文字的含義，並沒有什麼改變。摹狀詞，擺在景物的前面、後面，都是一樣的，沒有多大差異。又梁實秋描寫「鳥」的形體美，說：

「世界上的生物，沒有比鳥更俊俏的。多少樣不知名的小鳥，在枝頭跳躍，有的曳着長長的尾巴，有的翹着尖尖的長喙，有的是胸襟上帶着一塊照眼的顏色，有的是飛起來的時候才閃露一下斑爛的花彩。」

這裏描寫小鳥的尾巴、長喙、顏色、花彩，除了採用適當的摹狀詞之外，還一連串採用了四句排比的句子。——所謂「排比句」，就是內容相同，形式相似的句子。如「有的曳着長長的尾巴」和「有的翹着尖尖的長喙」，句子的形式大抵相同，而且內容都是描寫鳥的形體美；這就是

「排比句」。而「有的（是胸襟上）帶着（一塊）照眼的顏色」，「有的（是飛起來的時候才）閃露（一下）斑爛的花彩」，也是和上兩句一類的排比句，只是文字略加增添罷了，使句子有一些變化不同，更加自然靈活了。括號中的文字，就是增添的部分。「閃露」，和「帶着」、「翹着」、「曳着」的用法，有點變化，去「着」用「露」。

因此，馳騁才思，運用麗藻，去描寫出現在我們耳目之間的景物，發前人之所未發，言今人之所未言，就是成功的作品，自然能够使人心賞情怡，忘却人間各種愁病憂煩。

第四節　抒情小品

從古到今，許多感人最深的好文章，莫不包含濃厚眞摯的情感。我們讀前人含有至情的作品常自然受它感動而掉淚。這種抒寫情感的散文，稱做「抒情文」；許多文章都帶有一些抒情的成分。

爲什麼人會有情緒激動的時候？情思是由於受外界刺激而產生的；某種刺激就會產生某種情思。晉陸機說：「遵四時以歎逝，瞻萬物而思紛，悲落葉於勁秋，喜柔條於芳春（註九）。」外界事物的刺激會使人萌生種種情思感觸，所以親人過世，會使人悲慟欲絕，不欲獨生；國家危亡，會使人激昂慷慨，勇敢赴敵。不同的刺激，會使人產生不同的情緒變化，不同的思慮感觸。

情緒雖屬於心理的活動，可是當情緒激發時，也會促使生理發生變化，如歡樂則心跳加速，憤怒則面青手冷，悲傷則眼淚湧落。這種種生理變動，又使我們心理的感受加深，需要把它發洩或表達出來。比如憤怒的發洩，可能怒目瞪人，也可能破口大駡，也可能大摔碗盤，也可能大打出手，也有人把這種憤怒之類的情思發洩於筆墨，卽韓愈所謂「物不平則鳴（註一〇）。」歐陽修也說：「內有憂思感憤之鬱積，其興於怨刺，……而寫人情之難言（註一一）。」日本廚川白村也認爲「文藝就是人生苦悶的象徵（註一二）。」

抒情性的文學作品，就是讓作家把他的情思發洩於文字，所謂「動乎其情，而見於其文」；情思有種種，所以前人的抒情文，有懷念故鄉，有憑弔古蹟，有雜感閑愁，有回憶往事，有深閨幽怨，有哀悼親故，有祭祀祖先，有歌頌上帝，有沉醉自然；但最強烈的是男女的愛，最溫馨的是親子的愛，最偉大的是對民族國家的愛。結婚登第，婉孌歡樂；生離死別，黯然魂消。對這種種情思的抒發，有的是綺麗纏綿，有的是熱烈奔放，有的是委婉含蓄，有的是眞率誠懇，有的是憂傷哀怨，有的是幽閒恬適，有的是曠達灑脫，有的是慷慨悲壯。我們的情思由心裏產生，利用文字吐抒了出來；能恰到好處的，將這心裏主觀的情思表達了出來，就是至情之文。

這種情思發洩與表達，卻又會給讀者帶來刺激，產生同樣的感情；這叫做「共鳴作用」，讀者讀了，就隨之悲哀喜悅。所以抒情性散文，感情是作品中必須具有的因素。愛情是人情中最強烈崇高的一種感情，感人也最深；前人的散文多用抒對國家、父母、丈夫、妻子、兒女、愛人、朋友、家鄉、祖先、上帝、自然萬物種種不同的愛情。

寫作抒情散文應該特別注意的地方，有：

一、要善體人情：現代作家的抒情散文，如中華日報編的「人生如蜜」散文集所選錄的作品，莫不是湧流着愛之泉，吐抒着情之絲；這都是作家自己至情的流露。作家寫作抒情詩文，大都是抒發自己的情思；但有時也用以抒發他人的情思。古代許多詩人作家早就寫過這一類的作品。東漢徐幹作「室思」六章，就是以女人的口吻寫的，是中國情詩中最傑出的作品之一。徐幹是建安七子之一。他站在女人的立場，擬寫她們處身深閨之中，想念男人的情思，非常溫柔敦厚，哀怨悱惻，綢繆繾綣，婉轉曲折。如第三章說：

「自君之出矣，明鏡暗不治；思君如流水，何有窮已時！」

後代男詩人模擬這四句的極多；「自君之出矣」成了樂府詩的一種專體。曹植的「感婚賦」寫一個女人盼望出嫁的心情；「出婦賦」寫一個女人因爲不能生兒子被丈夫遺棄的感觸；這些都是替別人抒情的作品。我們寫作散文，自也不免有替他人抒情的地方。像朱自清的「背影」，一面是抒寫他自己憶念父親的情感，一面也是表現他的父親愛子的情感。無論抒寫的，是自己的情思，還是他人的情思，都應該深入地去感受，去體會，才能寫得眞摯感人。寫他人的情思，更要「設身處地」去想像。譬如你要寫一個身處戰場上的士兵，當敵人炮火猛轟，你的夥伴受傷死亡的時候，你的心情會如何激忿？熱血會如何沸騰？你不去想像體會，又那裏知道？又怎能寫得眞摯深刻呢？一般人不知道這種道理，所以祝壽哀祭的文字，也就少有佳構了。

二、要情事兼記：許多人以爲抒情文是以「情」爲主，其實是抒情與敍事並重的。人要處在某種環境遭遇之中，才會產生某種情感思想。死了兒子，才會感受到喪子的悲傷哀痛；男女由追求、戀愛，到了走上禮堂結婚，才會感受到愛情的甜蜜歡樂。如果單單抒發這種喪子悲痛、結婚歡樂之情，說：「啊，我死了兒子，我痛苦極了！」「現在，我結婚了，我快樂極了！」這樣的抒情文字，是沒有人要看的，也無法把你心靈深處那種感人的情思吐抒了出來。抒情文的內容，必然要包含情與事兩部分，如喪子之痛，必然要寫出喪子之事與喪子悲痛之情；如結婚的歡樂，必然要寫出由戀愛到結婚所經歷的種種事情，與由戀愛到結婚所感受到的種種情思；所以抒情文大都是一邊敍述事情，一邊抒發情思的。我們在描寫景物、討論事情、介紹人物時候也常常另將賞景論事、看人觀物所產生的種種情思，同時描寫了出來。例如朱自清的「槳聲燈影裏的秦淮河」：

「夜幕垂垂地下來時，大小船上都點起燈火，從兩重玻璃裏映出那輻射着的黃黃的散光，反暈出一片朦朧的煙靄；透過這煙靄，在黯黯的水波裏，又逗起縷縷的明漪（以上寫景）。在這薄靄和微漪裏，聽着那悠然的間歇的槳聲，誰能不被引入他的美夢去呢？只愁夢太多了，這些大小船兒如何載得起呀（以上抒情）？我們這時模模糊糊的談着明末的秦淮河的豔跡，如『桃花扇』及『板橋雜記』裏所載的（以上記事）。我們眞神往了。我們彷彿親見那時華燈映水、畫舫淩波的光景了，於是我們的船便成了歷史的重載了（以上抒情）。我們終於恍然秦淮河的船所以雅麗過於他處，而又有奇異的吸引力的，實在是許多歷史的影象使然了（以上說理）。」

抒情，常常和敍事或記人、寫景、詠物、論理配合來寫，而帶着深濃的感情在內，很少單純一味的抒情。

情感是飄忽無蹤，變幻不定，抽象無形，難以捉摸的東西；怎麼樣做？才能將心裏的「喜怒哀懼愛惡欲」抒寫出來？我認爲有兩種方法：一種是直接抒情法，直接把心裏的情思感觸明明白白地寫了出來，心裏感到悲哀就說悲哀，快樂就說快樂，想些什麼就說些什麼。一種是間接抒情法，把抽象的情感具體化、形象化，依藉人物的言語、表情、神態、動作、形象，間接暗示了出來。例如郁達夫的「一個人在途上」，寫喪子的悲痛，回想他的兒子小龍生前給他夫妻精神上的安慰，說：

「自從他在安慶生落地以來，我自己沒有一天，脫離過苦悶，沒有一處安住到五個月以上。我的女人，也和我分擔着十字架的重負，只是東西南北的奔波飄泊。然當日夜難安，悲苦得不得了的時候，只教他的笑臉一開，女人和我，就可以把一切的窮愁，丢在腦後。」

這段敍述他過去生活的不安，精神的苦悶，兒子的可愛，給他們的安慰種種感受，都是採用「直接抒情」的方式來表達的。至於他寫當兒子死以後，回到什刹海舊居的一段情況：

「院子裏有一架葡萄，兩棵棗樹，去年採取葡萄、棗子的時候，他站在樹下，兜起了大褂，仰頭在看樹上的我。我摘取了一顆，丟入他的大褂斗裏，他的哄笑聲，要繼續到三五分鐘。今年這兩棵棗樹，結滿了青青的棗子，在風起的半夜裏，老有熟極的棗子辭枝自落。女人和我，睡在床上，有時且哭且談，總要到更深人靜，方能入睡，在這幽幽的談話中間，最怕聽的，就是滴答的墜棗之聲。」

郁達夫藉棗子熟的這件事，寫出去年摘棗的情況，他兒子的哄笑聲，繼續到三五分鐘；今年棗子自落的情況；他們夫妻二人的且哭且談，直到深夜，最怕聽的是墜棗之聲。文字的表面，沒有一字快樂，一字悲哀，純由他所描寫的兩種不同的情景與表情，間接寫出去年他們一家的快樂與今年的悲哀，由強烈的對比、襯托而呈現了出來。這就是間接抒情的一種方法。

散文作家常喜歡在抒情的時候，說一些富有哲理的話，來增加語言的情味。也許散文家，也想像睿智的哲者，能給人留下一些銘言訓誨；也許只是想讓柔軟的舌頭，能開出一些燦爛美麗的語花，來表現自己的才華。這在古人的作品裏就已存在。如陶淵明的「寓形宇內復幾時，曷不委心任去留（註一三）！」范仲淹的「先天下之憂而憂，後天下之樂而樂（註一四）。」蘇軾的「寄蜉蝣於天地，渺滄海之一粟（註一五）。」這些文字都是作者思想的結晶，增長了文章的意味。現代作家在他們的抒情小品中，像這一類含有哲思的語花更多。例如：

「我和爸爸的心是一條線。」（葉蘋的「明明的畢業典禮」）

「人生的意味，正是要從菜根薄粥中領會出來的。……夫妻之間的情愛，是需要雙方以溫情細心培養，才能發育滋長的。」（琦君的「一生一代一雙人」）

「夜裏城市的美麗，像一朵發光的金菊花。」（子敏的「深夜三友」）

「我們的日子在不知不覺中臨近了。我邃覺得，我的心像一張新帆，其中每一個角落都被大風吹得那樣飽滿。」（曉風的「地毯的那一端」）

「今天在座的，都是我的好朋友，在人生的旅途上，我們都走過一段路。路上一定發生過許許多多不同的狀況，是我們沒法想到的，正如世界局勢的變化莫測，這好像路途上會遇到風雨，但是風雨早晚必然會停止，唯有青山長在，綠水長流，正如我們的友情，和永恒一樣的不變！」（公孫嬿的「查查」）

「車輪動了，他們又開始歌唱起來，把車子變成一座充滿歡樂的音樂林。」（胡品清的「拾得滿筐歡笑，在雨中」）

讀一讀這一些富有理趣或美麗如詩的文字，不是更能教人心悅神醉吧！

第五節　說理與議論

現代人把「論說文」分做「說明文」與「議論文」兩種體裁。偏重在說明道理，解釋疑惑，傳授學問，使人獲得種種知識的，叫做「說明文」。至於分析事理，辨明是非，衡量利害，討論可否，判斷懷疑，提出自己合理的主張，加以發揮；或爲了自己（或別人）行事言論，被人誤會非難，加以辯護解說；或對別人的意見看法，加以討論、批評、駁斥、推翻；使人由於你的說明議論，而贊同、支持、採納你的觀點與主張的，都叫做「議論文」。說明文與議論文，古人合稱爲「論說文」。

論說文是說明事理，分析事理，論說事理的文章，所以作者必須自己先參透了道理，然後才能發表出卓越的見解，精闢的道理。寫作論說文，作者需要豐富的學識，這樣才能「採故實於中外，觀通變於古今」；對問題需要深入的接觸、觀察、研究，這樣才能了解癥結所在；還需要從各方面作精密分析，詳細考慮，這樣才能就事論說，擬議至理，提出具體的主張，可行的辦法；同時寫作的態度要平心靜氣，說理要合情合理，符合邏輯，文字要簡鍊明白，還應該注意辭采藻飾；這樣才能成爲人人都喜歡讀的作品，而達到立言論事的目的。

我們寫作論說文要特別注意兩方面：

一、文章結構問題：寫論說文，比寫其他文章，更講究結構問題。論說文的結構，大抵分引論、討論、結論三部分。引論，就是文章的開頭，以引起下文的討論。討論，就是文章的中間部分，作者所要討論的各點，都可以在這部分發揮撰說出來。結論，就是文章的結尾。從寬嚴來看論說文的結構，又有嚴謹與自由兩類：

㈠嚴謹的論說文：作者根據題目（或主題），細密考慮，擬訂討論綱目，作爲寫作的重點。我們考察胡適的「讀書」這篇文章；他首先提出他這篇文章，要講的是讀書的方法，作爲開頭，也就是「引論」㈠。他接着就讀書的方法，提出精與博兩點，精有眼到、口到、心到、手到四項，博是爲了預備參考資料，爲了做人，讀書要博，知識要博，作爲他這一篇文章討論的重點；他的意見，他的觀點，他的主張，都在這中間各段落發揮了出來。最後結論，希望少年朋友，爲學要專精又要博大，結束了全文。所以嚴謹性質的論說文，對文章結構的問題，都要在寫作前先作安排，擬訂討論部分的大綱細目。

㈡自由的論說文：就是前人所謂「隨筆」、「雜文」、「小品文」。寫作時候，不一定要嚴格的先構思全文的大綱重點，不過大體也仍要把握：開頭，引論；中間討論，多半是和題目有關聯的雜感，可以隨意所之，不先定論點，不過每一段所討論的，仍然要有一個重點；收尾，有結論收結全文。像朱自清的「說話」，共分七個段落：由「誰能不說話」作開頭，接着闡論「說話不是件容易事」、「說話不比作文易」、「說話的種類」、「中國人早就講究說話藝術」、「中國人說話的態度」；最後一段結束於「要說得巧，說得少」。文字比較隨便輕鬆，有辭趣，有情味，所以文學的意味也相對濃厚了一些。

二、說理推論方法：論說文是用來討論問題，分析事情，說明道理，發揮思想的；但要將道理說清楚明白，想法能够爲人所理解接受，而且又能够駁倒敵對的主張，荒謬的意見，歪曲的言論，使它不能站住脚；這在在都需要探究說理推論的方法。古代的哲人辯士早就採用了各種說理推論的方法了。像孔子、孟軻、莊周、惠施喜歡用譬喻的方式說明道理，發表思想。墨翟在「小取篇」中，已提出援例引證的推理方法，說：「援也者，子然，我奚獨不可以然也。」他如是，我爲什麼不可以如是；他可以這樣，我當然也可以這樣。蘇秦和張儀要磨利他們的舌端，專從利害的觀點，商談外交聯盟的種種問題。韓非爲反駁他人的意見，提出矛盾術，專找人的言論前後衝突的地方，加以駁斥，常說得人，啞口無言。愼到用對比法，由兩件事的對比相襯，而尋得眞理，下了結論，像「堯爲匹夫，不能治三人；而桀爲天子，能亂天下；吾以此知勢位之足恃，而賢智之不足慕也（註一六）。」韓非在「定法篇」中，用設問方法，自己故意提出問題，然後自己再詳細說明他的看法；後來就產生東方朔的「答客難」的「設論」專體。古希臘哲學家亞里斯多德創立了「三段論法」，建立論理學的基礎，培養人推理的能力，訓練人精密的思想，爲後代的科學思潮的基礎。英國作家培根作論說文，喜歡應用歸納方法，拉丁成語，串串比喻，構成豐富的內容，所以他能在精短的文章裏，說盡他對人生重要問題的觀點，而每一短句都含有雋永的意味。因此我們寫作論說文，又怎能不講究說理推論的方法呢？

寫作論說文最常用的說理推論的方法，有直接、三段、歸納、演繹、因果、矛盾、引證、利害、譬喻、設問等等方法。現在學一些例子來說明。例如胡適「追悼志摩」說：

「他的人生觀，眞是一種單純信仰，這裏面只有三個大字，一個是愛，一個是自由，一個是美。」

胡適把他的心裏，對徐志摩人生觀的體認與看法，直接用一句話說了出來，這就是「直接推

（說）理」。直接法，是我們最常用的一種推理方法，也是訓練我們思想的一個最好的方法，可以使我們對某一個問題產生許多想法。它的推理方式是很簡單的，可以用「什麼，怎麼樣」五個字來說明。就拿胡適這個例子來說吧！什麼問題？徐志摩的人生觀問題。胡適對他有個怎麼樣的看法呢？他說，徐志摩的人生信仰很單純，只有愛、自由、美三個大字。他把心裏這個看法——判斷，直接說了出來。這就是直接法的推理與說理。我們可以用這個方法去考慮某一個問題，心裏可以這樣想：「我對這個問題，有怎麼樣、怎麼樣的看法呢？」對一個問題，不斷想自己的看法，從各方面想自己的看法，自然會產生了許多看法說法，把你所想到的這些看法說法寫進了文章裏去，文章自然也就有了豐富的內容了。譬如對於「男人」，你有怎麼樣的看法？假使你在吃飯時候想，坐車時候想，睡覺時候想，包你會想出許多有趣的內容。就像梁實秋筆下所寫的「男人」，髒，懶，饞，自私，長舌。髒，怎麼髒法？他說：

「有些男人，西裝褲儘管挺直，他的耳後頸根，土壤肥沃，常常宜於種麥！襪子手絹不知隨時洗滌，……有些男人的手絹，出來硬像是土灰麵製的百菓糕，黑糊糊黏成一團，而且內容豐富……。」

我想這大概都是作者平日所看到男人的髒相吧，原本擱在頭腦裏，沒有用。現在一想到「男人怎麼髒法」？當然就一一出籠，構成了我們這些男人看了都要臉紅的論「男人」的文字。

「什麼？怎麼樣？」——這種直接推理的方法，的確是寫作論說文極好的一種方法。又如朱自清談到「女人」：

「從前人將女人比做花，比做鳥，比做羔羊；他們只是說：女人是自然手裏創造出來的藝術。」

「譬喻」，是一種充滿着智慧的語言，許多作家用譬喻說理論事，使人在妙喻之中，理解了繁雜的事理，文字又是那麼簡潔有味，委婉含蓄。這裏用「花」比喻女人的美麗，「鳥」比喻女人的可愛，「羔羊」比喻女人的溫柔，一下子就使人了解了一般人對女人的看法。又如朱自清的論「說話」：

「說話並不是件容易事（大前提），天天說話是不是（註一七）就會說話（小前提），許多人說了一輩子話，沒有說好過幾句話（結論）。」

要分析這個例子的推理方法，先要談一談亞里斯多德的「三段論法」。大家都知道「三段論法」的推理，包含「大前提」、「小前提」和「結論」三部分。它是根據已知的理去推論未知的理。「小前提」就是現在要討論的事情。爲了要討論這件事，就要先找一個大家都知道承認的事理，作爲原則，那就是「大前提」；所以大前提大多用來陳述一種原則。依據大前提的原則，去看小前提中所討論事情，然後給按下一個「斷語」，就是「結論」。像「天天說話是不是就會說話」，就是作者朱自清在小前提中要提出討論的事，但由大前提中「說話並不是件容易事」的原則去看，所以他可以得到「許多人說了一輩子話，沒有說好過幾句話」的結論了。由朱自清論「

說話」這篇文章，我們可以看出他是極善於運用「三段論法」來推論說理的。又如：

「中國人很早就講究說話（大前提），『左傳』、『國策』、『世說』是我們三部說話的經典，一是外交辭令，一是縱橫家言，一是清談（小前提），你看他們說的話，多麼宛轉如意，句句打在人心坎裏（結論）。」

朱自清在這裏說明「左傳」、「國策」、「世說」三部書裏中國人說話的技巧問題，可以說也是用「三段論法」來寫的，只是他運用圓熟，已臻化境，看不出痕跡，所以能够把理說得又圓又好。又如：

「至誠的君子，人格的力量照徹一切的陰暗，他用不着多說話，說話也無須乎修飾（大前提）；只知講究修飾，嘴邊天花亂墜，腹中矛戟森然，那是所謂小人（小前提）；他太會修飾了，倒教人不信了（結論）。」

他論說話修飾，能否取信於人，諒當也是採用「三段論法」來推斷的吧。他的文字，極盡變化，希望讀者自己好好地去品味這種論理方法的好處吧。

現在，我們來看看「歸納」與「演繹」的用法吧。如粱實秋論「女人」說：

「有人說女人喜歡說謊，……一個女人若是因爲炭貴而不升炭盆，她必定對人解釋說：『冬天升炭盆最不衞生，到春天容易喉嚨痛！』屋頂滲漏，塌下盆大的灰泥，在未修補之前，女人便會向人這樣解釋：『我預備在這地方安裝電燈。』自己上街買菜的女人，常常只承認散步和呼吸新鮮空氣是她上市場的惟一理由。艷羨汽車的女人常常表示她最厭惡汽油的臭味。坐在中排看戲的女人，常常說前排的頭等座位最不舒適。一個女人餽贈別人，必說：『實在買不到什麼好的。』其實這東西根本不是她買的，是別人送給她。一個女人表示願意陪你去上街走走，其實是她順便要買東西。總之，女人總喜歡拐彎抹角的，放一個小小的煙幕，無傷大雅，頗佔體面；這也是藝術。王爾德不是說過『藝術卽是說謊麼！』」

演繹和歸納，是寫作論說文常用的方法。歸納是作者由種種特殊的事例，歸納出一個看法；演繹是由作者的一個看法，演化成種種特殊的事例。一個人對事情的看法，雖然很可貴，但也是很簡單的，有時一兩句話，就可以把它說完。譬如梁實秋先生說「女人喜歡說謊」，一句話就說出了女人的本性，也的確有一些道理在。我想這句話，若用「論語」的小章短語的形式來寫，在孔夫子時代，可以像「唯女子與小人爲難養也（註一八）」一樣，將成爲經典之言；但是在今天，單單說這一句話，必然會遭到現代女性的激烈的抨擊反對，而且只此一句話，也不能構成文章中的片段，必然沒有人要讀它。這裏作者用演繹法，由這簡單的一句話，演化出下面許多有趣的事例，拉長了文字，也豐富了文章的內容，又可當做自己這一個看法的例證。一舉數得，何樂而不爲？我們讀來，也自然喜愛，沉迷其中。作者又用「歸納法」，就這些特殊的事例，加以概括，寫出他的結論：女人喜歡這一種拐彎抹角的說些小謊，保全體面，是無傷大雅的，這也是一種藝術。最後又用「引證法」，引用英國有名的詩人作家王爾德所說「藝術卽是說謊」，來加強自己的觀點；這一段文字也近於尾聲了。我想這就是女權運動者看到了，也會感到開心，認爲女人卽使說謊話，也要比男人聰明一些呀！歸納與演繹，是現代作家應該多多應用的一種推理論事的好方法。它們可以使你的文章變成一頂璀璨奪目的皇冠，一桌美味可口的珍饈，敎人喜歡賞玩，喜歡品嘗它。這兩種方法，在選擇當代事例時，若能兼顧到「永久性」，那將更好。不然，所擧的一些事例，當時看，很妥貼親切；後來看，却不免有「事過境遷」之感，而難以體會得到了。

徐志摩在「北戴河海濱的幻想」中，寫道：

「他愛折玫瑰（果），爲她色香（因），亦爲她冷酷的刺毒（因）；他愛搏狂瀾（果），爲牠的莊嚴與偉大（因），亦爲牠吞噬一切的天才（因）：最是激發他探險與好奇的動機（果）。」

我們知道在每一件事發展的過程中，都有密切的因果關係。他考上大學，是因爲他用功；他用功，所以他考上大學。我們也可以根據因果關係來推斷事理。由已知的原因推測未來的結果，或從已知的結果追究已往的原因。這種利用因果關係的推理方法，也是寫作論說文常用的一種方法。徐志摩這段文字，就是「由果推因」、「由因推果」的方式寫成的。

夏丏尊描述「中年人的寂寞」說：

「我已是一個中年的人。一到中年，就有許多不愉快的現象，眼睛昏花了，記憶力減退了，頭髮開始禿脫而變白了，意興、體力甚麼都不如年輕的時候，常不禁會感到難以名言的寂寞的情味，尤其覺得難堪的是知友的逐漸減少和疏遠，缺乏交際上的溫暖的慰藉。」

一個作者往往設法擧例證明自己的看法的正確。像夏丏尊在這段文字裏就列擧身體退化、心理落寞的情況，來說明人到了中年的不愉快的現象與感受，給人留下深刻的印象。可見「引證」在論事說理的方面，也很具有說服人的力量。

梁啓超作論說文，喜歡用「設問法」。他論「最苦與最樂」，就是一個很好的例子。他說：

「人生什麼事最苦呢？貧嗎？不是。失意嗎？不是。老嗎？病嗎？死嗎？都不是。我說人生最苦的事，莫苦於身上背着未來的責任。人若能知足，雖貧不苦；若能安分，雖失意不苦；老病死乃人生難免的事，達觀的人，看得很平常，也不算什麼苦。獨是凡人生在世間一天，便有一天應該做的事；該做的事，沒有做完，便像是有幾千斤重擔子壓在肩頭。再苦是沒有的了。爲什麼？受那良心責備不過，再逃躱也沒處逃躱呀！」

許多作家常常採用「設問法」來寫論說文，就是爲了要說明某一種道理，所以故意採用「問答」方式，加以討論。梁啓超要說明人生最苦的事，不是貧，不是失意，也不是老病死，而是該做的事沒有做完，自己受良心責備，是再苦不過了。爲了要說明這一種道理，他採用自己提出問題，然後再自己答覆，把道理說明白；就在這一問一答中，使讀者徹底瞭解這種道理。這種設問法，有時作者只問而不答，形成反詰語。譬如梁啓超在「論學問之趣味」中，問讀者：「賭錢有趣味嗎？輸了，怎麼樣？」他並沒有講出答案，他只教讀者自己去想他所提的問題，自然會得到

「賭錢，有趣；輸了，沒趣」的結論；這又是另一種設問。

總之，寫作論說文的方法很多，只要你很會應用，就能夠寫出漂亮的文章來。

附註

註一：見「史通、六家篇」。
註二：見「史通、敍事篇」。
註三：畢卡索等著，呂晴夫編譯的「畢卡索藝術的秘密」，係臺北志文出版社於民國六十年五月印行。
註四：「中國文學家故事」，中央文物供應社出版，內收二十三篇文學家故事，由李鎏、方祖燊、邱燮友三人分別執筆。
註五：收於「中國文學家故事」中。
註六：見「文心雕龍、物色篇」。
註七：見歐陽修的「六一詩話」。
註八：「寫景如畫」一文，收在方祖燊的散文集「春雨中的鳥聲」中。
註九：見陸機的「文賦」。
註一〇：見韓愈的「送孟東野序」。
註一一：見歐陽修的「梅聖俞詩集序」。
註一二：見徐雲濤譯廚川白村的「苦悶的象徵」。
註一三：見陶淵明的「歸去來兮辭」。
註一四：見范仲淹的「岳陽樓記」。
註一五：見蘇軾的「前赤壁賦」。

註一六：見「韓非子、難勢篇」。
註一七：「是不是」三字，原文作「不見得」；這裏爲了便於解說「三段論法」的用法，所以加以更改。
註一八：見「論語、陽貨篇」。

第四章 散文的鑑賞與批評

第一節 鑑賞論

我國很早就有一些對鑑賞與批評的有名故事。在春秋時就有伯牙彈琴，心裏想到泰山，雙手有力地彈出激越雄壯的調子；鍾子期聽了，說：「你彈得眞好哇，好像巍巍高山！」伯牙又想到了流水，琴聲一變輕快奔放；鍾子期又說：「眞彈得好極了，好像湯湯流水（註一）！」上面這個故事，說的就是「鑑賞」。鍾子期大概對音樂有很高的鑑賞力，所以能夠聽出音樂家伯牙在彈奏琴曲時所寄托的情志，成了伯牙的知音。

每一個詩人、作家、音樂家、畫家創作了作品，都希望有人對他作品的優美地方，有深切的認識，能够欣賞，給予讚美，心裏就得到滿足、安慰與鼓勵。但人的程度有高低。拿歌曲來說，就像戰國時宋玉所說的，最爲大衆所欣賞歡迎的，是簡單俚俗的「下里巴人」，其次是「陽阿」、「薤露」，至於像「陽春」、「白雪」那一些唱法複雜，詞兒高雅的歌曲，喜歡的人，就少之又少了（註二）。對文學、藝術作品，並不是人人都有很高的鑑賞力，所以能够寫出涉筆成趣，意味深長，好語如珠，雅俗共賞的散文，最容易得到大衆的喜愛，又有永恒的生命。若是喜歡以艱澀奥僻，詰屈聱牙，矯揉造作，怪異不通的文詞，來裝點修飾內容的淺薄，自認是高不可攀的藝術的傑作，那就自然無人賞識喜愛了，長埋於孤芳自賞的墳墓了。

對音樂的欣賞，完全不懂音律的人，也可以單憑直覺去體會美與不美；但在作者來說，已有「曲高和寡」、「知音難得」的遺憾。文學作品是作家透過文字來表達他的情思，讀者讀作品，必須先要深深理解文字的含義，有時還得「以意逆志」，才能體會出作者的情思，欣賞了作品的佳妙。文學作品的鑑賞也是很不容易的。

鑑賞者能力的高下，對鑑賞的結果也有很大的關係。作品讀得少的人，所見少，鑑賞力自然低下；讀得多的人，所見多，鑑賞力自然高超。美玉和燕石，珍珠和魚目，黃金和爛銅，蘭蕙和蕭艾，並不是人人一下子就能分辨清楚，更何況於鑑賞作品的佳妙呢？

大家對文學作品的喜愛，各有所偏好。有的喜歡讀魏晉南北朝的駢文，有的喜歡唐宋八家的散文，有的喜歡晚明的小品。現在大中學生，男生多喜歡論說散文，女生多喜歡抒情小品。少年多愛讀趣味性的故事，中年人多愛讀說理的雜文。有的愛文字的華豔富麗，有的愛自然質樸，有的愛瑰奇奧詭，有的愛幽怨纏綿，寫成作品，也就形成不同的風格意味。

從鑑賞者來說，也常常會將最好的作品忽略，將次等的貨色高擡。鍾嶸作「詩品」，將陶潛列為中品，魏武列為下品，就是將作品看低。陶潛的詩，自然冲淡，在崇尚豔麗雕琢的文風的齊梁，未能引起當時文學批評家劉勰、沈約、鍾嶸的特別注意；但梁昭明太子蕭統，卻非常欣賞，認為他「辭采精拔」、「獨超衆類（註三）。」一個人的作品，在不同的鑑賞家批評家的心目中，是有不同的評價。不過，一個作家也不必只爲了博取他人的喜愛，專去寫迎合當時讀者胃口的作品，應該寫自我喜愛的風味的作品。司馬相如認爲「賦」是「合纂組以成文，列錦繡而爲質」(註四)；他所作辭賦，也就極盡鋪飾誇張、華豔奪目的能事了。揚雄自己說，小時候喜歡沈博絕麗的文章(註五)，後來好作雕金篆玉，辭采靡麗的辭賦。蘇軾說，他自己寫文章，「意之所到，則筆力曲折隨之，無不盡意(註六)」；他所作的散文，也就像行雲流水，舒卷自如，高妙自然極了。當然，作家也應該接納他人善意合理的評賞意見，提高自己的作品。

我們觀賞優美的文學與藝術的作品後，自然會有一些深刻的印象與個人的觀感；若把這些印象與觀感寫進了作品裏，只表示讚美褒揚的意見，而沒有半點批評的意味在內的，那就是鑑賞性言論。如李白「聽蜀僧濬彈琴」，作詩說：「如聽萬壑松，客心洗流水。」白居易聽人彈琵琶，作「琵琶行」說：「輕攏慢撚抹復挑，初爲『霓裳』後『六幺』」，又說：「嘈嘈切切錯雜彈，大珠小珠落玉盤。」還有如劉鶚作「老殘遊記」，描寫老殘在明湖居，聽王小玉說大鼓書，唱的美好，聽的痛快的文字：都是屬於鑑賞的範圍。這些鑑賞性言論的寫成，有的根據作者直覺的印象，有的憑藉專門學識的準則。文學的鑑賞文字，當然也是寫當你細細閱讀，咀嚼，玩賞作品之後的印象與觀感。

對各種藝術觀賞的重點，並不一樣。劉鶚筆下，寫老殘觀賞王小玉唱大鼓書，重點是放在王小玉的臺風，容貌，神情，敲樂器的手法，說唱的技巧、腔調、聲音，高去低來，轉折變化，和胡琴相配合，以及她描述故事，字正腔圓，生動優美的情況。鑑賞文學作品的優美，自然不是從這些方面下手的。總而言之，觀賞各種藝術作品，著重之點，並不盡同。音樂、舞蹈注意節奏的美，繪畫注意色彩、線條、構圖的美，雕刻、建築注意造型的美，文學注意形式與內容的美。

現代文學的詩歌、散文、小說、戲劇，各因性質不同，而觀賞點也就不同了。詩歌比較講究節奏韻律，修辭技巧，意象意境。小說比較注意主題的表現，情節的安排，人物的描寫，故事的敍述；戲劇除主題、情節、人物造型之外，還要注意對話的生動，演員的表演，場景、燈光、效果各種問題。鑑賞散文應該特別注意的地方，從形式方面來說，像文句的長短齊雜，詞藻文采的修飾美醜，結構的緊鬆，體裁的分別，情調的諧和，語氣的抑揚；這都是散文的形式問題，寫作技巧的問題。從內容方面來說，指的是一個散文家在作品裏所寫的人、事、景、物、情、理；他透過文字所顯示出來的主題，同時也顯示作者的人生觀、生活與知識經驗，甚至作者所處的時代與社會背景等等，這都是散文的內容問題。作品的形式與內容，是從作者生命裏開放出來的花朵，形成一個作者特殊的風格。我們讀一篇散文，或一家散文，應該從形式與內容兩方面，用心靈細細去品味，咀嚼，觀賞，其佳處自然就可以領略體會了出來。

我們知道作家的才華有高低，學問有深淺，性格有剛柔，情感有眞僞，思想有正邪，氣質有高雅粗俗，說話有簡鍊囉嗦，做人有嚴肅幽默，行爲有端正浪漫，辭采有華麗質樸，寫作技巧有老鍊新銳，對文體有專長，思路有理亂，人生遭遇有得志失意，所處的時代與環境有動亂與安定的不同，這些都會表現於作品之中；所以散文有精鍊簡潔，繁富華麗；通順暢達，委婉曲折；豪邁雄放，溫柔敦厚；精闢透徹，淺薄空洞；眞摯誠懇，矯情假意；深入淺出，艱澀隱晦；嚴謹肅穆，浮誇詼諧；纖巧浪漫，典雅方正……種種不同的意味與風格。我們要說出某一位散文家作品的好處，不只是細讀他的作品，還要注意研究他的事蹟，才能作更深入的鑑賞。

由於深入的觀賞，也可以提高我們自己寫作散文的能力。這就是韓愈所說「口不絕吟於六藝之文，手不停披於百家之編」，「沉浸醲郁，含英咀華（註七）」，所以他所作的散文包羅了各家的長處，成爲震鑠古今的大作家。不然，蠹知蒙閉，只知尋行數墨，就是讀到老，也無法吸收人家文章的好處，消化成自己的養分了。

第二節　批評論

鑑賞不是批評。批評與鑑賞是有差異的。「三國志吳書周瑜傳」說：「曲有誤，周郎顧。」周瑜精通音律，有人唱曲奏樂錯了，他一定會聽出來，加以糾正。周郎顧曲，大概不是單純的欣賞，而是帶有批評的意味。

對散文的鑑賞與批評是不同的。鑑賞，可以主觀的印象與觀感作準則，著重在對散文好處的賞玩。寫鑑賞文字，目的在使讀者因你的鑑賞，而能深入欣賞，因此好散文能够更加流行，壞作品沒有人替它宣揚，也就自然淘汰，對作家也可盡了警勸之道。這一點倒有些像批評文字。不過比起批評，鑑賞只說好，不說壞，可以說是隱惡揚善，隱劣揚優，不會傷害別人。

能寫批評文字，沒有不能寫鑑賞文字的；蓋批評家必須具有高度的鑑賞力。也可以說，先有鑑賞，然後才能有所批評。批評，含有評量、判斷的意思。對作品價值，加以衡量，給適當的評斷。批評不像鑑賞，只看重作品的佳處，連缺點也一併作客觀的評價。

當然批評家也不一定是很客觀的。一般人還有很濃厚的「貴遠賤近」，「尊古卑今」的心理，對古代外國的作品，都給較高的評價；對當代本地的作品，常常嗤之以鼻，認爲無可讀者。再加「文人相輕」的毛病，在中外文壇都極流行，對自己不相識的，或流派不同的，或自己看不上眼的，或自己所妒忌的，偶而寫起批評，或背後談起他來，也時常帶有惡意的破壞的攻訐的意味。東漢班固譏笑傅毅，「下筆不能自休（註八）」。建安時曹植譏笑陳琳不會寫辭賦，跟司馬相如不能相比，「譬畫虎不成，反爲狗也（註九）」。北魏時魏收罵邢邵在「沈約集中作賊（註一〇）」。當然，文人對當代自己認識的親友，喜歡的作者，或由於人情的牽繫，或由於眼光的不及，就往往不本於客觀批評之理，而作溢美不實的鑑賞與批評。因此，我們常見有一些作者自相標榜，彼此吹捧，甚至於自我揄揚。許多平平常常的作品，也因有這種吹捧標榜，而名揚當世，風行一時。就是作品非常濫，文字至爲不通，內容莫名其妙，格調低下卑劣，在現今的文學界中，也少有嚴正的批評。批評文字，不能客觀、公平與正確，這也是中外的通病。難怪西方的作家，要罵批評家，是補鐵匠，越補越爛，是冒充法官的屠夫，是蠢驢，是蛀蟲，是市井之徒（註一一）。

哪知什麼是藝術呢？歷史是最佳的批評者，壞作品自然經不起時間的淘汰，終歸泯滅，不會流傳後代的；好作品，自然會得到最公正的評價，留存於後人所撰著的文學史中，後人所編錄的選集總集之中。所以歐陽修說：「文章如精金美玉，市有定價，非人所能以口舌定貴賤也（註一二）。」因此，我們寫作批評文字時，應該排除人情關係，應該提高自己的文學修養，以客觀的態度，去作最公平的批評。這樣的批評文字，才有價值。這就是寫作文學作品的鑑賞與批評，最要堅持的一個基本原則。

談到寫作散文的批評文字，方法很多。有的純由欣賞作品好處的觀點，去寫閱讀之後，美的印象，美的感受，叫做鑑賞批評；有的分析作品的文字，爲何這樣的佳巧、確當、生動，那樣的乖謬、不妥、冗贅，叫做分析批評；有的列舉一些文句（或作品），歸納它特點，加以論評，叫做歸納批評；有的將一些作家與作品，加以比較，尋它異同，定它上下，叫做比較批評；有的根據個人的觀感，評斷一家作品的風格與價值，叫做評價批評；有的先提出讀後的一些觀點，然後再列舉他的文句或作品爲實例的，叫做演繹批評。過去「中學生雜誌」的「文章病院」，就是專門摘評散文的一些毛病。現在黃慶萱、許家鸞伉儷合著的「中國文學鑑賞舉隅（註一三）」，鄭明娳所作「現代散文欣賞（註一四）」，則偏於鑑賞。陳映襄所編的「民國文人（註一五）」，是一本傳記選；中有多篇，評介散文作家。現在，就讓我們看看「中學生雜誌」上的一篇批評文字。作者未具名。他批評「申報」紀念六十週年的一篇專文：「今後申報努力的工作」。這篇批評是逐段逐句，吹毛求疵，摘其謬誤，分析批評。文長八千多字，這裏自無法全部轉錄，僅舉批評標題的一小節文字，如下：

「今後申報努力的工作——這樣的一個標題，意義未免含混，解作『今後申報所努力的工作』，固然可以；把『工作』認爲動詞，把『努力的』認爲加到『工作』上去的副詞，解作『今後申報努力地工作』，也未嘗不可以。要避免含混，一個『所』字是不能省的。」

這就是分析批評。分析它措詞不妥的地方。又如黃慶萱、許家鸞，對朱自清的作品「春」所作欣賞：

「『嫩嫩的，綠綠的』；『盼望着，盼望着』，『一大片，一大片滿是的』；『家家戶戶，老老少少』，『舒活舒活筋骨，抖擻抖擻精神』；『天上風箏漸漸多了，地上孩子也多了』，『山朗潤起來了，水長起來了，太陽臉紅起來了』，『像牛毛，像花針，像細絲』，——這些都是利用重疊、反覆、對偶、排比的方法組成的語句，穿插在散文裏，造成了變化奔放的文氣（註一六）。」

這是採用歸納法來寫批評；他列舉「春」這篇文章中的一些句子，從修辭技巧的觀點加以歸納，然後寫下他的評斷。像「嫩嫩」、「綠綠」是重疊；「盼望着，盼望着」以下的兩個例子，是反覆；「家家戶戶」與「老老少少」，「舒活舒活筋骨」與「抖擻抖擻精神」，都是對偶；「天上風箏多了，地上孩子也多了」以下的三個例句，都是排比。

古代批評家所寫的批評文學的文字，有許多是非常精短扼要的，值得我們參考。現舉一例，如下：

「孫興公云：『潘文爛若披錦，無處不善；陸文若排沙簡金，往往見寶。』」（世說新語文學篇）

這個批評，兼採了鑑賞與比較兩個方法。孫興公直述他對潘岳與陸機的文章的觀感，並加以比較，說潘岳的文章非常華麗，好像錦繡，沒有一個地方不好；陸機的文章雖然也很華麗，只是部分的，好像披沙揀金，往往可以找出它的佳處。這種精要的批評，多見於古人評論文學的書信、論著與文集序言中。

最後舉溫梓川評介梁實秋先生的散文集「罵人的藝術」與「雅舍小品」及其他作品，說：

「他說話語氣就跟他寫的散文差不多，『讀其文可以想見其人』，這話比喻梁實秋先生是一點不錯的。他那篇『罵人的藝術』，眞是說得淋漓盡緻，雋永動人。他的散文在當代的中國作家中，實在是一個名手，尤其是他近年來出版的一部『雅舍小品』，簡直可以媲美蘭姆（Charles Lamb）。其實他的才華並不局限於這一方面。當年在新月書店出版的那兩部文藝批評論集『浪漫的與古典的』和『文學的紀律』，也是很有分量和獨特見解的作品，但是許多人却每每喜愛他的散文（註一七）。」

溫梓川批評梁實秋先生的「罵人的藝術」，「說得淋漓盡緻，雋永動人」，帶有鑑賞與評價的意味；並推崇「雅舍小品」，可以和英國散文作家及批評家蘭姆媲美，帶有比較的意味。他在下文，又引用梁先生一篇題名「中年」的小品文的片段文字，說：

「『別以爲人到中年，就算完事。不，譬如登臨，人到了中年，像是攀躋到了最高峯。回頭看看，一串串的小夥子正在「頭也不回呀汗也不揩」的往上爬。再仔細看看，路上有好多塊絆脚石，曾把自己磕碰得鼻青臉腫，有如處陷阱，使自己做了若干的井底蛙。回想從前，自己做過撲燈蛾，惹火焚身；自己做過撞窗戶紙的蒼蠅，一心想奔光明，結果落在粘蒼蠅的膠紙上！這種種的景象的觀察，只有站在最高峯上纔有可能。向前看，前面是下坡路，好走得多。』話是那麼平庸，但却說得入情入理，娓娓動人。」

他在這裏，抄掇梁先生的一大段文字爲例子，最後下了一句十八個字的「評語」。這是用歸納的方法，來撰寫批評的文字；看來非常簡單，也非常好寫似的；其實，這種批評文字的難寫，就在選擇例子和下最後的評斷的話。選例子，不但要選出最能够代表梁氏散文的特點的，同時文字又是非常佳妙的；這樣就要花費許多精神了。評語的措辭，又要下得中肯切要，恰到好處；這也不是一件容易的事。

從上面的這些例子與說明，我們可以知道撰寫批評散文的文字，作者可以應用各種批評的方法，而不限於一種作法。

附註

註　一：事見「呂氏春秋、本味篇」。
註　二：事見宋玉「答楚王問」。
註　三：語見蕭統的「陶淵明集序」。
註　四：見「西京雜記」。
註　五：事見揚雄「答劉歆書」。
註　六：語見「春渚紀聞」。
註　七：語見韓愈的「進學解」。
註　八：見曹丕的「典論論文」引班固與其弟班超書。
註　九：見曹植「與楊德祖書」。
註一〇：見「北史、魏收傳」。
註一一：西方作家罵批評家的話，見梁實秋的「文藝批評論」的緒論部分。「文藝批評論」，民國二十三年上海中華書局發行。
註一二：語見蘇軾「答謝民師推官書」。
註一三：「中國文學鑑賞舉隅」，臺北東大圖書公司出版。
註一四：「現代散文欣賞」，臺北東大圖書公司出版。
註一五：「民國文人」，臺南長河出版社出版，收有四十八篇文學家的傳記。
註一六：文見「中國文學鑑賞舉隅」的「散文欣賞」部分。
註一七：文見「民國文人」中溫梓川作「梁實秋」。